Otto F. Gmelin

MAMA IST EIN ELEFANT

Otto F. Gmelin

MAMA IST EIN ELEFANT

Eltern entdecken
eine neue Sprache:
Die Symbolwelt
der Kinderzeichnungen

Deutsche Verlags-Anstalt

Für Käte, Ralf, Felix und Helga Gmelin, Danni Falkenberg,
Fabian Glötzner, Elke Hering, Marc, Walmut und Reinhild Möller,
Nico und Pavel Richter, Kati Schenda, Heinz und Marion Schaller,
Lorenza und Renate Schlotmann und jene Kinder, ohne die das
Buch nicht denkbar wäre.

CIP-Kurztitelaufnahme der Deutschen Bibliothek

Gmelin, Otto F.
*Mama ist ein Elefant: Eltern entdecker· e. neue
Sprache, d. Symbolwelt d. Kinderzeichnungen. –
Stuttgart: Deutsche Verlags-Anstalt, 1978.
    ISBN 3-421-02518-5

© 1978 Deutsche Verlags-Anstalt GmbH, Stuttgart
Alle Rechte vorbehalten
Verantwortliche Lektoren: Ingeborg Mues, Ursel Locke
Typografische Gestaltung: Karl M. Nestele
Umschlagentwurf: Jürgen Reichert, unter Verwendung
eines Motivs von Nicolas Richter
Gesamtherstellung: Süddeutsche Verlagsanstalt und
Druckerei GmbH, Ludwigsburg
Printed in Germany

INHALT

Vorwort

Elterliche Gewalt 7
Schule/Eltern 9
Tierfamilien-Spiele 10

Merkmale der Intelligenz

Isolierte Logik 12
Tabelle der Altersstufen 15
Intelligenz und Leistung 19

**Einige Notizen zur
Entwicklungspsychologie
der Kinderzeichnungen**

Kritzeln 21
Die Lebensalter 22
Vom Schwinden der Latenzphase 35

**Der Familienzoo
oder der Zauberreigen der Bestien**

Das Problem der Tiersymbolik 42
Lexikon der Bedeutungen –
von Aal 46 bis Ziege 83

Symbole – Merkmale – Bedeutung

Symbolbegriff und
Menschendarstellung 84
Lexikon aller übrigen Merkmale
85 – u. a.
Baumdarstellung 91
Bewegung 98
Farbe 105
Gruppe 115
Protokoll 129
Raumordnung 131
Zauberer 151

Nachwort

Zur Theorie der Kinderzeichnungen
und weiterer Lektüre
Geschichte 153
Quellen 156

Register

Personen – Sachen – Merkmale –
Tiere 158

Der erste Zweck und die höchste Qualität,
die Mutter und Vater, ob biologisch oder sozial,
ihren Kindern *gemeinsam* geben können,
ist der Dialog
über das Leben und die Arbeit.
Aus beiden sind Kinder seit hundert Jahren ausgeschlossen.
Und doch ist nur hierin ein Be-Greifen,
ein Aus-Bilden,
ein Zeichen-Setzen und Wahr-Nehmen.
Die Sprache sagt nicht: „Ich weiß alles"
oder: „Ich erkenne umfassend", sondern:
„Ich habe begriffen" und „Ich bin im Bild".

VORWORT

Eine Kinderzeichnung, die mich seit Jahren beeindruckt, ja, aufwühlt, stammt von einem mir ganz unbekannten Jungen aus den USA. Sie zeigt wie keine andere das seelische Unglück eines Jungen auf, der wohl alle möglichen leiblichen und sozialen Mütter und Väter hat, aber keinen *wirklichen*, existierenden und dialogfähigen Vater, mit dem er reden könnte; und sie zeigt uns exemplarisch auch die Notwendigkeit, über alle Ehe- und Erwachsenenkonflikte hinweg unseren Kindern sorgfältige und gesprächsbereite Eltern zu sein, alles zu tun, ihnen unsere Liebe, Anerkennung und Bestätigung zu erhalten.

Timothy, so heißt unser Zeichner, mit acht Jahren ohne schulische und soziale Fertigkeit, schwerhörig, kränklich, behütet und doch völlig isoliert und ohne Spielkameraden, wohnte mit seiner herrschsüchtigen Großmutter, einem sanften Großvater, seiner ängstlichen Mutter und einem gleichgültigen Onkel zusammen. Sie marschieren auf der Zeichnung wie in einer Prozession: beziehungslos und hintereinander.

Aufgefordert, das Bild seiner Familie zu zeichnen, malte er seine wirkliche Familie zuerst – sich selbst als letzten, kleinsten. Das Blatt schien bereits fertig, da führte er mit schnellen, kühnen Strichen seinen „Vater" hinzu, den *Superman*: „Ich habe auch einen Papa; aber der wohnt weit weg auf einem anderen Planeten." Mit großartiger Geste und wohlwollendem Lächeln, die dominierende Großmutter gleichsam beiseite schiebend, kommt Superman von einem anderen Planeten; er erzählt ihnen, er sei gekommen, um bei ihnen auf diesem Planeten zu wohnen, denn sein Planet würde in die Luft gesprengt werden. Noch steht die ganze ungeliebte Familie zwischen unserem Zeichner und seiner Traumfigur.

Unvermögend, über *sein* Problem unmittelbar zu reden, produziert dieses Kind in seiner Phantasie Wunder, um den Vater herbeizuschaffen. *Sein* Bild erschien auf *jedem* Zeichenblatt, gleichgültig, welche Aufgabe gestellt war: Timothy war ein uneheliches Kind und hatte seinen Vater nie gekannt.

Umgekehrt Douglas, ein neunjähriger Junge von normaler Intelligenz. Anstatt des Bildes seiner Familie wollte er lieber einen Wagen zeichnen. Nach sanftem Zureden meinte er: „Muß ich jedes Mitglied meiner Familie zeichnen, auch meinen Hund und meine Katze?" Und dann: „Ich will meinen Vater zeichnen, er ist der Größte!" – und zeichnete Cowboy-Stiefel und Beine und Körper und bekam Schwierigkeiten beim Zeichnen der Arme, radierte sie mehrmals aus und entschied endlich, seinen Bruder zu zeichnen, war unzufrieden, radierte das meiste aus und wollte nun doch den

Vater zeichnen; aber der Kopf mißlang, und Douglas radierte und meinte endlich: „Aber ich kann meine Mutter wirklich gut zeichnen" – und begann, auf die Restgestalt den Kopf seiner Mutter zu zeichnen, und radierte wieder und erklärte, er müsse ganz neu beginnen, zeichnete Rollkragen, Sweater und Bein. Aber wie sehr er sich auch anstrengte, er kam nicht weiter – und gab endlich auf.

Welche Barbarei und Angst muß von Eltern ausgehen, wie schrecklich muß in ständiger Abwehr der Arm eines Vaters – gleichsam Symbol von Gewalttat und Züchtigung – gesehen, nein, verleugnet, ausradiert werden, daß Kinder auf Gegenstände oder Tiere ausweichen vor der Aufgabe, ihre Eltern zu sehen, zu objektivieren.

Die Beispiele mögen kraß scheinen; und es liegt uns fern, hier ein Schrekkenskabinett psychischer Abweichung zu präsentieren: Das Mitleid, das die Fälle provozieren, betrifft die uns umgebende *Normalheit*. Sie erscheint in der Kinderzeichnung überdimensioniert vergrößert, die Beschädigung als grelles Signal, der *verdeckte* Mangel als *offenes* Symbol. Nicht selten zeichnen Kinder gerade das, was wir nicht sehen wollen, und sind darin ehrlicher als wir. Angesichts der Tatsache, daß Erwachsene an Kinderzeichnungen ihre Freude haben, aber ihre Botschaft und ihren Sinn selten verstehen, soll unser Buch dazu beitragen, Erwachsene in das Reich der Kinder zurückzuführen, ist doch deren Unbefangenheit nicht nur in der alten Kunst Symbol der Empfängnis, des Paradieses, der Reinheit, der ursprünglichen Gottesnähe – wohl untermischt mit Eroten, Putten und Amoretten: immer auch in Gefahr und allein gelassen, zuweilen im Rachen des Wolfes.

Die Interpretation von Kinderzeichnungen gehört heute zum Bestand der Schulreifetests. Bleibt die Auswertung der Intelligenzmerkmale den für diesen Bereich meist mangelhaft ausgebildeten Schulpsychologen vorbehalten, so wird mit dem Baum- und dem Zeichne-deine-Familie-in-Tieren-Test nicht selten Schindluder getrieben. Eltern hier diskussionsfähig zu machen, ist eines der Ziele des Buches.

Ich muß darüber hinaus gestehen, daß mir angesichts der Beurteilung der Zeichnungen meiner eigenen Kinder und ihrer Gespielen die Aussagen und Deutungen in der bisherigen Literatur allzu diffus, unzulänglich oder zu wenig nach exakten und im einzelnen stets nachschlagbaren Merkmalen und Symbolen geordnet erschienen. Da schneit einem – zusammen mit der Tochter – ein siebenjähriges, sehr lebendiges Mädchen ins Haus, das auf allen Blättern schräge Figuren mit riesigen Löffelhänden malt. Um zu erfahren, was dies bedeutet – das Kind zu verstehen –, fand sich keine umfassende Informationsquelle. Solche aus der Praxis des familiären Alltags kommenden Bedürfnisse bestimmten schließlich, das vorhandene Material lexikalisch nach Zeichenmerkmalen und Stichpunkten zu ordnen, was ermöglicht, die Materie je nach Eigeninteresse – und nicht nach dem des Autors – zu „erlesen". Wir hoffen damit auch den in Test-Psychologie oder Zeichenanalyse weniger erfahrenen Pädagogen und Kindergärtnerinnen etwas anbieten zu können, was auf breiter Ebene weiterzuentwickeln notwendig scheint. Eine Zusammenschau von Ergebnissen der psychologischen Zeichendiagnostik *und* der Kunsterziehung ist versucht, verbunden mit der Aufforderung an Eltern, Pädagogen *und* Kinder, weiterzuforschen, wahrzunehmen, zu reden, über Zeichnungen nachzudenken, über sie den Dialog zu beginnen; denn vieles ist nicht erforscht, vieles auch individuell und von zahlreichen Faktoren beeinflußt, so daß nur der intime Kenner einer Familie bzw. Kinder und Eltern selbst Wesentliches zu sehen und – bewußt oder unbewußt – zu erkennen vermögen.

In Sachen Kinderzeichnung sind auch Erwachsene allemal Kinder, denn der „Leistungsstand" von zeichnerisch ungeübten Erwachsenen liegt bei acht bis zwölf Jahren. Die „Graffiti" an Hausmauern und Ausflugsorten stammen von Kindern *und* Erwachsenen; und keine Amtsperson vergibt sich etwas, wenn sie sagt, daß sie nicht zeichnen oder malen kann. Ob die Kritzelmännchen, die als Infantilzeichen bei Klee und anderen Malern auftauchen, von der „Weisheit des Kindes" oder personaler Vergreisung reden, ist noch nie ernsthaft reflektiert worden. Ungeklärt ist, in welchem Maße und durch welche Mittel Eltern kraft kindlichen Verhaltens sich verändern, von Kindern lernen. Ob Kinderzeichnungen „Fehler" sind, ihre Typen schematisch, ja konservativ, oder ihr Reiz im Fehlen starrer Konventionen, frei und spontan in der Zuordnung disparater Elemente, dynamisch in der Entwicklung ihres Symbolgehalts begründet ist, dies zu entscheiden ist von den Ausgangsgrößen abhängig.

Glücklich scheint für unser Unternehmen, daß Kinder nicht allein ihre Eltern, sondern umgekehrt heute auch Eltern ihre Kinder malen und zeichnen. „Durch das Hobby-Malen haben Eltern ihre Kinder neu entdeckt", so eine Illustrierte in einem Preisausschreiben zu diesem Thema. Vielleicht wird darin jene allumfassende natürliche Polytechnik wieder mobilisiert: das Vermögen des alten Handwerks, aus einem Beschlag für das Scheunentor, aus einem Gerät für die Küche ein Kunstwerk zu machen: Rekonstruktion des alten Dorfes als wirkliche Kommune und Einheit von jung und alt, von Arbeit und Freizeit, von Ernst und Spiel, Leben und Tod.

Nostalgie? – Vielleicht ist sie ein Zeichen für ein Bedürfnis, der geschichtlichen Stetigkeit mehr Beachtung zu schenken, die Weltverbesserung *mit Maß* zu betreiben. Die Naivität, ein Teil der Barbarei früherer Zeiten ist im Erziehungskrieg unserer Jahrzehnte untergegangen. Noch herrscht das körperliche Faustrecht in den Familien; und wo es gebrochen ist, bleiben Interesselosigkeit und Kälte oft die Norm. Vielleicht wird ein Kompromiß sichtbar, der uns lehrt, die *einzelnen* Qualitäten des Herkömmlichen genauer zu prüfen, die einzelnen Bedingungen unseres biologischen Überlebens, dessen Garanten unsere Kinder sind, genauer zu untersuchen, kurzum: das Kind nicht mit dem Bade auszuschütten, ja, es bei solcher Tätigkeit möglichst nicht zu verletzen, als vielmehr in seinen *einzelnen Qualitäten*, in seinem Recht auf Subjektivität, auf Achtung, Würde *und* Hilfe über die einzelnen Familien hinweg, gleichsam durch sie hindurch als Kollektivwesen zu fördern, und uns – in solchem Dialog – mit.

Zu Weihnachten 1976 schickte ich einigen mir bekannten und befreundeten Familien und Kindern folgenden Spielvorschlag:

„Du kennst doch Märchen. Dort werden oft Menschen in Tiere verwandelt. Oder man träumt davon, daß die ganze Familie in Tiere verwandelt wurde. Kurzum: Stell dir einmal vor, deine Familie würde zu einer Tierfamilie: Und zeichne euch alle, natürlich auch dich selbst, als Tiere. – Wenn du fertig gezeichnet hast, numeriere bitte die Reihenfolge, nach der du gezeichnet hast, und schreibe unter jedes Tier, wen es darstellen und was für ein Tier es sein soll. – Es kommt nicht darauf an, daß du besonders schön zeichnest, sondern nur darauf, was du darstellen willst.

Versteh dies aber als Spiel für Sonn- und Feiertage, förderlich fürs Zusammenleben und -reden, ein Spiel, das überdies zu einem familialen ,Wir'-Gefühl führt, für das Miteinanderauskommen nützlich, ein Spiel, das Egoismen abschleift, gegenseitige Einschätzungen aufzeigt und als burleskes Bestiarium, als Familienmenagerie diskutierbar ist."

Manche Kinder und Eltern werden dies als Testaufgabe der Schulpsychologen wiedererkennen; zuweilen mit der Abwandlung, ein Zauberer oder eine Hexe käme und verwandelte die Familie in einen Reigen von Bestien.

Die „Betroffenen", jene Bekannten und Verwandten, meinten, das Rundschreiben habe sie „stark animiert"; „die Zeichnungen haben viel Spaß gemacht und zu denken gegeben"; „an Feiertagen, allein mit Kindern, ist man um gute Ideen verlegen".

Natürlich gibt es auch andere Spiele, die gleichsam weniger *reflexiv zurück* als *vorwärts* schauen: darüber später. Zunächst sind Kinder und Eltern, betreten sie dieses Feld, den Ratschlägen der Lehrer und Psychologen sprachlos ausgesetzt. Man bleibt *rat-los* oder einfach im schönen Gefühl eigenen Vorurteils, man sei die beste Mutter, der beste Vater, befangen, wogegen eine Stechmücke oder ein neugieriger Fuchs als Vater, ein Elefant oder Nilpferd als Mutter, von Kinderhand gemalt, einen bestenfalls irritierenden Kontrast darstellen.

Die Psychologen interessieren sich naturgemäß vor allem für *kranke* Kinder. Vielleicht wäre es gut, die Wände und Bücher mit mehr Material gesunder, fröhlicher, motorisch-frischer Kinder zu füllen.

Unter den Zeichenspielen ist der Familien-Zoo bzw. der Familie-in-Tieren-Test der für Laien vielleicht sinnfälligste, gleichsam auch fröhlichste – und unmittelbar einsichtig.

Um der Sache Spielcharakter zu geben, sollten Erwachsene ruhig mitzeichnen; dieselben Spielaufgaben bewältigen – das berühmte Kind in jedem Erwachsenen...

Es läßt sich das Ganze – etwa das Zeichnen einzelner tierischer oder menschlicher Figuren – auch zu jenem surrealistischen Rundumspiel ausweiten, wo man zuerst den Kopf malt, dann – ihn verdeckend – eindreht, das Blatt am runden Tisch dem nächsten weitergibt, dann wird der Hals gemalt, abgedeckt – eingedreht –, dann die Brust und die Arme, der Bauch und die Hände, die Oberschenkel, Unterschenkel, Füße, der Boden. Zeichen- und Malspiele vielfältiger Art, immer neu zu erfinden: Möglich wären z.B.

Zeichne eine Burg, einen Weihnachtsbaum, einen Osterhasen, einen Bürgermeister; wichtig ist für die *Bewertung* der Tierfamilie noch *Zeichne dein liebstes Tier*, und das *abscheulichste*, oder *am meisten gefürchtete.* Überhaupt: wie werden die einzelnen Tiere bewertet, in welchen Zusammenhang werden sie gebracht, wofür stehen sie, und – wo beginnt der Übergang zum Menschen; also: *Zeichne deinen Partner, dein Kind, Freundin/Freund* – als Tier, als Mensch. Dieses Kapitel – der Übergang zum homo sapiens – ist für den Bereich des Kinderbuchs und der Kinderstube noch allzu wenig begonnen. Und doch hängt gerade davon fast alles ab.

Aufschlußreich dürfte natürlich sein, solche Spiele in ein, zwei Wochen, Monaten zu wiederholen, nachdem vergessen ist, *wen* man als *was* in der ersten Spielrunde gezeichnet hat.

Zeichentherapiespiele sind bislang noch ganz unzulänglich entwickelt; etwa Tierfamilien als Ausgang nehmen, von da aus eine Geschichte erfinden, in Worten oder Tierverwandlungen oder -aktionen, auf diese Weise auf dem Papier und im Kopf die Probleme abarbeitend, das ideale Leben, das glückliche Verhalten und das ideale Gemeinwesen vorwegnehmend. Von besonders gehaßten Tieren kann man Ausgang nehmen, Comic-Felder vollmalen, Geschichten in Blasen weiterspinnen: also Symboldramen, Baumwachstumsdramen, Figurenverwandlungsdramen – alles genüßlich zu Papier gebracht: Fröhliche Wissenschaft unter Laien der praktischen Vernunft... und glaubt nicht, die Psychologen wüßten mehr als ihr!

MERKMALE DER INTELLIGENZ

Begabung und Intelligenz sind weniger angeborene Größen als vielmehr Ergebnis von Lernakten: d. h. von produktiven Gesprächen und produzierendem Malen und Zeichnen. Die mögliche Faulheit der Kinder aber ist nur ein anderes Wort für die allgemeine Pathologie ihrer Eltern.

Voraussetzend müssen wir sagen, daß es sinnvoll scheint, die formale Intelligenz (die psychische Grammatik oder Syntaktik) von Bereichen des Emotionalen, des Bedeutungshaften und auch der verschiedenen Formen der Tätigkeit und des Handelns abgetrennt zu betrachten. Die Merkmale dieser formalen Intelligenz in Kinderzeichnungen legen so etwas wie ein „Intelligenzalter" nahe, parallel oder abweichend vom biologischen. Dies setzt uns in die Lage, u. a. zu beurteilen, ob schlechte Schulleistung mehr durch Nachhilfestunden oder aber durch Verhaltens- und Handlungstraining von Kind, Geschwistern und eventuell Eltern aufzuheben möglich und sinnvoll ist; d. h., ob die Psyche mehr durch Mangel kognitiv-intelligibler Fähigkeiten, gar hirnorganisch geschädigt, oder aber durch Rivalitäts- und Autoritätskonflikte gleichsam blockiert ist.

Ein Kind, das sich im Familientest als kleine Maus oder ängstlichen Hasen malt, seiner Altersstufe entsprechend aber alle Merkmale einer Menschendarstellung – als Siebenjähriges mindestens Arme, Augen, Beine, Füße, Haare, Kopf, Körper, Mund und Nase – zeichnet, ist nicht intellektuell, sondern umweltgeschädigt; entsprechend muß die Umwelt modifiziert, das Familien- und Gruppenklima verbessert, das Selbstwertgefühl gesteigert werden.

Über den Zusammenhang zwischen Schulleistung und Kinderzeichnung gibt es diverse Versuche. Der positive (korrelierende) Zusammenhang zwischen Schulerfolg, Zeichenfähigkeit, Schrift und Zeichnung, Zeichnen und Rechnen, manueller Geschicklichkeit und Zeichnen ist in den letzten siebzig Jahren in Hunderten von Arbeiten belegt, mit der Analyse aber Tausender von Kinderzeichnungen bestätigt worden. Die in ihrer jeweiligen Kombinationsform und Ergiebigkeit zum Teil umstrittenen Erhebungen laufen auf ein simples Zählen von Details, die das Kind zeichnet, hinaus: und je mehr Details, desto höher der intellektuelle

Reifegrad. So wurde das quantitative Punkte- bzw. Detailzählen vor allem ein Maßstab zur Beurteilung von Schulanfängern, ihrer eventuell verzögerten Entwicklung, ganz unabhängig von der symbolisch-qualitativen Bedeutung der groß, klein, breit oder schräg gezeichneten Körper, Beine, Arme usw. *Daß* sie überhaupt gezeichnet wurden, bestimmte den Reifegrad.

Der Mensch ist das bevorzugteste Zeichenobjekt des Kindes. Und es ist deshalb nicht von ungefähr, daß gerade die Menschendarstellung in der Kinderzeichnung das ergiebigste Motiv darstellt.

Die überzeugenste – die bisherigen Ergebnisse summierende – Arbeit, Menschendarstellung in Kinderzeichnungen zu bewerten, scheint uns die ZEM-*Zeichne-einen-Menschen*-Aufgabe von Elisabeth Koppitz, einer Deutsch-Amerikanerin, zu sein, die in ihrem Buch „Die Menschendarstellung in Kinderzeichnungen und ihre psychologische Auswertung" (New York 1968, deutsch 1972) vor allem auch den Draw-a-Man-Test (1926) von Florence Goodenough u. a. auswertet, allzu Weitläufiges oder Kompliziertes zugunsten der Beurteilung von Grundschulkindern einschränkt und ihr Bewertungssystem anhand Tausender von US-Kindern empirisch erhärtet hat. Was sie ermittelt, gilt selbstredend zunächst nur für Zeit, Land und Kulturkreis – die USA der Nachkriegsjahre –, in denen die Erhebungen stattgefunden haben. Daß sie sich auf Menschendarstellung beschränkt hat, macht ihre Untersuchung gültig, denn im Unterschied zu anderen Motiven sind Menschen überall gleich in jenen Merkmalen, die sie ausgewählt hat. Es kommt hinzu, daß in der Zwischenzeit die Entwicklungsphasen des europäischen oder speziell bundesdeutschen Kindes zeitlich eher nach vorn verschoben sind: Kindergärten und Medien fördern Vorschulkinder intensiver als früher, was bis zur Aufhebung der Latenzphase (8 bis 12 Jahre) geht.

Was wir nachfolgend präsentieren, bezieht sich auf die Entwicklungsmerkmale der *logischen* Intelligenz, nicht auf die emotionalen Faktoren, die wir in unsere einzelnen Artikel und Fallstudien integriert haben.

Koppitz geht für die Intelligenzmessung von 27 Merkmalen aus, die sie der Häufigkeit entsprechend – *Kopf, Augen, Beine* usw. – anordnet. Sie unterscheidet insofern, als sie Einzelmerkmale (als seltenste *Ellbogen, Kopf im Profil* und *Knie*) für die einzelnen Jahrgangsstufen in „erwartet", „üblich", „nicht ungewöhnlich" und „außergewöhnlich" einteilt. Dabei nehmen – entsprechend der statistischen Auswertung von aber Tausenden von Zeichnungen – die außergewöhnlichen (*Arme zweidimensional, Augen mit Pupillen, fünf Finger* usw.) ab, die „erwarteten Merkmale" (*Arme, Augen, Beine, Finger* usw.) mit dem Lebensalter zu, d. h., sie werden üblicherweise gezeichnet.

Wir können für diese Viererabstufung pro Lebensalter auch die Noten 4 (genügend bzw. *erwartet*), 3 (Durchschnitt bzw. *üblich*), 2 (guter Durchschnitt oder *nicht ungewöhnlich*) und 1 (außerordentlich bzw. *außergewöhnlich*) geben, hätten also eine Abstufung in etwa wie in unseren üblichen Schulnoten.

In der folgenden Tabelle haben wir die Merkmale alphabetisch geordnet, die

geringfügigen Unterschiede der Mädchen und Knaben eingeebnet und entsprechend bewertetem Vorkommen Diagramme für die einzelnen Lebensalter aufgezeichnet. Das Spiel (oder der Test) hat eine relativ individuelle Zeichensituation – zumindest kein Abmalen voneinander – zur Voraussetzung; darüber hinaus: daß die Kinder überhaupt schon einmal Zeichenerfahrungen gemacht haben, einen Stift führen können und darin ein wenig Übung haben.

Die ZEM-Aufgabe lautet exakt: „Ich möchte, daß du auf ein Blatt Papier eine ganze Person zeichnest. Du kannst jede Art von Person zeichnen; nur achte darauf, daß es eine ganze Person wird und nicht nur ein Strichmännchen oder eine Witzblattfigur. Du kannst einen Mann oder eine Frau zeichnen, oder ein Mädchen oder einen Jungen, was immer du gerade zeichnen willst."

Da der größte Teil der Kinderzeichnungen Menschendarstellungen beinhaltet und die jeweiligen Kinder ihre Menschen immer in etwa gleich zeichnen, kann man auch summierend vorgehen und diverse Blätter ohne diese Aufgabenstellung zusammennehmen. Überhaupt sei geraten, das Spiel mehrmals zu machen; es kann schließlich immer einmal vorkommen, daß ein Arm fehlt, weil ein Stift abgebrochen ist, ein Spielkamerad rief, Kinder krank oder lustlos sind. Es empfiehlt sich auch, den Test zu einem allgemeinen Familienspiel zu erweitern, also daß alle – auch die Erwachsenen – die Aufgabe erzeichnen; oder daß man Geschichten vorliest, die dann illustriert werden. Meist wird man feststellen, daß Menschen von *einem* Zeichner immer ähnlich dargestellt

Merkmale der Intelligenz in Kinderzeichnungen (Menschendarstellungen)   „Kinder *müssen* nicht intelligent sein, aber sie *dürfen*"

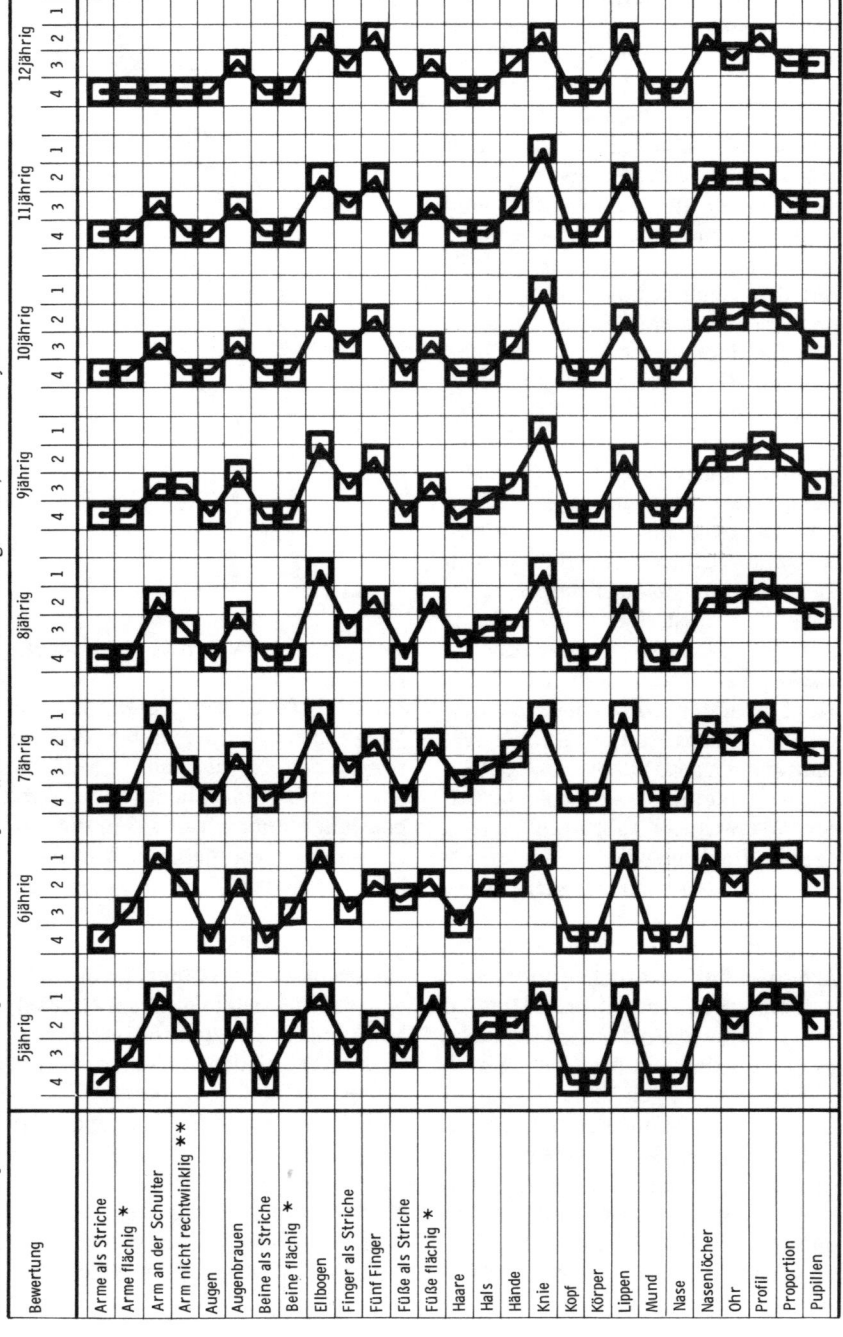

* Flächig meint: zweidimensional bzw. aus zwei Strichen bestehend

** D. h. je nach Darstellung nach oben oder unten, aber nicht 90 Grad (→Winkel)

15

werden, seien es Merkmale oder emotionale Faktoren. Wer Menschen mit Riesenhänden und schräg zeichnet, tut dies meist auf allen Blättern und Illustrationen ganz unabhängig von der Vorgabe. Eventuelle Streuungen muß man berücksichtigen: Es empfiehlt sich, immer die gelungensten und reichsten Zeichnungen für die Beurteilung heranzuziehen. Hier sind Eltern den Schulpsychologen gegenüber im Vorteil: Sie können den Zeichenvorgang immer wieder beobachten und sind nicht nur auf einzelne Blätter angewiesen.

Zunächst also die Tabelle, nach der die Menschendarstellung in Kinderzeichnungen einzustufen wäre: (→ S. 15)

Über den *therapeutischen* Wert von Korrekturen mit dem Kind zusammen kann man im Moment nichts aussagen. Ob es sinnvoll ist, einer Zeichnerin, die mit fünf Jahren Kopf und Körper in *einem* Oval versteht, also keinen vom Kopf separaten Körper malt, in direkten oder indirekten Fragen („Wo verdaut er denn das Mittagessen?"; „Womit rutscht er die Wasserbahn herunter?") etwas „beizubringen", bleibt ebenso fraglich, wie es andererseits nichts schaden kann. Möglicherweise „heilt" man damit aber lediglich ein Symptom, hebt aber nicht das ursächliche Manko denkerischer Integration auf. Als ich den fünfjährigen Manfred Bauer fragte, wo der Bauch sei, malte er einen Kringel in das Oval. Als ich meinen vierjährigen Neffen Ralf fragte, warum sein Männchen keine Finger hätte, malte er zwei Striche in Schulterhöhe quer durch die Figur, ohne daß sie die Stricharme auch nur berührten. Die Figuren seines gleichzeitig gemalten Familienporträts enthielten noch nicht einmal Arme, und nur

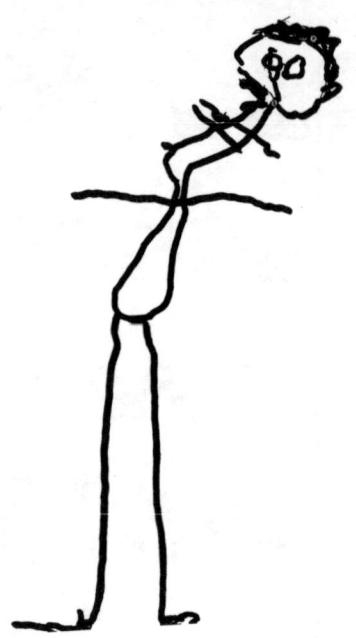

die Mutter hatte einen Körper oder ein Kleid. (→ S. 105).

Natürlich ist es kein Zufall, daß die Vergleiche *Intelligenz/menschliche Merkmale* erst ab dem möglichen Schuleintritt – also dem fünften Lebensjahr – ermittelt sind: Für die Altersstufen davor haben sich bislang keine gesellschaftlichen Interessenten oder Agenten gefunden, Forschungsgelder zu bewilligen.

Vielleicht sollte noch hinzugefügt werden, daß die Auszählung menschlicher Merkmale in Relation zur Intelligenz, die mit verschiedenen anderen Testergebnissen (Intelligenzquotient, Handlungs-, Verbal- und Leistungs-IQ) verglichen wurde, unabhängig von der zeichnerischen „Begabung" ist. Sie begünstigt auch nur unwesentlich die Ungeschickten, Schüchternen oder Ängstlichen, weil die Merkmale allgemein nur die grafische Intelligenz, Ele-

16

Heinz Bauer, 5;5, d. h. fünf Jahre und fünf Monate, zeichnete zuerst den riesigen Kopf, dann die Beine, dann Füße und Hände; darüber die Ohren und dann die Haare. Auf die Frage, ob er auch einen Bauch habe, malte er einen Kringel in den Kopf; dann endlich den Mund, die Augen. Dann meinte er: „Fertig."

In dieser Mittelstandsfamilie mit nichterwerbstätiger Hausfrau als Mutter und zwei älteren Schwestern wird wenig gezeichnet. Nach unserer Tabelle fehlen hier als Mindestmerkmale Körper und Nase. Es fehlen zweidimensionale Arme, einzelne Finger; dafür kann man die Füße mit „eins", weil zweidimensional, bewerten.

Angesichts des ausgeübten Faustrechts des Vaters gegenüber den Kindern scheint die Entwicklung gefährdet. Die Eltern wären auf Bedingungen aus differenzierter Intelligenz hinzuweisen.

Demgegenüber ein entwickeltes Kind: Fabian Glötzner, 5;4, Sohn einer Krankenschwester und eines Lehrers. Das Bild zeigt einen „Mann mit langen Ohren, damit er Ameisen hört und die Ameisen ihm nicht in die Schuhe krabbeln". Neben dem Ohr rechts eine Maus.

Von den Merkmalen her erstaunlich schulreif: Beine, Füße, Arme und Finger sind zweidimensional gezeichnet, Kopf, Körper und Beine voneinander abgesetzt; das Blatt ist räumlich ausgenutzt, die Figur steht gerade. Darüber hinaus belegt die Behandlung der Haare und Ohren ein Bewußtsein, das keine Schläge fürchten muß und dessen Motorik nicht eingeschränkt ist. – Von Fabian stammt auch die Zeichnung auf S. 12, die noch rechtwinklig angesetzte Arme zeigt. Die Schwärzungen sind im Original grün.

17

mente des *intellektuellen* Erkenntnisstandes, darstellen. Ein ängstliches Kind malt vielleicht eine winzig kleine Figur, aber *entsprechend seinem logisch-intellektuellen Stand* die üblichen (statistisch für das entsprechende Alter ermittelten) Merkmale. Auf unser Modell der Psyche bezogen, definiert es also lediglich den syntaktisch-logischen bzw. formalen Sektor. Bei den wenigen Ausnahmen, wo die IQ-Intelligenz von der ZEM-Intelligenz abwich, litten die Kinder an schweren seelischen, sozialen u. a. Persönlichkeitsproblemen oder waren gehör- oder gedächtnisgeschädigt: Man könnte also noch differenzieren und sagen, der IQ-Test mißt das intellektuelle Potential (die gleichsam schlafenden Fähigkeiten), der ZEM dagegen die tatsächliche Leistungsfähigkeit.

Grundsätzlich bewerten *quantitative* Merkmal- und Detailtests den *logischen* Entwicklungsstand, *nicht* die Persönlichkeit des Kindes. Und zu warnen ist vor allzu raschen Bewertungen und eiligen Schlüssen. Eine Überbetonung intellektueller Fähigkeiten (Leistungsstreß) im Vorschulalter beantwortet das Kind vor und während der Schule möglicherweise mit psychosomatischen Störungen: Letztlich wehrt sich das Unterbewußtsein durch das Medium des Körpers und stellt die Signale auf „krank".

Manche Psychologen behaupten, daß nach acht Schuljahren die Intelligenzentwicklung derart gereift oder zu ihrem Ende gekommen sei, daß kein Test mehr altersempfindlich reagiere. Solche Festlegungen, ob sie nun bei sechs oder vierzehn Jahren enden, sind Ausdruck jener Interessen, die dem Erwachsenen Ausprägung und Entwicklung praktisch absprechen. In

Wirklichkeit hat man dies noch nicht hinlänglich untersucht. Für zukünftige Erhebungen müßten überdies weitere Merkmale integriert werden, und zwar bereits für die Altersstufen ab sieben: Das sind vor allem die Probleme der → Raumaufteilung, der → Flächenausnutzung, die Modifikationen des → Profils, der → Perspektive und der → Bewegungsdarstellung.

Die Darstellung von Bäumen, Autos, Häusern mag für emotionale Probleme sinnvoll sein, sie kann aber nie so universal wie Menschendarstellung werden, weil mit der *Umwelt* unüberschaubare Einflüsse auftreten: Ein andalusisches Kind, eines aus der Toscana, haben andere Häuser und Bäume im Wahrnehmungsfeld als ein deutsches. Und das Verhältnis zum Auto ist von dermaßen vielen sozialen, geschlechtsspezifischen u. a. Faktoren beeinflußt, daß bereits auf *eine* Stadt bezogene Ermittlungen für diesen Bereich ausfallen. Die skizzierten Merkmale sollen auch nicht darüber hinwegtäuschen, daß es kein *Gleichmaß* von Entwicklungs*schritten* und keine unabdingbar festgelegte Stufen*folge* gibt, weil Entwicklung in den einzelnen Bereichen z. T. unabhängig voneinander abläuft: Es gibt gleichsam neben dem Intelligenzalter eines der Sprache, der Wahrnehmung, des Verhaltens usw. Wie oft halten wir einen Menschen für ganz „vernünftig", der dann in *bestimmten* Situationen, vor *bestimmten* Aufgaben völlig versagt.

Ob die zeichnerische Fähigkeit eines Kindes in einem nachweisbaren Ausmaß von den sozialen und ökonomischen Standards seines Elternhauses abhängt, ist eine Hypothese, die noch nie hinlänglich kontrolliert wurde:

Man müßte Daten der Kinderzeichnung und präzise soziale Meßwerte (Elternberuf, -ausbildung, -einkommen, Haushaltssituation, Erziehungsstil, politische Auffassungen usw.) zueinander in Beziehung setzen, um Wechselbeziehungen nachzuweisen. Wir wissen nur aus Fallstudien und aus allgemeiner Erfahrung, daß soziale Wahrnehmung, verbale Fähigkeiten, emotionale „Anpassung", visuell-motorisches Verhalten usw. bei subproletarischen Kindern wenig gefördert werden. Für die Schulleistung der ersten Klasse (→ Schulreife) wissen wir, daß sechs „emotionale" Zeichenmerkmale in Wechselbeziehung zu schlechten Noten stehen: → schräggeneigte Gestalt, → Weglassen des → Mundes, Weglassen des → Körpers, Weglassen der → Arme, → monströse oder groteske Gestalt und drei oder mehr spontan gezeichnete Gestalten (→ Doppelgänger – bei der Aufgabe, *einen* Menschen zu zeichnen; also eine gewisse Art von Spaltung). Bereits eines dieser Merkmale ist ein Indiz, daß die Leistung weniger aufgrund der Intelligenz, sondern wegen Wahrnehmungs- und anderer Störungen gemindert ist. Formale Intelligenz allein ist keine Garantie für gute Noten. Ein Kind muß die Störungen seiner Sinne durch familiäre u. a. Konflikte verarbeiten und überwinden können, bevor es seinem logischen Potential (Kompetenz) entsprechende Leistungen produzieren – „performieren"–kann. Und *Lernen* ist vor allem eines der *Produktion.* Nicht das diagnostische Etikett der Intelligenz ist für die Einstufung wesentlich, sondern das allgemeine soziale, geistige und seelische Funktionsniveau. Begabung ist keine angeborene Größe, sondern Ergebnis

von Lernakten. Die Quantität unserer Merkmale ist *ein* Indiz. Die wirkliche *einzelne* Qualität eines Kindes läßt sich indes nur im zusätzlichen Dialog ermitteln. Insofern müssen sich Testverfahren – nicht nur solche mittels Kinderzeichnungen – und persönlicher Umgang immer ergänzen. Beides voneinander isoliert, führt gemeinhin zu Irrtümern.

In einer Art didaktischem Technologiewahn hat man vor einigen Jahren noch geglaubt, man könne Großschulen, ja, Schulfabriken wie Fließbandproduktionen betreiben und Menschen – Pädagogen, ja, Eltern – durch Medien- und Lernschrittmaschinen ersetzen. Von solchen Vorstellungen sind wir inzwischen gründlich geheilt; ja, die Industrie geht im Abbau von Fließbändern, in der Institutionalisierung von Gruppensystemen auf überschaubare Werkstattformen – zusammengefaßt durch zentrale Computersysteme – zurück. Selbstredend wird das Erziehungssystem diesen Einsichten und Erfahrungen der Produktion folgen müssen.

Zum Begriff der Intelligenz und Leistung: Ich gehe hier nicht davon aus, ob es sinnvoll ist, die sogenannte Intelligenz test- und leistungsmäßig zu bewerten, sondern daß Eltern mit dieser gegenwärtigen Tatsache konfrontiert *sind.* Es ist weiter auch nicht unbedingt ein Schaden, wenn das *Intelligenzalter* vom *biologischen Alter* abweicht; geraten scheint indes, dem Kind kein Mehr an Schulleistung zuzumuten, als was es intellektuell und emotional verarbeiten kann, weil Defizite, dauerndes Mißlingen und schlechte Schulnoten das Selbstwertgefühl schädigen, so daß am Ende überhaupt nichts mehr sinnvoll verarbeitet wird.

Wenig hinterfragt bleibt hier auch der Begriff der *Leistung*. Daß die Gebräuche unserer Notengebung heute weitgehend fragwürdig sind, ist in der pädagogischen Literatur oftmals auch empirisch nachgewiesen worden; daß wir trotzdem eine Gesellschaft mit qualifizierten Leistungsanforderungen sind und immer mehr werden, steht – so fürchte ich – außer Frage. Das Problem beleuchtet mithin die Frühförderung: Je mehr man hier tut, um so weniger Schwierigkeiten hat man später. Ja, ich möchte die kühne Behauptung aufstellen, daß *ein* qualifizierter Dialog im dritten oder vierten Lebensjahr zehn überflüssige – den ganzen familiären Clinch zwischen Eltern und Kindern – tendenziell spart und aufhebt, weil die Fronten *gewaltlos*, weil dialogisch und einsichtig vermittelt werden, die uns von der sozialen und politischen Umwelt gesetzt sind. Und nachhaltig vertrete ich auch die oft belegte Auffassung, daß geschlagene, „gewatschte", geprügelte Kinder immer die tendenziell schwierigen und leistungsmäßig und intelligibel schwachen sind. Nicht allein resultiert mancher Gehörschaden von einer „naiven" Ohrfeige – um es symbolisch zu sagen: ein Kind, vor allem sein Kopf, sein Gehirn, ist nicht nur einem Computer weitaus überlegen, sondern auch millionenfach komplizierter gebaut. Und nur ein Idiot schlägt auf einen Computer ein, wenn er nicht mehr „funktioniert". Auch ist die „Anschaffung" eines Kindes ganz real zu teuer, als daß man leichtfertig auf seine momentane Zerstörung aus sein könnte, nur um Ruhe zu haben. Das Faustrecht ist ein Überbleibsel aus den barbarischen Frühphasen unserer Gattungsgeschichte; und im Verhältnis Eltern/Kind kennen es die meisten Tiere noch nicht einmal. Ich habe – um ein Beispiel zu nennen – immer empfunden, daß der Erfindungsreichtum der Kinder, sich vor dem Zubettgehen zu drücken, ein interessantes Duell einleitet, wer nicht nur klüger, sondern in seiner Strategie, den Widerspruch auszutragen, auch phantasiereicher, mithin konsequenter und intelligenter ist. Und Intelligenz beruht im rationalen und kontrollierten Umgang mit Worten und Handlungen. Daß es zuweilen berühmte Leute gibt, die die harte Hand ihrer Eltern rühmen, mag man als Verirrung hinnehmen: Sie konnten *bestimmte* Qualitäten entfalten, nicht weil, sondern obwohl geschlagen wurde. Ähnliches gilt für die „Faulheit". Sie ist die Form eines infantilen, rückwärtslaufenden Prozesses, eine Störung oder Verschiebung des inneren „Haushalts" – als Reaktion auf Außenwelt, auf zugewiesene Unmündigkeit, falsche Affektionen, Reaktionen und Unselbständigkeit vieler Eltern: deren heimlicher, gleichsam herbeigerufener Tyrann.

Möglich, daß Malen und Zeichnen manches davon zutage fördert, und Brücken, wenn nicht baut, so doch aufzeigt, denn Kinderzeichnungen oder Gespräche über sie können gerade auch Hinweise geben, welche Interessensschübe man benutzen kann, notwendige Inhalte im richtigen Moment einzubringen, den allgemeinen Lustprozeß nicht durch Leistungsforderungen abzutöten, sondern beide Momente miteinander zu versöhnen. Auf die Ausbildung der Intelligenz – abstrakter, politischer, institutioneller – kann nicht verzichtet werden. Intelligenz ist unabdingbar.

EINIGE NOTIZEN ZUR ENTWICKLUNGSPSYCHOLOGIE DER KINDERZEICHNUNGEN

Abstrahiert könnte man von einer Entwicklungslinie reden: von (I) Basiszeichen oder Spuren wie Punkt, Linie, Bogen – zu (II) Kritzeln, Skribbeln wie Zickzack-, Schwing-, Oval-, Spiralformen – zu (III) Grundschemata wie Ei, Kreis, Viereck, Kreuz – zu (IV) Kombinationen oder Superzeichen – zu (V) Komplexen oder Aggregaten – zu (VI) Figurationen des Konkreten. Also gleichsam ein Aufsteigen vom Abstrakten zum Konkreten.

Das Kind, das zeichnet, ist das Kind, das sehen lernt; dafür sollte immer genug Papier und Malmaterial bereitgestellt sein. Wer seine Kinder irgendwohin mitnehmen muß, vergesse Papier und Stifte nicht. Zeichnen ist die beste Beschäftigungstherapie gegen Langeweile, dem Abstellen vor dem Fernsehschirm vorzuziehen. – Kurzum:
Papier und Malmittel sind Lebensmittel der Seele.

Das **einjährige** Kind: Das Problem, das Kindergärtner oder Wissenschaftler mit dem „Urbrei" der Malerei haben, ist, daß sie das Kind darin gar nicht zu Gesicht bekommen. Deshalb ist die Sprache *darüber* oft so schwülstig. Die Eltern als erste Bezugspersonen aber haben die unendliche Differenzierung der Kommunikation mit dem Kind gleichsam sprachlos in sich. Was in diesem primären Raum, in dem der Charakter grundiert wird, stattfindet, ist mit Sprache allein nur unzulänglich zu begreifen, und auch mit Bildern, „Grafemen", kaum festzumachen. Diese selbst sind nur schwer zu bekommen. Das einjährige Kind malt zunächst vielleicht auf dem Papier, falls es gerade auf ihm sitzt, fährt dann aber fort, Hände und Füße zu bemalen. Der Bleistift wird verbissen und mit großer Anstrengung durchs Papier getrieben. Von „Ganzheitsgebärden" und „Bewegungsspuren" ist nichts anderes festzumachen als Fragmente der Zertrümmerung: Klumpen Papier, zerbissen und in Fetzen verteilt, abgebrochene Blei- und Kreidestifte. Bemüht man sich um „Kultur", so entstehen bestenfalls Linien – drucklos am Blattrand entlanggeführt, im Versuch, ob es nicht doch darüber hinausginge – *gegen* den Willen der Eltern. Denn das erste Wort ist nicht *ja*, sondern *nein*.

Die Graphologie hat uns seit Einführung der neuen Malmittel generell im Stich gelassen. Früher konnte man noch davon ausgehen, daß die ganze Welt mit Bleistift Weichegrad zwo zeichnet und schreibt. Heute gibt es Wachs-, Filz- und Kugelstifte jeder Art und Gattung, die im Zerreibungsprozeß die erstaunlichsten Zufallsprodukte erbringen.

Vielleicht ist die grafische Produktion der Kleinstkinder auch deshalb so unerforscht, weil man sich sagt, es käme nicht so genau darauf an, in welcher Reihenfolge sich die einzelnen Zeichen entwickeln; und überhaupt sei *jede*, vor allem auch sprachliche, taktile, motorische, emotionale u. a. Förderung gut, ob nun etwas mehr oder weniger methodisch; entscheidend sei die einzelne Qualität und Intensität der Zuwendung – und das ist wohl grundsätzlich richtig.

Frühe Zeichengebärden sind, wenn nicht gerade abseitig, schwer in ein „System" zu bringen. Das Zusammentreffen von Bewegung und einem Blatt Papier ist gleichsam anarchistisch. Dies „Wahrscheinliche" und „Mögliche" ist die Stärke des noch nicht festgelegten, nicht kasernierten Kindes. Wäre ein „System" möglich, wäre sein Sinn für die „Bildung" wohl zweifelhaft, weil es diese „Randbedingungen" mißachtet, die u. a. aus der ganz *individuellen, eigenen* Fähigkeit in der Begegnung mit den immer neuen Materialien der Industrie kommen. Dies soll niemanden hindern, sich im Anschluß an Eß-, Schmutz-, Kot- und Sauberkeitsprobleme an einer Systematik der grafischen Spuren, an einer Art „Vorgeschichte der Zeichnung" zu versuchen, worin das Kind seine erste intellektuelle u. a. Entäußerung produziert.

Zweijährige Kinder befinden sich, der offiziellen Meinung folgend, im „Kritzelstadium" als Spiegelung der ersten großen Schritte der Menschwerdung". Man hat diese „grafische Gebärdensprache" auf vielfältige Weise untersucht; von der ersten Besitznahme des Papiers bis zu den ersten „abstrakten"

1. Der berühmte „Urknäuel", gereinigt wohl als „Urkreis" zu bezeichnen 2. Kreuzform 3. Hiebkritzeln 4. Zickzack 5. Zickzackspirale 6. Schwingkritzeln nach zwei Richtungen 7. Kreiskritzeln 8. Vermischtgeformtes Kritzeln 9. Sinnunterlegtes Kritzeln: „Die Familie" 10. Schreibkritzel oder Kritzel- bzw. Krakelbrief 11. Hieroglyphe: „Kinder hinterm Zaun" 12. Haus und Garten mit zugemauertem bzw. „verrammeltem" Eingang.

Linien und Kritzeleien mit Begriffen wie „Urpunkt", „Urkreuz", „Urknäuel", „Urkreis", „Urlinie" und „Urbrei" belegt; auch → graphologisch untersucht, sobald die Begegnung der Kinder mit dem Papier zu mehr als einer Zerreißprobe des Materials wurde, sich von beliebigem Spiel mit elementaren Dingen unterscheidend. Aber das Kritzelalter ist nur auf eine *gewisse* Weise mit drei oder vier Jahren überwunden: nicht allein fallen ältere Kinder im Krankheitsstadium –

23

bei Grippe etwa – auf diese Stufen zurück, der Mensch ganz allgemein im Zustand des motorischen Zwangs, die Kritzeleien, die jeder von uns fast automatisch auf Zettel, Servietten, Bierdeckel oder zuweilen Klowände ausführt, zeigen, daß solche Kindheit mit ihren je speziellen Formen und Linien auch in uns nicht abgestorben ist.

Ob das visuell-taktile Vermögen sich so aus-„bildet" und entwickelt, ist ebenso möglich wie ungeklärt, weil wir über diese Vorgänge relativ wenig wissen, die einzelnen dazu notwendigen Disziplinen auch noch nie konsequent zusammengearbeitet haben. Zwischen der Physiologie der Wahrnehmung und der Kunsterziehung u. a. gibt es so gut wie keinen Wissensaustausch; und die aus den Vorkriegsschulen der Lebensphilosophie entstandenen schwülstigen Termini wie „tunsganzheitliche Zeichenbewegung", „Beugegebärdenzeichnung", „Zeichenleib", andererseits „zufälliger –", „intellektueller –" u. a. „Realismus" – so die französische Schule um Luquet – schrecken Naturwissenschaftler und Zeichentheoretiker gleichermaßen ab.

Zeichnen – beginnend bei grafischen Gebärden, dem „Plappern" oder „Lallen mit dem Zeichenstift" – mit *Grundfunktionen der Sprache* zu verbinden, ist zwar in den kunsterzieherischen Schulen versucht worden, aber allzu spekulativ, graphologisch oder nur sinn-philosophisch. Mangels eines umfassenden Modells der Psyche und ihrer Wahrnehmung sind diese deutenden Versuche weitgehend überholt, sind zu psychologistisch; integrieren also zu wenig den Sachmittel- und Dingbezug, das Greifen, Begrei-

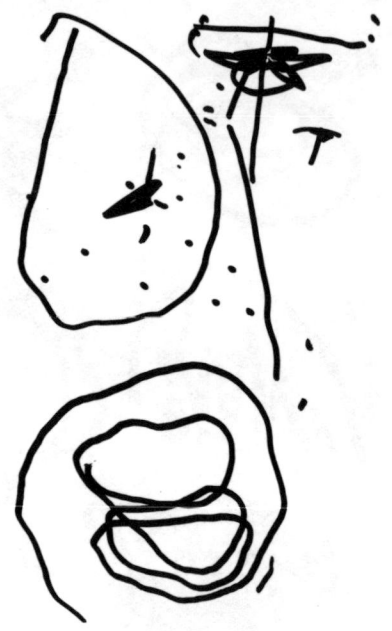

Diese Zeichengeste besteht aus einem kräftigen Hieb links unten, der das Papier durchlöchert; dann folgt ein Schwingen zu einem kleinen Oval; einige Punkte werden gesetzt; dann eine horizontale und drei vertikale Linien. Darüber ein Oval mit einem Schwerpunktkrakel nebst Punkten; und eine Spirale, die nach innen so etwas wie zwei Augen versucht. Das Bild zeigt u. a. die Fragwürdigkeit einer „Kritzeltheorie" und -einteilung.
Die Richtungshinweise sind, weil Drehbild, relativ zu sehen.

fen als Begriff und Tätigsein, die Familien-, Arbeits- und Verhaltensmodelle, in die das Kind hineinwächst (→Protokoll S. 129). Man hat die grafischen Bewegungsspiele auch Hüft-, Hüpf-, Schultergelenk-, Ellbogen-, Hand- oder Fingergelenk-Kritzel oder Scribbles – Skrib-

Die Alternative zu einer beschreibenden Kritzeltheorie, die das Ergebnis vom Produktionsvorgang ablöst und isoliert betrachtet, wäre, die ganze Szenerie im Auge zu behalten. Daraus folgt, daß ein Blatt ohne → Protokoll, d. h. ohne Datum, Angaben über Entstehungszusammenhang, Anlaß, Situation usw. wenig aussagt. Natürlich kann man es isoliert betrachten wie jede andere Zeichnung auch. Man kann aber so gut wie nichts daraus „schließen". – Abgesehen davon wäre der Ausdruck krakeln fast schöner als kritzeln, weil eine insekten-, lebewesenab-

malende Absicht im Wort ist; kritzeln meint einen schnellen Vorgang; krakeln hat die Verquerheit des langsamen, auch räumlich ausgedehnten Versuchs. Indes bleibt dies nur ein unzulänglicher Vorschlag, der stufenhaften Komplexheit habhaft zu werden. – Die obige Figur des achtjährigen Jan Felix Gmelin ist aus einem großen Krakel entstanden: die halbautomatisch entstandenen Flächen wurden flächig mit Farbe ausgemalt und ließen durch die Abstufung von Rot „vorn" links bis „hinten" blaßbraun eine Bewegung im Raum entstehen.

bel oder Schribbel – genannt. Diese Zeichen – als Abbilder von umfassenden oder auch eingeschränkten und kontrollierten Körperbewegungen auf dem Papier – können aber verschiedenen zeichentheoretischen Schichten, Handlungsabläufen bzw. -intentionen entstammen.

Es scheint etwas billig, die recht vielfältigen Grafeme der Ein- bis Dreijährigen allesamt unter „Kritzeln" zu summieren, überhaupt von Kritzelalter zu reden – vor allem wenn man die Farbmalereien dieser Jahrgänge ansieht! –, womit man mehr verdeckt als aufschließt. Ebenso unbelegt sind auch Archetypen im Sinne von „Originalen letzter" oder „erster Bilder" als Konstruktionselemente; was natürlich Erscheinungsweisen biologischer Formen, Zellstrukturen usw., überhaupt daß das Auge gleichsam sich selbst anschaut, nicht ausschließt. Indes läßt auch dies sich nicht abstrahieren derart, daß der Mensch zuerst Ideen, strukturale oder andere, sähe.

Dreijährige Kinder sind heute z.T. bereits in Vorschulen. Der Sprache einigermaßen mächtig, rezipieren sie Umwelt und Kinderliteraturen. Sie zeichnen z.T. bewußt Landschaften, Gegenstände, Menschen – wie Marc Möller auf einer Ferien-Land- und Postkarte an mich: das ist „Kiefer", „Bach", „Kiefer", „Birke" – und am Ende: „Ich male – praktisch – einen Wald"; ein Kringel ist der „Zopf vom Baum".
Z.T. belegen sie ihre Kritzeleien erst nachträglich mit Bedeutungen; dabei kann *ein* Zeichen bzw. Super-Kringel für Beliebiges stehen, Vexierbildern ähnlich, oder es wandelt sich vom „Schiff" zum „Winterstiefel" usw. Aus der psychomotorischen Bewegung der Gebärde wird eine Art Zeichen- und Bildsprache.
Datierte man früher Oval, Kreis, Rad, Linie und Verbindung von Oval und Linie zum Kopffüßler mit oder ohne Arme – auch Kaulquappenmännchen – ins vierte oder fünfte Lebensjahr, so ist dies heute auch schon im dritten oder gar zweiten Lebensjahr zu finden. Indes erscheinen oft parallel alte Bewegungs- und Abbildformen: der Zug ist eine rund um das Blatt laufende Linie, der in einen verdickten Kringel als Lokomotive ausläuft u.ä.
Das Manko der kunstdidaktischen

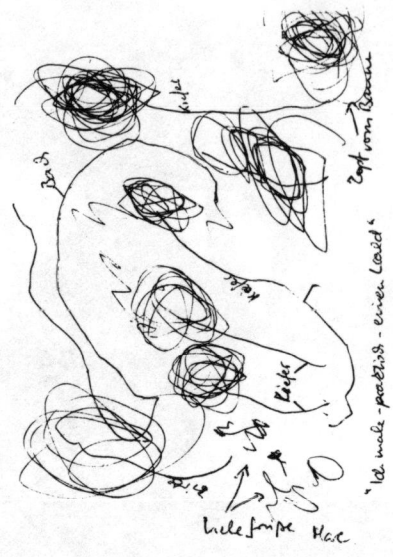

Landschaftsskizze eines Dreijährigen

Versuche resultiert einmal aus der ganz verschiedenartigen Bedeutungsfülle der zeichentheoretischen Grundbegriffe wie Struktur, Funktion, Form, Handlung (→ Protokoll), zum andern auf der fehlenden *breiten* Erfassung dessen, was die bereits redenden Kinder zu ihren Zeichnungen tatsächlich sagen. Dies bedingte eine entwickelte Zeichentheorie, von deren Ausbildung wir noch weit entfernt sind. –

Tuschlied von Marc Möller

Marc Möller malt z. B. einen Elefanten auf einem Auto; kaum angedeutet, übermalt er das Ganze mit roter Wasserfarbe: „Weil das Auto zugemalt ist, kann es nicht wegfahren." Dann: „aufgemalt", d. h. Farbe entfernt, „fährt es los". Mit brauner Farbe übermalt: „Kann auch nicht mehr fliegen, weil die Luft weg ist." Man kann solche Protokolle, von denen es noch viel zu wenige gibt, zwar irgendwie – psychoanalytisch, farbpsychologisch o. ä. – erklären und interpretieren, bedürfte aber weitaus mehr Daten als nur Bild- und Wortprotokolle, um daraus etwas Sinnvolles abzuleiten.

Ganz ungeklärt sind auch die ersten Stufen des *Nein*, der Negation, wobei Linien weniger als Umriß denn als Ja/Nein-Scheidung verstanden werden. Solche Bedeutungen von „Grenzen" erzeugen mitunter auch „ornamentale" Ausschmückungen, *verwirklichen* dabei aber *Leerstellen* für *Möglichkeiten*; was darin sichtbar wird, daß das Kind gerade auf dies *Negative*, scheinbar *Ausgegrenzte*, das in Wahrheit das *Eingegrenzte* ist, den allergrößten Wert legt, während der simple Erwachsene nur sieht, was positiv gemalt ist. Insofern hört man von zeichnenden Kindern zuweilen mystische Grundeinsichten über das Verhältnis von Sein und Nicht-Sein, von Gleichheit und Widerspruch, die man keinesfalls als intellektuelle Altklugheit interpretieren kann.

In der Theorie scheint mir die psychologische Assoziation von Begriffen wie *Schließungstendenz, Umschlossensein, In-Ordnung-Sein, Rundwall, Abgrenzung, Beschütztsein, Formenschließen* – runde Linien zum Kreis oder Oval und deren Auftürmung – allzu trivial: dies hieße den Kreis bzw. die Schließung der krummen Linie zum Oval gleichsam zum Symbol eines vorgestellten, runden „Ichs" zu machen, das sich gegen die Umwelt igelhaft absetzt, zu sich selbst kommt. Die Schließungstendenz mag bei manchen Kindern ritualhaft, ja zwangsneurotisch sein; sie darf aber – als formales Prinzip der → *Häufung* bzw. Wiederholung usw. nicht nur psychologistisch gedeutet werden.

Kinderzeichnungen nicht nur dieser Altersstufe haben einen Reiz und eine komplexe Bedeutungsfülle, die nur jenem aufgeht, der in großer Gelassenheit den Zeichenprozessen selbst folgt, der zuhören kann, und nicht in falscher Konditionierung alles mögliche *erwartet*; oder gar in Konkurrenz zu anderen Eltern meint, „sein" Kind sei dumm, wenn es nicht sofort Kopffüßler mit Armen und Beinen und dies an der richtigen Stelle präsentiert; ja, möglicherweise die Theorie einer *be-*

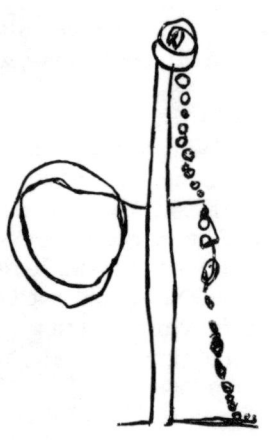

Die **Vierjährigen** sind Schema-Zeichner, Geometer ihrer selbst, ihres inneren Bildes und Modells. Sie schweben zeichnerisch gleichsam zwischen zwei Welten: um etwas eindeutig festzumachen, müssen sie es nicht mehr mit Worten nur benennen. Man *sieht*, was sie meinen; wenngleich die Kausalität oft kühn auf den Kopf gestellt wird – wie der Baumwagen von Marc, der auf Leitern den Berg hochfahren soll. Metamorphosen – Verwandlungen – von einem Gegenstand in den andern in fast beliebiger Zuordnung.

Es ist – bis ins sechste Lebensjahr hinein – die Phase der reinen *Wiederholung*, der → Häufung von Linien, Kreisen, Ovalen, Vierecken usw. Ein Ganzes ist aus einer Sequenz gleicher Teile aufgebaut: nur indem sie *alle* sprechen, ist das Ganze vorhanden; und die Teile sind gleichwertig, oft gleichgesetzt: das Ganze ist mehr als die Summe seiner Teile. Vögel erscheinen als Häufung von Kreuzen, der Schwanz eines Eichhörnchens mit vielen Haaren gleichsam als Rechen.

stimmten Entwicklung im Kopf hat und nun von der Realität enttäuscht ist. Der allzu frühe Leistungsdruck auf das Kind kann zu Krankheiten führen, das Kind als Flucht vor soviel struktureller Gewalt in seiner ihm ureigenen Sphäre dauerhaft schädigen. Man höre die Töne des Trommlers, die auf die Erde fallen und die uns daran erinnern, daß nicht nur wir etwas dem Kind, sondern das Kind uns etwas zu sagen hat.

Darüber hinaus ist es auch das Lebensalter des reinen → Kontrastes, des kla-
ren, maximalen Unterschieds: Winkel
sind rechteckig, Linien senkrecht.
Deshalb steht der Kamin auf dem
Dach auch senkrecht ab, sitzt – für uns
– gleichsam schief. Bilder werden ge-
dreht, weil Häuser senkrecht auf der
Straße stehen müssen (→ Drehbilder),
die Menschen schweben, weil → Arme
senkrecht angesetzt sind. Äste stehen
nach wie vor im rechten Winkel zum
Stamm und Zweige im rechten Winkel
zu Ästen. Es sind wohl auch die ersten
Formen elementarer Mathematik.
Der Mensch wird aus Rechtecken oder
geschlossenen Formen aufgebaut. Es
ist das Ausbauen und Differenzieren
des Kopffüßlers, des Kopfmenschen,
auch Kaulquappenmännchens, was an
sich der logische Ausdruck wäre, weil
das Oval, aus dem unten die zwei
Beine hängen, die undifferenzierte
Gesamtheit Kopf–Rumpf darstellt.
Der Übergang von der Herstellung
unbeabsichtigter Bilder zu der Ausführung geplanter Bilder hat Zwischenstufen von gewollten und unge-

wollten Figurationen. Die Fortschritte
werden langsamer, die Probleme bild-
licher Darstellung vielfältig: was will
man nicht schon alles malen – und tut
es rücksichtslos. Massiv erscheint uns
oft das unbekümmert hingenommene
Mißlingen.
Vierjährige werden zum erstenmal in
ihrem Leben der Dinge zeichnerisch
habhaft. Ein Pferd mag aussehen wie
das Sancho Pansas, es *ist* eins, gezügelt
von abenteuerlichen Gestalten.

Der Entwicklungsschritt läßt alles andere vergessen; auch, daß die Dinge scheinbar keinen Bezug zueinander haben, keine Bewegung. Insofern nannte man diese und andere Bilder Fragment- und →Streubilder, weil man über ihr Negatives sich aufhielt: das beziehungslose Nebeneinanderstellen vieler Dinge, die steife Bewegungslosigkeit ohne verknüpfendes Moment. Man übersah, daß die Reihenfolge und Größe des Gezeichneten oft eine ganze Geschichte beinhaltete; das Wichtigste erscheint →groß, das Nebensächliche →klein. Die gehäuften Fragmente waren nur scheinbar, das aufzählende Verfahren nur äußerlich: Das Überhaupt-Dasein ist hier der Fortschritt gegenüber den alten Bildern; und es ist durchaus möglich, daß solcher *inhaltliche* Zuwachs auf Kosten formalen Rückschritts zeitweise erkauft ist.

Selbstredend programmieren die Nach-Mal-Bücher die Wahrnehmung vor und koordinieren sie mit den Werbeklischees der Illustrierten und TV-Spots; sie zerstören die eigenkreative Leistung der kindlichen Entwicklung, die Ausprägung elementarer Formen des geometrischen und mengentheoretischen Denkens – und den eigentlichen Schmelz, den Kinderzeichnungen ausstrahlen. Man kann in diesen „Büchern" bestenfalls das Überzeichnen, den Protest gegen Vorgaben üben: anderes malen – und mit dicken Farben; oder das Auseinanderschneiden: nicht ganz so abträglich wie die Kasernierung der malenden Wahrnehmung. – Was aber ist die eigentliche Alternative? Große Kunst für das Kind? Ich würde sagen: Die inhaltlich und formal besten Motive und Bilder sind gerade gut genug.

Fünfjährige stehen unter der Drohung oder Erwartung baldigen Schuleintritts. Oft sind die ersten Kindergarten- und Vorschulerfahrungen gemacht. Der Blick geht über die Familie hinaus.

Der Zusatz realer Erfahrung für die nach Wiederholung, Kontrast und anderen Raum- und Zeichenerfahrungen arbeitende Phantasie treibt nun zu Differenzierung und Verfeinerung, die das Wesentliche unmäßig vergrößert, das Kleine vollends vernichtet: die wachsende Verfügung, ja Omnipotenz über Sprache, eine wachsende Wechselbeziehung zwischen sprachlicher und zeichnerischer Intelligenz, treibt nun auch in der Zeichnung ihre Blüten. Man träumt sich nicht allein in den Mittelpunkt; man setzt sich auch in ihn hinein. Die pantomimische Gebärde ist raumgreifend. Man macht sichtbar, indem man die Bodenlinie, oder gleich mehrere übereinander, betont: zuerst sich selbst verankert, Halt sucht zwischen Himmel und Erde, Drachen steigen läßt inmitten der ganzen Familie; Rauchfahnen in die Luft schleudert.

unterschiedene Spielaggregate; nun werden der funktionale Sinn der technologischen Geräte, die Statik des Gerüstbaus, die Seilwinden usw. nicht allein begriffen, sondern auch gezeichnet.

Überhaupt erfährt das Technologisch-Analytische jetzt ein Interesse, das allen bloß illustrativen oder impressionistischen Kinderbuchillustrationen widerspricht. Die Welt wird → transparent.

Eine „Sportwagenreparirunk" oder eine „Plakatenfabrik" erscheinen in allen konstruierbaren, vorgestellten Einzelteilen ihrer Aggregate. Zeichen und Buchstaben oder Worte mischen sich, mal direkt, mal spiegelbildlich. Es ist das Alter, in dem man die Berufe alle paar Wochen wechselt: vom Feuerwehrmann über den Lokomotivführer zum Astronauten. Es ist das erste Abenteueralter, bevor der erste Ernst des Lebens – die Schule – beginnt.

Ob der → Bodenstrich, Himmel, Luft und Leben dazwischen, die Wirklichkeit im Querschnitt des → Friesbildes, eine Eroberung des Fünfjährigen ist, ist in den diversen Entwicklungsskalen nicht festgehalten, entspricht aber in etwa Erfahrungswerten.

Bagger und Kran waren bislang wenig

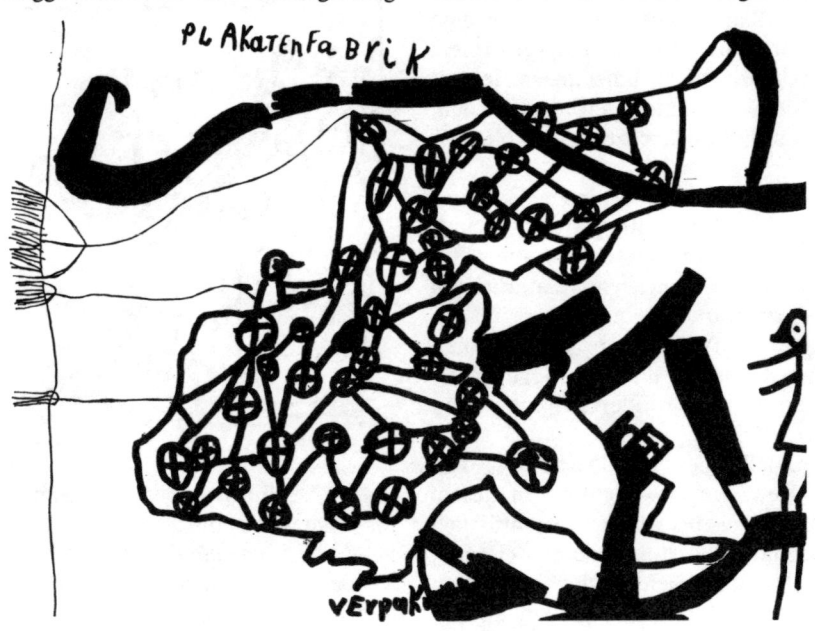

Zuweilen erscheinen auch die ersten → perspektivischen Versuche derart, daß ein Zeichner verschiedene Seiten eines Hauses gleichzeitig zeichnet; oder Variationen zum Voll- bzw. → Profilgesicht: eine zusätzliche Nase auf der Seite, von vorn und seitlich zugleich der Mund, ein Auge in der Mitte, darunter ein Mund – so seitlich und von vorn die Partien zugleich.

Die höher gespannten Erwartungen bilden höher organisierte Bilder; dunkle Intentionen – Schwärzungen – Chaos und Grenzziehung erscheinen durcheinander, als wolle der Zeichner Außen und Innen, das eine im andern modellieren. Oft entfaltet sich eine wahre Wut, abzumalen, zu verformen, nachzuzeichnen, umzumalen, festzumalen, zu konterfeien, darzustellen, oder all dies gleichzeitig zu wollen.

Sechsjährige Kinder sind meist Schulanfänger. Betrachtungen der → Schulreife und des → Intelligenzalters stehen deshalb auch ganz natürlich im Vordergrund.
Über den Sachinteressen beginnen sich Richtungs- und → Bewegungsformen in den Kinderzeichnungen zu entfalten.
Speziell über die Darstellung von → Bewegungen – nicht nur in diesem Alter, hier aber vielleicht eigentümlich beginnend – ist in neuerer Zeit nicht mehr hinlänglich gearbeitet worden; zu wenig Material liegt vor, als daß

man schlüssige Korrelationen zwischen Zeichnung und Handlungsintelligenz oder Verhalten ziehen könnte. Gleichsam nur äußerlich unterscheidet man zwischen mehreren Phasen des bewegten Objektes in einem Bild, optische Bewegung durch wiedergegebenen Weg des bewegten Teiles, schließlich die Flieh- und Explosionsstriche der Comics.
Für das Alter typisch ist die Gleichzeitigkeit von Vlies- und Raum- oder Landkartenbild, also viele vorgestellte → Boden-, Grund- oder Standlinien, damit auch beliebige Mischung der Perspektiven, wie sie die Spazierfahrt hier darstellt.

Solche Vorformen nennt man Simultanperspektive: das Kind geht zeichnend gleichsam um das Haus herum: Vorderansicht, Seitenansicht, Dach, andere Seitenwand und möglicher-

32

weise noch die Gegenfassade. Man klappt und dreht alles auf, bis alles auf der Fläche, dem Bild ist. Thematisch sind es meist Situationsschilderungen, aktuelle Darstellungen, die additiv – Einzelteile zusammenfügend – dargestellt werden. Ein Verfahren, das die Schule mit ihrer Fächeraufteilung zunehmend fördert.

Siebenjährige besuchen gemeinhin die zweite Grundschulklasse. Sie malen im Falle der Menschendarstellung bestenfalls jene sechs außergewöhnlichen Merkmale, die wir für Siebenjährige mit der Note 1 bewertet haben: Ellbogen, Knie, zwei Lippen, Nasenlöcher, Profil, einigermaßen gute Proportionen; Kleidungsstücke sollten die Figuren erhalten, falls situative Einflüsse wie Badesaison o. ä. nicht dagegensprechen. – Mögliche → Intelligenz ist blockiert, wenn einige der sieben emotionalen Merkmale gezeichnet werden: → schräggeneigte Gestalt, monströse oder → groteske Gestalt, drei oder mehr gezeichnete Gestalten – bei der Aufgabe, *einen* Menschen zu zeichnen (→ Doppelgänger), unzulängliche → Integration von Teilen, → Weglassen von Armen, Mund oder Körper.

Über die → Raumordnung gibt es – auf Altersstufen bezogen – keine hinlänglichen Untersuchungen.

Die dargestellten → Bewegungen werden ausladender und realistischer; sie erfahren eine Dimension der Vertiefung; und sie bekommen organischen Zusammenhang. Vermittelt durch die Medien Comics und Fernsehen erscheinen zuweilen auch Zeitabläufe zusätzlich zu den bisherigen Dimensionen der Höhe, Ausdehnung (Breite) und Raumtiefe, ob perspektivisch oder nicht. Selbst unbewegte Figuren bekommen einen erzählerischen Zusammenhang, geraten in Handlungen zueinander, deuten Beziehungen an – die Zeichnungen entfalten stories, Erzählungen.

Unsere Annahme geht dahin, daß bei geförderten Kindern im achten Lebensjahr die typische Kinderzeichnung ihr Ende hat, sich in reichen Produktionen gleichsam verliert.

Was sich nicht nur für Kindermalerei, sondern auch für die Kinderzeichnungen und -grafiken abzeichnet, ist das Erstaunen, der Neid und die Betroffenheit bei Erwachsenen. Wo mit der künstlich produzierten Arbeitslosigkeit der Kinder Schluß gemacht wird, erscheint der in seiner Bildkraft ausgewachsene Mensch. – Und es ist nicht zufällig, daß die meisten Erwachsenen in ihrer Zeichenfähigkeit auf dieser Stufe stehengeblieben sind.

Der Hang zu technologischen Konstruktionsskizzen bleibt, sowohl rezeptiv als auch produktiv. Man will alles genau wissen, bastelt und konstruiert und bekommt wohl auch in der Schule oft Anregungen dazu. Der Übergang von einer Spielmaschine über neue Wohnmöglichkeit zu einem Burgenschlachtspiel ist fließend. (→ S. 34).

Für diesen Bereich bleiben uns die Kinderliteraturen mit ihren oft nur impressionistischen Illustrationen einiges schuldig. – Während bis in diese Altersstufe auch Mädchen technisches Interesse zeigen, beginnt nun eine systematische, besonders von den Schulmedien betriebene, Trennung der Zuordnungen, die sich bis in Mathematikbücher hinein erstreckt.

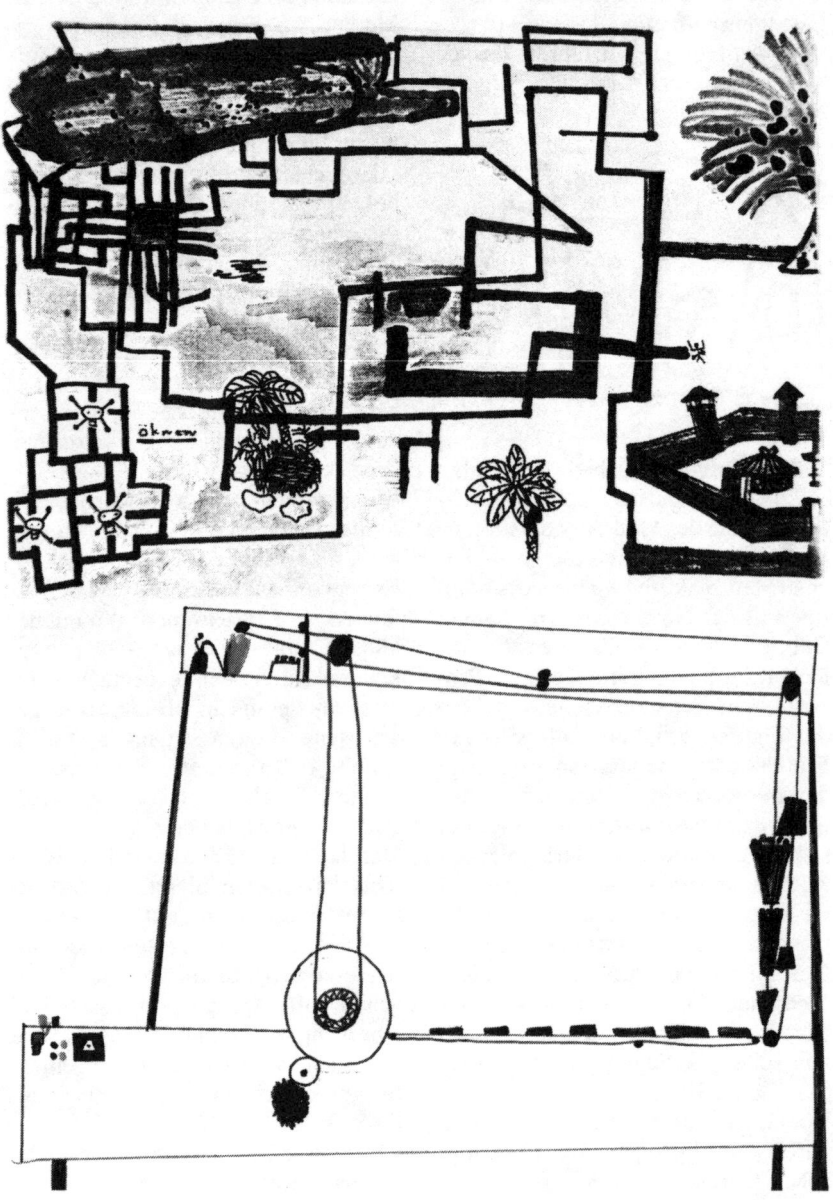

Bei **achtjährigen** Kindern verzeichnen wir eine Zunahme von →Bewegungsdarstellungen, solche von Personen und Objekten; das Interesse an atmosphärischen Gehalten steigt. Nicht selten versuchen sie – z. T. unter schulischer Anleitung – herkömmliche →Perspektiven zu entwickeln, d. h. dreidimensionale Außenwelt in ein Flächenbild zu bringen, die Dinge in eigentümlicher Verkürzung und Überschneidung des Körperlichen und Räumlichen darzustellen und auf den Augenpunkt des Betrachters zu beziehen. Aber das ist nur einiges.

Mögen bei vielen Kindern die vorigen Phasen noch anhalten, Blüten treiben oder sich farblich ausweiten; von der Theorie im Stich gelassen, können wir zunächst nur Beispiele aus dem weiten Feld heutiger Kinderkunst präsentieren, die als solche von der Bildkomposition, von Idee und Aussage her überzeugen.

Die These vom Schwinden der Latenzphase (sieben bis zwölf Jahre) kraft frühkindlicher Förderung für die Kinderzeichnung verdanke ich meinem Sohn Jan Felix. Zunächst erstaunte uns, daß er im neunten Lebensjahr nicht mehr „wie ein Kind" malte. Die Reaktion der Erwachsenen – „ja ist er denn kein Kind mehr?" – und das völlige Unverständnis für eine Leistung gaben uns zu denken: man wollte das *infantile* Kind und kein anderes. Im folgenden einige Arbeiten zwischen dem achten und zwölften Lebensjahr. Daß keine Arbeiten anderer Kinder dabei sind, liegt daran, daß man die Reduktion einer farbigen Malqualität auf Strichzeichnung andern nicht recht zumuten mag. Andere Eltern sperrten sich zudem gegen eine *öffentliche* Bestätigung ihrer Kinder.

Der These von der aufhebbaren oder zumindest wesentlich verkürzten Latenzphase bin ich gesprächsweise auch bei andern Leuten begegnet, so bei Dr. Angela Präsent, die dies für Literatur und sprachliche Entwicklung reflektiert. Sinnfällig ist die zunächst in den Raum gestellte These auch von ihrer Theorieschwäche her: Es ist ein fast törichter Gedanke zu glauben, daß der Mensch sich *phasenreich* bis zum Schuleintritt entwickle, daß dann eine große *latente* Dunkelheit begänne, über die wir so gut wie nichts wissen, um dann als Pubertät mit biologischer Urgewalt hervorzubrechen. Vermutlich fehlt es uns einfach an einer *qualitativen Kultur* der Elementarschule, damit auch der Volksschule, und zwar für alle Bereiche.

Der „Ochse" hat an sich keinen Titel und ist aus einem großen Krakel durch Ausfüllen der entstandenen Flächen mit verschiedenen Farben – tiefes Rot und Rosa, unten gelb – entwickelt.

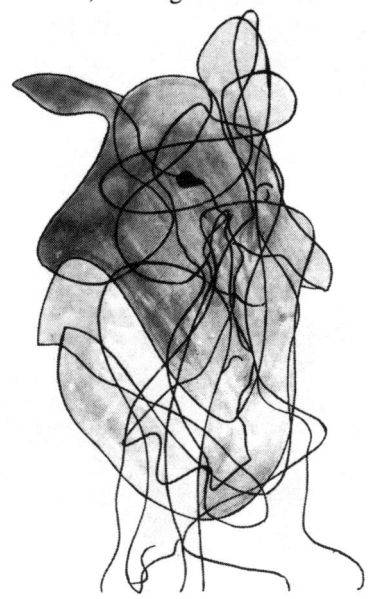

„Chinese und Afrikaner" ist gleichsam Illustration einer Nachricht über diplomatischen Ausstausch.

„Krokodil, Neger und Weißer" ist eine politische Aussage, die umsetzt, was ist; ein Bild, das keiner Worte bedarf.

Neunjährige Knaben – solche in den USA der fünfziger Jahre – zeichnen Nasenlöcher, Ellbogen und Lippen eher als die Mädchen dieser Altersstufe, die allerdings mit acht bereits Vorsprung im Zeichnen des Profils haben. Solche Nuancen dürften in unseren Breitegraden heute aufgehoben, individuell überformt sein.

Die meisten Studien erreichen keine signifikanten Resultate mit Zeichnungen von Schülern der dritten bis sechsten Grundschulklasse; für die Leistungen in den oberen Klassen ist die Menschendarstellung – wie die Diagramme der Intelligenzmerkmale zeigen – nicht mehr erheblich; auch das sorgfältigste Auszählen bringt nur geringfügige Unterschiede. Man kann wohl bestimmte Retardierungen (eine Art Zurückbleiben) festmachen und versuchen, dies aufzuarbeiten; die Probleme scheinen sich aber vor allem in Fragen der Darstellung von →Be-

wegungen, des → Profils und schließlich der → Perspektive abzubilden: bildliche Ausprägungen, die in den Wechselbeziehungen und Abhängigkeiten bislang zu wenig ermittelt worden sind.

Diese Feststellung verstärkt unseren Eindruck, daß wir über die Entwicklungsphasen und -merkmale des → Latenzalters nur wenig wissen; und so gut wie nichts über die der frühgeförderten Kinder. Auch scheinen der Erziehungskrieg und die Probleme der Ausbildung und Wissensvermittlung kaum Raum zu lassen, adäquat zu reagieren, zu beobachten.

Behauptungen, naturalistisches Beobachten und Zeichnen sei erst eine Angelegenheit der Pubertät, ist so willkürlich wie die Behauptung, körperplastisches Zeichnen beginne erst bei Dreizehnjährigen – oder gar, die Zeichentätigkeit fände in der Pubertät ihr „natürliches" Ende.

Zehn Jahre und später: Das Ende des spontanen Zeichnens, das ohne Rücksicht auf darstellerische Schwierigkeiten arbeitet, darf nicht verwechselt werden mit dem Versiegen der bildlichen Fähigkeit, die in unserer Kultur fast nur noch rezeptiv entwickelt wird: Man sieht die Bilder und Grafiken der professionellen Maler und Berühmtheiten an, unterstellt, daß sich der Mensch nach der Pubertät nicht mehr sonderlich entwickelt, und registriert dann mit ungutem Gefühl die eigenen frühkindlichen Prägungen und Lernprozesse.

Daß gerade die Erwachsenenbildung ein ungeheures Defizit hat – praktisch und theoretisch –, ist noch kaum zum allgemeinen Bewußtsein vorgedrungen. Volkshochschule ist mehr ein Weiterbilden des bereits Vorhandenen; und eine Didaktik oder Theorie der Erwachsenenbildung gibt es so gut wie nicht.

Daß die Entwicklung der zeichnerischen Fähigkeit – wie beim Berufskünstler oft interpretiert – entwicklungsgesetzliche Kriterien auch für die Allgemeinheit hat, scheint ausgemacht, nur müßte dies statistisch erst erarbeitet werden. Die Pubertät als das volle Aufbrechen der Geschlechtlichkeit bringt zugleich die Individualität als Bewußtsein von sich – das Porträt und Selbstporträt als Spiegelung dieses Selbst – zur Geltung. Die darin sich entwickelnden Prozesse, die letztlich wieder im Alltag und in der Zuwendung zu anderen hin enden, sind zeichentheoretisch kaum entschlüsselt, der Gang in die Erwachsenenwelt kaum hinlänglich beobachtet. All dies zu erheben ist ein neues Geschäft: Insofern sind wir aus Spekulationen der alten Kunsterziehung, die nicht mehr viel besagen, entlassen.

In die von Bildproduktionen aber mehr denn je umstellte Welt muß indessen auch der Erwachsene wieder *produktiv* und *bildkreativ* einzugreifen lernen, mindestens und als Anfang in den Medien des Video und der Fotografie.

Arbeiten von Jan Felix Gmelin zwischen acht und zehn: Auf S. 36 oben das chinesisch-afrikanische Zusammenspiel. Hände und Rock der linken Figur sind rot, die Gesichter allesamt gelb. Unten „Karawane": die Röcke blau, braun und gelb, Gesichter und Füße rot. S. 37 „Neger und Weißer": schwarze Figur vor einem roten Krokodil; die untere Fläche blau, der Hintergrund blaß-grün. Gelbes Pferd: Es fällt das „Verspanntsein" im Raum auf; auch, daß einige der geometrischen Figuren zu Pferdeteilen werden, so das Vorderbein u. a., was die beiden raumgreifenden Elemente – Figur und Abstraktion – miteinander verbindet.

Bilder, die wohl vor allem kinderliterarisch beeinflußt sind. Manchem schien der Seeräuber rechts wie vor Anker gelegt; in Wirklichkeit verlängert sich das Nasenende, unterbrochen durch einen blauen Hemdärmel, zum Arm und einem Tamburin, während die Rechte einen Trommelstock hält. Planken, Hut und Gesicht sind braun, die Hosen rot, der Hintergrund ein drohend strukturiertes Gelb; ähnlich dem des unteren Bildes. Dieser „Seeräuberkapitän" „blüht" auf einem schwarzroten Schiff. Von gleicher Farbabstufung sind auch Segel und Bugspitze.

Für mich ist dieses Bild – ein wespenhaft fröhliches Drauflosgehen – Symbol von seliger Ausfahrt – und doch Rückblick zugleich.

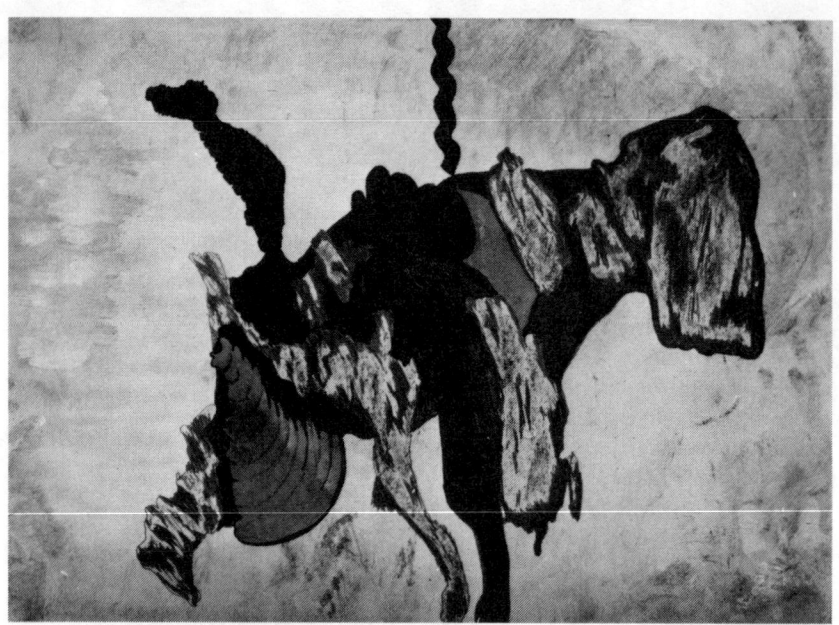

Der „kranke Hund" ist gesichtslos, hängt wie an einer Nabelschnur; Organisches, Muschelteile belasten ihn, wuchern hoch. Ein Bild, mit elf Jahren gemalt. – Es hat Fortsetzung in einer ökologiekritisch bestimmten Real-Montage: Totentanz vergifteter Möwen.

Das rechte Bild illustriert ein Gedicht des 16jährigen Arthur Rimbaud: „Le Dormeur du val" „Der Schläfer des Tals": C'est un trou de verdure . . . ein Garten, in dem ein Fluß singt . . . wo die Sonne vom stolzen Gebirge leuchtet . . . un soldat jeune, bouche ouverte, tête nue . . . ein junger Soldat, offenen Mundes . . . den Nacken badend in blauer Kresse . . . schläft. Er hat zwei Löcher auf der Seite . . . Un enfant malade, il fait un somme . . . in einem grünen Bett – lächelnd ein krankes Kind . . ."
Das Bild überrascht durch seine differenzierte Struktur: ein grüner Bogen –

ausblutende Wurzeln über dem Toten, der, wie in letzter Wut, die Faust ballt. Das Rot der Wunde korrespondiert zu einem Rot links oben, das sich vom fahlen Gelb des weiten Hintergrunds abhebt.
Als Kontrast dazu die Illustration eines entlassenen Arrestanten der Höchster Anstalt; es sollten zwei Leute, die bei Sturm an einer Haltestelle warten, gezeigt werden. Der Junge, der lebendigste aus der Gruppe, zählte vierzehn Jahre. Den Figuren fehlt der Hals, die Finger usw.; die in der Geschichte enthaltene Bewegung ist nur unzureichend dargestellt. Die andern Jungen der Gruppe drückten sich überhaupt vor der Aufgabe oder pausten Disneyfiguren durch. Auffallend ist auch die Kleinheit der Figuren sowie die Kritzelzutaten um das Bild herum; insofern könnte man auch ein Bild-im-Bild Verhalten annehmen: Indiz seines Delikts.

DER FAMILIENZOO ODER
DER ZAUBERREIGEN DER BESTIEN

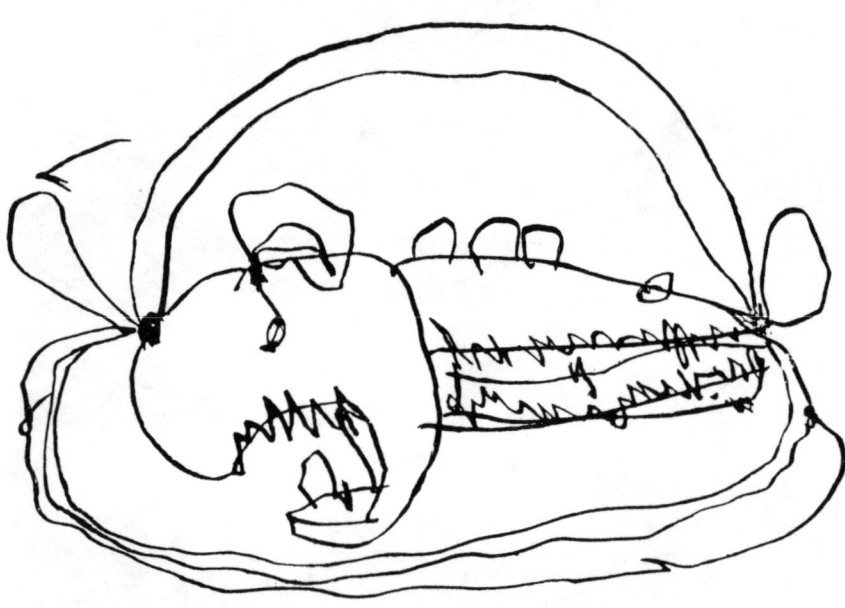

Es lebte einmal ein Büffel, der fraß unheimlich gerne Kaugummi und übte gern damit Weitspucken; so spuckte er zehn Jahre lang mit Kaugummis. Eines schönen Morgens merkte er, daß alles um ihn herum verklebt war. Es war der Kaugummi.

Der Büffel tat einige Schritte und klebte dann vollends fest. So stand er ziemlich traurig, bis ein Waschbär vorbeiraste: „Keiner will meinen neuen Superfleckentferner für alle Flekken kaufen!" heulte er.

„Gib mal her!" rief der Büffel, und schüttete umständlich den Fleckentferner um sich herum und auf sein Fell. Da verschwand der Kaugummi im Nu. – Da rief der Waschbär: „So, aber jetzt mußt du für die Mixtur bezahlen!" Der Büffel aber hörte gar nicht darauf, sondern wälzte sich im Schlamm, weil ihm die Sauberkeit unangenehm vorkam. Er rief: „Wieso denn! Dein Allesfleckentferner hat doch gar nichts genützt; ich bin doch noch ganz dreckig!" Aber dann lud er den Waschbär zum Büffelgrasessen ein. – Das Ende von der Geschichte ist nicht gut? –

Ich finde es lang genug und möchte nicht schreiben: „Und alle Tiere des Waldes feierten ein großes Fest... blablabla".

Kati Schenda (11)

Damit man wisse, was Tiere in etwa symbolisch bedeuten, folgen sie hier alphabetisch für jenes im Vorwort erwähnte Malspiel. Die Aufgabe für die Runde ist die: „Denken wir mal, wir haben einen Traum, in dem wir uns gegenseitig als Tiere erscheinen. Im Traum geht es ja oft recht bunt und nicht wie im wachen Leben zu. Also die ganze Familie erscheint nicht als Menschen, sondern als Tiere. Und jezt malen wir unsere Familie in Tieren. Jeder seine und so, wie er geträumt hat oder träumen könnte. Oder ein Zauberer, eine Fee erscheinen und verzaubern uns alle in Tiere und sofort..."

Was *Kinder* über Tiere denken, scheint ein Kapitel für sich. Kaum hatte der dreijährige Danni Falkenberg seine Meerschweinchen gezeichnet – die Füße von krakeligen Ovals als lange Linie ausziehend –, da rannte er damit zu den Tierchen und zeigte ihnen das Porträt. Die Meerschweinchen kamen und meinten wohl, sie bekämen etwas zu fressen und knabberten daran; Danni zog das Blatt weg und hoch, rannte zurück und zweimal wieder hin, in der Hoffnung, daß sie sich doch endlich erkennten.

Bei Kati Schenda kommt ein schneeweißes Meerschweinchen eines Tages von einem Spaziergang mit grünen Streifen zurück, die es mittels 3 Wärmekissen, 2 Wärmflaschen, 30 kalten Wickeln und 28 Fieberthermometer wieder abschwitzt.

Wollte man exakt sein, müßten die Bemerkungen zu jedem Tier Ausführungen enthalten über die mehrheitliche Bedeutung bei verschiedenen bisherigen Tierzeichnungen und Spieltests; also vor allem bei den Kindern selbst, – in Fabel- und Volksliteratur inklusive Märchen, – in der Kinderliteratur, – in der Kirchensymbolik, – in der Alltagssprache (so sagt man etwa „du Kamel", „du Ochse" usw.), – in Sprichwörtern, – in den Traumbüchern, – und schließlich Ergebnisse der neuesten Tierverhaltensforschung (nur ein Beispiel: angeblich gibt es keine belegten Fälle, in denen *Wölfe* einen Menschen getötet haben; sie verteidigen gegen ihn noch nicht einmal ihren Wurf; russische Geschichten und Märchen sagen das genaue Gegenteil).

Mit der Vielfalt der Aspekte bekäme das jeweilige Tier, oder eine ganze Gattung, einen ihm zuträglichen Radius; denn das Wissen auch der Kinder ist heute aus all diesen Quellen gespeist. Wir und sie verbinden ganz Verschiedenes mit den Tieren; kulturelle Überlagerungen kommen hinzu; in die Malsituation geht alles mögliche mit ein usw. – Nicht zuletzt vermitteln Fernsehsendungen und Bücher nachhaltig den verhaltenskritischen Aspekt, der gegen das Slumdasein der Zootiere, den Versandhandel, den Raritätenkomplex der zoologischen Gärten und entsprechende Nachfolgeerscheinungen in Kinderliteraturen und Bilderbüchern Front macht.

Schon aus Gründen des Umfangs können wir all dies natürlich nicht vermitteln. Wir haben uns deshalb auf eine Art Mitte festgeschrieben, auch auf „herrschende", d. h. verbreitete Bedeutungen, auf einiges kollektive Material aus Sprache, Volksliteratur und Träumen; ebenso haben wir uns auf die häufigsten oder bekanntesten Tiere, die in den Tests vorkommen, beschränkt. Das möge niemanden hindern, ein eigenes Zoo-Buch anzulegen, in dem er Aussagen, Stories,

Expeditionsberichte und dergleichen sammelt.

Wie bekannt, finden bei Übertragungen von tierischem auf menschliches Verhalten und umgekehrt ständig falsche Parallelen, Schlüsse usw. statt, wobei die Geschichten hier noch unzulänglich nachhinken: der Äsopismus – d. h. die Fürstenbelehrung durch Tierfabeln – war zunächst ein Versteckspiel, eine Art Narrenfeld des Schriftstellers, der nur um den Preis seiner Existenz die „nackte" Wahrheit sagen konnte. (In ähnlicher Situation sind ja unsere Kinder!) Von hier aus entwikkelten sich die den Tieren zugeordneten Charakteristika in der Literatur, die nur teilweise mit ihren wirklichen Eigenarten zu tun hatten. Aus dieser Zeit mögen die extrem feudalistischen, hierarchischen „königlichen" Beispiele stammen, die in Titeln wie „König Hirsch" nachwirken, obwohl gerade die Tierwelt auch eine Fülle ganz moderner Familien- und Verhaltensmodelle anbietet; so beliebige Promiskuität bei gleichzeitigem Paarverhalten (Graugans und bestimmte Garnelen), dann Matriarchate (u. a. bei Bienen); Familienformen jedweder Spielart. Der männliche Hyänenhund gilt unter Verhaltensforschern als die beste „Mutter" unter den Tieren.

Es gibt noch weitere Ebenen des Problems Tier/Mensch im Symbolhaushalt der Kinderstube. Eine stützt sich auf Theorien zu Totem und Tabu, die da meinen, die vielen Tierbilder seien eine infantile Wiederkehr des Totemismus in Kultur und Individual-Analyse und das väterliche Herrschaftsprinzip verstecke sich heute vor allem hinter den zahllosen Tierbildern in Schul- und Massenmedien. Wobei man dann folgern könnte: Je „anarchischer" die Tiergestalt, desto aggressiver oder infantiler das Material solcher jeweils persönlichen Vergangenheit.

Darüber hinaus könnte man zu der Meinung gelangen, der Familientiertest habe an sich schon etwas Infantiles, stelle als solcher Regression dar. Und dagegen hilft der Verweis auf Mythos und Bibel wenig: In der Tat nämlich zeichnen Kinder, je älter sie werden, desto weniger Tiere. Insofern ist das Tier ein „Notausgang" zur Natur, eine Karikatur des Menschen. Geht man in der geistesgeschichtlichen Betrachtung etwas zurück, so stößt man u. a. auf Aristoteles, der den Tieren weder rechtlich noch moralisch Existenz oder Seele zubilligte, im Gegensatz zu Plutarch, der sie für vernunftbegabt hielt. Demgegenüber gibt es Streiter, die gerade solche „Geistesgeschichte" für ein Unglück halten, überhaupt die ganze Bestiarien-Mythologie der Psychoanalyse: Rückfall des Menschen in ein – diesmal seelenloses – Raubtier. Schließlich hätten wir über Jahrmillionen mit Tieren zusammengelebt, sei die Urverbundenheit ganz natürlich, und es sei an der Zeit, ein *Grundrecht des Tieres* als Moment der Kultur zu formulieren.

Wie dem auch sei: sinnfällig ist, daß in der Tat unendlich viele Einflüsse und Ebenen, geschichtliche und psychologische, in den Tierzeichnungen der Kinder zum Ausdruck kommen. Sie erscheinen damit als vieldeutige Symbolwelt, die gleichwohl jedermann zugänglich ist; ein Mittel also für uns, problematisches Verhalten auf seine Gründe hin zu „erspielen", es zu hinterfragen; etwas klarer zu sehen, wie man die verschiedenen Rollen in der

Familie eventuell modifiziert, Einsicht gewinnt über eigenes Elternverhalten, indem man überhaupt zur Kenntnis nimmt, wie Kinder einen symbolisch, wie sie *sich* – rivalisierend – untereinander sehen; daraus folgernd, wessen Selbstbewußtsein man mit Lob und Zuspruch stärken, wem man Niederlagen ersparen muß, und wer Nicht-Gewinnen, Kritik und direkte Korrektur verarbeiten kann, ohne daß seine Seele – und seine Lernbereitschaft – Schaden nähme; denn was zuerst dort zum Ausdruck kommt, sind nicht reale Unterschiede, sondern *subjektive* zwischen Wunsch und Realität, zwischen Projektion und Wirklichkeit. In einem Moment des Ungenügens kann ein durchaus stabiles Kind die allergrößten Extreme malen; der kleinste Unfall kann als die allergrößte Katastrophe erscheinen. Was Symbole und Merkmale *wirklich* bedeuten, kann in einem Buch bestenfalls angedeutet werden, als Aufforderung, die Assoziationen zu erfragen, die wirklichen Bedeutungen zu suchen und zu ermitteln. Insofern gilt der Aufruf zum „Jagen" zuerst der Ermittlung des eigenen innerpsychischen Feldes und Waldes und deren Bewohner.

Für die Interpretation könnte man ein Schema aufstellen; nicht allein die „Charakter"-Symbolik wird für die Analyse relevant. Es kommen verschiedene Aspekte hinzu:

Da ist einmal die → *Reihenfolge,* in der die Tiere gezeichnet werden. Das wichtige, dominante oder auch unproblematische Motiv wird zuerst gemalt. (Da das Problem für alle Zeichnungen wesentlich ist, haben wir es auf S. 137 gesondert abgehandelt.)

– Die Familienmitglieder in *gleichen* Tieren darstellen – lauter Ochsen, lauter Vögel usw. – heißt: Die Familie wird als Einheit – *oder* ohne Differenzierung – gesehen. Das kann ein Hinweis auf mangelhafte Wahrnehmung sein; bei realer Mangelsituation aber auch ein projizierter Wunsch nach Einheit; etwa die Vogelfamilie im trauten Nest.

– Verschiedene, extreme Wasser-, Land- und Luft-Tiere darstellen heißt: man betont Unterschiede, ja Feindschaft; so die zwischen Katze und Maus. Möglich ist auch, daß *bestimmte* Familienmitglieder – Eltern etwa, Vater und Tochter – als Einheit „erkannt" *oder* erwünscht werden, so in der Familie mit „Gluckenmutter".

– *Gruppierung:* Das Mittelpunktkind, das bestätigte Kind usw. setzt sich stets in die Mitte des Bildes, meist auch *über* die andern; das periphere Kind immer an den Rand oder nach unten. In der Diagonale steht meist die Konfliktfigur. Überhaupt gelten für diesen Punkt die mitunter komplexen Fragen der → Raumordnung.

– Das *Größenverhältnis* der Tiere im Vergleich zur Wirklichkeit betont die (Un-)Gewichtigkeit, die der Zeichner von sich oder den andern hat, d. h., die real vorhanden ist oder gewünscht wird. Der dominante Vater wird zur Bakterie „klein gemacht".

– Das *Ausdrucksgebaren* der Tiere ist ein Indiz für *positive* oder *negative* Bewertung; dazu gehören eventuelle Attribute, Bewegungsdarstellungen usw. Angeblich präsentiert das ungeborgene Kind wenig Ausdruck; aber dies mag auch eine Frage des Alters sein. – Immer wieder ist auch auf die Situation, das „situative Moment" bei Kinderzeichnungen hinzuweisen: Die Umsetzung der Umwelt ist bei Kindern oft außerordentlich spontan.

45

Der **Aal** gilt als ein zwitterhaftes, oft schlaues und dämonisches Tier, mitunter glatt („aalglatt") oder auch glitschig wollüstig („sich aalen"). Wendigkeit und Form mögen zuweilen sexuelle Tendenzen anzeigen.

Der **Adler** steht für den mächtigsten der Raubvögel; er vermag sich höher zu schwingen als andere Vögel; sein Auge („Adlerauge") sieht nicht allein zielsicher die Beute, sondern kann, dem Mythos folgend, das Licht der Sonne ertragen. Als Bezwinger der Schlange und des Drachens fungiert er mitunter als „Mann". Er gilt als majestätisch, stolz, auch edelmütig; aber auch mordgierig, räuberisch, angriffslustig und rücksichtslos. Ein Kind, das sich als Adler zeichnet, neigt entweder zu waghalsigen Unternehmungen oder träumt sich in die Beherrschung des „Windes": d. h. seiner Umwelt.

In einer Münchner Schule haben wir 1972 Kinder lediglich ihre Eltern als Tiere malen lassen – gewissermaßen ein eingeschränkter Familienzoo –; dabei entstand die folgende Zeichnung, die über die häuslichen Herrschaftsverhältnisse Auskunft gibt:

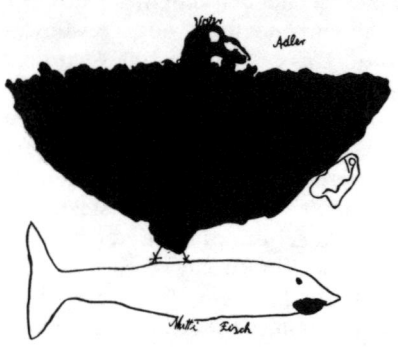

Der Vater als mächtiger Adler trägt die Mutter als Opfer in seinen Klauen.

Ein Fallbeispiel: Der zwölfjährige Wolfgang tyrannisiert Eltern und Großeltern durch maßlose Ansprüche; in der Schule leistet er wenig und zeigt keinerlei Bereitschaft zur Selbstkontrolle.

In der Zeichnung geht der Vater voran, die Mutter folgt. Das Kind schwebt hoch über beiden, bereit, mit seinem Schnabel jederzeit zuzustoßen. Ver-

1. Vater als Pferd
2. Mutter als Tiger
3. Zeichner als Adler

mutlich ist die Erhöhung kompensatorisch, betrachtet man die gesenkte Kopfhaltung, die nach unten gehende Blickrichtung, die Schattierung, sowie die Übergröße.

Wolfgang kam als Zwillingskind mit nur zweieinhalb Pfund Geburtsgewicht auf die Welt. Die Zwillingsschwester starb sechs Wochen nach der Geburt. Er ist von klein auf sehr zart und neigt zu Erkältungskrankheiten. Eltern und Großeltern mütterlicherseits, die im gleichen Haus wohnen, hängen mit abgöttischer Liebe an dem einzigen Kind und Enkel. Er spielt beide gegeneinander aus und setzt auf diese Weise seinen Willen durch. Einerseits muß er immer jemanden um sich haben und kann sich nicht mit sich selbst beschäftigen; andererseits streunt er zwischendurch und verblüfft durch seine Selbständigkeit. Der Vater ist Arzt, die Mutter Arzthelferin und Hausfrau; beide fühlen sich dem Kind nicht gewachsen und sind durch seine Fehlhaltungen verletzt und betroffen. Andererseits gelingt es den Eltern nicht, ein wirkliches Familienleben zu gestalten, weil sie beide bis in den späten Abend hinein arbeiten. Jeder führt sein Eigenleben. Die Beziehung untereinander – auch die Bindung zu Wolfgang – wird nicht gepflegt, so daß Wolfgang sich zwar geliebt, nicht aber wirklich angenommen, bestätigt und anerkannt fühlt.

Der **Affe** gilt als lüstern, neugierig, listig; auch geizig, selbstsüchtig und boshaft: ein häßliches und lächerliches Menschlein. „Affenliebe", „Affengeschwindigkeit", „nachäffen". Der Affe ist eine Art Vor-Mensch, degradiert und zugleich freigestellt zu unerlaubten Lastern. Schatten des Menschen, hat er als seine Karikatur oft unbeständige, ja unheimliche Züge. Versagende Eltern werden mitunter zu Affen herabgesetzt, läppisch gemacht. Schwierige Geschwister, die man ärgert oder ärgern möchte, erscheinen zuweilen als Affen.

Lebhaft, oft hysterisch, genießen sie Narrenfreiheit und werden deshalb oft zu Wunschfiguren frustrierter Kinder. Die Clownerien und äffisch-burlesken Verhaltensweisen dieses Tiers mögen schulschwierigen Kindern als Fluchtbild erscheinen. Ein Affe namens Fips erscheint in W. Buschs „Plisch und Plum". In Filmen, in denen Frauen von Affen geraubt werden, sind Gorillas und Orang-Utans meist Sexualsymbole.

Die Geschwister Jeanette und Yvonne Sallwey zeichneten sich gegenseitig als Affen. Sie schickten mir auch eine Geschichte von gleich fünf Affen, wobei „lustig" und „unvernünftig" dem schiffahrenden Helden zugeordnet wurde, der am Ende im Sturm unterging, um von einem Wal wieder gerettet zu werden.

Die **Ameise** ist das Symbol der Klugheit und Arbeitsamkeit; in Massen auftretend, auch ein Symbol des aus dem Boden kommenden Lebens. Schwarze Ameisen bedeuten mitunter den Tod.

Sie gilt als fleißig, hilfreich, unverdrossen, sparsam, auch arbeitswütig und – aus oft unangenehmen Erfahrungen des Kleinkindes – beißend und stechend.

Antilope, ein zierliches Tier mit schlanken Beinen und großen Augen; lieblich, sanftmütig, scheu und fluchtbereit; meist nur von Zoobesuchen und aus Kinderbüchern bekannt.

Eine **Bakterie** kommt als Tier in Familientests wohl selten vor. Der neunjährige Nico Richter meinte während des Bestiarienspiels zu seinem Vater – Beruf: Literaturprofessor: „Du bist eine Bakterie, weil du so viel einschleppst", und später: „Weil du sonst immer der Größte bist, da kannst du jetzt ruhig mal der Kleinste sein." Die *wirkliche* Autorität im Auge behal-

tend, hat er ihn dann doch als „Bakterie *(vergrößert)*" gezeichnet. Zu den andern Tieren meinte er: „Sabine (die Mutter) ist eine Giraffe, weil sie so lang und schlank ist." „Pavel ist ein Gorilla, weil er immer so wild ist." „Ich bin ein Elefant, weil der so klug ist und der mir gut gefällt."

Sein Bruder Pavel, sieben, wertet seinen Vater als Blattlaus ebenfalls ab, was vermuten läßt, daß der Vater antiautoritäre Akte zuläßt, ja, sie wenigstens in der Spielfreude genießen kann; natürlich bringt solche Attacke zugleich die reale Abhängigkeit zum Ausdruck. Fast könnte man die Regel aufstellen, daß emotional gesunde Väter normal, ja, klein gezeichnet werden, problematische oder gar nicht existente dagegen überdimensional gewichtig oder groß. In der Giraffe als Selbstporträt spielt sich volles Selbstbewußtsein, etwas überdimensional (omnipotent), was für dieses Alter indes normal ist. Mit dem „Hängebauchschwein" will er seinem Bruder eins auswischen; vielleicht, weil dieser ihn als Gorilla porträtiert hat.

Der **Bär** scheint heute – über Zoo und Tiersendungen rezipiert – eher gutmütig, mitunter hilfreich, tollpatschig, verspielt, tänzerisch; nicht mehr als das im Angriff wilde und kämpferische Tier aus Urzeitgeschichten. In Worten wie „Bärenkraft", „bärenstark", „Bärenhunger" ist noch etwas von einer mächtigen, schweren Qualität vorhanden; in Ausdrücken wie „einen Bären aufbinden" zugleich wieder aufgehoben. In slawischen Märchen erscheint er oft mütterlich, in Höhlen lebend, gleichsam bergende Höhle selbst. In europäischen Märchen taucht er zuweilen als verwunschener Mensch auf, um den Mut eines Mädchens zu erproben. In der Kinderliteratur ist er oft kindisch, vernascht und täppisch und immer schwerfällig.

Die **Biene** gilt als fleißig („Bienenfleiß"), emsig, treu und klug. Sie gibt Honig und organisiert sorgsam und kollektiv ihre Vorratswirtschaft. Das Kind erfährt sie zunächst als stechendes, saugendes Ungeheuer: ein flüchtiges Luftwesen, worin sich Aggressionen symbolisch investieren lassen – Zustechen und Fliehen zugleich.

Beispiel: Der zwölfjährige Arnulf leidet an Schulängsten mit Erbrechen. Er wächst als Einzelkind heran und ist symbiotisch an die Mutter gebunden. Er schläft noch im gemeinsamen Schlafzimmer mit den Eltern, und dies keinesfalls aus räumlicher Notlage. Der Vater ist durch seine Managertätigkeit als Direktor selten zu Hause, wo die betriebsame Mutter dominiert. Vergeblich hat der Junge in letzter Zeit versucht, sich aus der symbiotischen Abhängigkeit von ihr zu lösen. Blaß, dicklich, mit vegetativen Störungen, bietet Arnulf den typischen Aspekt eines verwöhnten Einzelkindes.

Die Reihenfolge des Zeichnens ist bedeutsam: Zuerst der Vater, wenn-

1. *Vater als Dackel*
2. *Zeichner als Biene*
3. *„Ein weiteres Kind" als Blume*
4. *Mutter als Elefant*

gleich in seiner häuslichen Rolle zum Dackel abgewertet. In Bild und Realität für das Kind dominiert die Mutter als übermächtiger Elefant, wenngleich der Junge sie zuletzt – damit abwertend – zeichnet. Er selbst setzt sich als stechende Biene gegen sie zur Wehr, wie symbiotische Kinder, speziell Jungen, häufig aktiv und aggressiv gegen dominierende Mütter aufbegehren.

Die Blume – ein hinzuphantasiertes weiteres Kind – zeigt die andere, narzistische Seite des Jungen in der Einzelkindsituation.

Der **Dackel** gilt als anhänglich, treuherzig, verspielt, auch kindisch und albern; selten erscheint er in den Tests als der Jagdhund, Feind auch des Fuchses, der er ursprünglich einmal war.

Drache, Untier, Naturwesen, Bach- und Seedämon von verschlingender Gewalt. In Märchen haust er oft in Höhlen, hockt, mit einer im Wasser lebenden Riesenschlange und dergleichen verwandt, auf Schätzen: mächtig, mordgierig, angstregend, feuerspeiend, blutgierig, abscheulich, menschengierig, ein Symbol des Bösen, Barbarischen. Vom Drachen verschlungen werden, sich in ihm aufhalten, ist Verharren im nächtlichen Gefängnis des Meeres, ist eine Reise durch die Unterwelt, durch das Land der Toten. Der Sieg über den Drachen ist der über rückwärtsgewandte Absichten, über den Schatten der Vergangenheit. Als Selbstporträt symbolisiert er Angst und Aggression, aus der Neurose gespeiste Rücksichtslosigkeit.

Beispiel 1: Der zehnjährige Harry, Einzelkind, läßt seine Eltern, beides höhere Beamte, keine Nacht ruhig schlafen. Seit der Einschulung stottert er leicht. Neuerdings setzt er seine Eltern durch Schlafwandeln in Angst. Die Eltern haben spät geheiratet; seit Harrys Geburt dreht sich alles um das Kind. Die Mutter arbeitet weiter, um später dem Sohn mit ihrer Pension das Hochschulstudium zu ermöglichen, das dem Vater versagt war. Ein Tagesheim für die Zeit nach der Schule wurde notwendig, ein Abholdienst wurde eingerichtet. Die Eltern lernen mit dem Kind, treiben mit ihm Sport, organisieren seine Freizeit, suchen ihm Freunde aus; es wird an alles gedacht, bloß nicht daran, daß der Junge eigene Initiative haben oder entwickeln könnte.

Vater, Mutter und Kind
als Drachen

In der Zeichnung werden alle Familienmitglieder in „steinzeitliche Tiere" verwandelt: zentral und übergroß der Vater, oberhalb des Vaters die Mutter, zuletzt der Junge, unterhalb des Vaters und fast mehr wie ein Eichhörnchen. Die Tiere „können sich mit Feuerspeien und vergifteter Flüssigkeit verteidigen, aber wenn sie sich streiten, können sie diese Mittel auch gegenseitig anwenden".

Beispiel 2: Der neunjährige Georg malte bei einer Beratung über seine

1. Tante als Drache
2. Vater als Schlange
3. Zeichner als Giraffe
4. Schwester als Hirsch
5. Mutter als Affe

Oberschulreife seine „Familie": Die Tante, eine Schwester des Vaters, bei der die Familie in Untermiete wohnt, als Drachen, der vielköpfig alles beherrscht und kontrolliert, die Familie auseinandertreibend. Die Schwester – ein Hirsch! – riskiert als einzige den offenen Widerstand.

Der Vater, ein Trinker, veranlaßt die Frau – als an den Rand gedrängte Äffin gemalt – zum permanenten Fluchtverhalten: sie betrachtet die Ih-

50

ren als lästigen Anhang – und weicht mitunter in eine Pension aus. Sich selbst malt unser Zeichner als Giraffe: verträglich, zugleich neugierig, in der unteren Position, indes im Gegensatz zu Vater und Mutter gegen die Tante gewandt. In der Schule gilt Georg als intelligent, gutmütig und still; bezweifelt wird, ob er sich in der Oberschule wird durchsetzen können.

Angesichts des Versagens der Eltern läge eine Strategiemöglichkeit darin, die Kinder zusammenzuführen, um dem Machtanspruch der Tante zu begegnen.

Das **Ei** ist Lebens- bzw. Auferstehungssymbol. Das Küken kommt aus dem Ei, in dem es begraben liegt. In der indischen Mythologie ist das Ei Sinnbild des Weltganzen. Erde und Himmel werden den beiden Hälften eines Eies zugeordnet.

Beispiel: Die vierzehnjährige Gisela soll unaufrichtig, unreif und „schusselig" sein. Außerdem wird gefragt, wann ihr die Tatsache, daß sie ein adoptiertes Kind ist, mitgeteilt werden soll. Unsere Zeichnerin beginnt mit der Eigendarstellung und unterstreicht damit die zentrale Stellung ihrer Person. Andererseits hat das Ei

1. Zeichnerin als Ei
2. u. 3. Mutter und Vater als Vögel

„kein Gesicht"; weder Schattierung noch Schwärzung geben Hinweise. Gisela möchte die Eierschalen nicht ablegen; bzw. sie sehnt sich nach der schützenden Hülle des Eis. Die Geborgenheitsthematik ist zentral und bestimmt ihr Verhalten. Geschützt durch ein symbolisches Nestdasein wehrt sie die Beunruhigung ab, die sie in bezug auf ihre Herkunft quält.

Gisela, so die Adoptiveltern, ahne gewiß nichts davon, daß sie ein angenommenes Kind sei. In der Aussprache war zu erfahren, daß im Laufe der Jahre immer wieder von außen Zweifel an das Kind herangetragen wurden, die es jedesmal schwer erschütterten, gleichwohl die Adoptiveltern es stets beruhigten und versicherten, daß es gewiß ihr eigenes Kind sei.

Am Ende ließen sich die Eltern überzeugen, daß sich das Mädchen nicht sicher fühlen und auch nicht orientieren und entwickeln kann, solange die Nestsituation nicht geklärt, aufgearbeitet und durch Aufklärung überwunden ist.

Eichhörnchen – ein unruhiges Klettertier auf Bäumen; feuerfarben und von großer Behendigkeit; zuweilen ein verwunschener Mensch im Traum vom Glück. Das Tier gilt als niedlich, gescheit, schnell; aber auch scheu, schüchtern, naschhaft und ängstlich.

Als Selbstporträt im Familienreigen ist es meist ein Hinweis auf schwache Stellung, Bedürfnis nach zärtlicher Zuwendung usw. Stellt es einen Elternteil dar, bedeutet es Schwäche oder Abwertung.

Beispiel: Der neuneinhalbjährige Friedrich „spielt zu Hause und in der Schule verrückt". Insbesondere tyrannisiert er seine Mutter, indem er ihr, wenn er seinen Willen nicht bekommt, mit dem Messer droht und sie beschimpft. In der Schule zeigt er ein wechselhaftes Verhalten: Lehrern gegenüber benimmt er sich scheu, ängstlich, verschreckt; während er Lehrerinnen in „frecher", „herausfordernder" Weise begegnet.

1. Zeichner als Schäferhund
2. Mutter als Eichhörnchen

Auf der Zeichnung flüchtet die Mutter vor dem angreifenden Jungen, der sie mit fletschenden Zähnen und heraushängender Zunge bedroht und verfolgt; er kann sie allerdings nicht stellen. Ihm abgewandt, bringt sie sich hilferufend in Sicherheit. Der Vater fehlt ganz!

Die Realität: Als einziges Kind wächst Friedrich bis zur Schulreife in einer Ehe auf, die durch die Brutalität des Vaters zum Scheitern verurteilt war. Die Mutter suchte den Knaben für sich zu gewinnen, indem sie ihn maßlos verwöhnte und sich in völlige Abhängigkeit begab. Die Scheidung fiel in den Schulanfang. Zudem mußte die Mutter jetzt Forderungen an den Jungen stellen. Gegen all das wehrte er sich mit allen Mitteln. Die Mutter verhielt sich dem Jungen gegenüber, wie sie sich ihrem geschiedenen Mann gegenüber verhalten hatte: Sie bat Nachbarn, Verwandte, Pfarrer, Lehrer um Hilfe. Auf die sprachliche Dop-

pelstrategie: „Du bist mein einziger Lebensinhalt – und bringst mich noch ins Grab", reagierte er ähnlich dem despotischen Vater – gleichsam im Stau frühkindlicher Verhaltensmuster – aggressiv und wild. Das völlig konträre Verhalten männlichen und weiblichen Lehrpersonen gegenüber zeigt die Übertragung der Elternbilder auf Autoritätspersonen.

Die „Reparatur" muß mit einer Therapie des mütterlichen Sprach- und Handlungsverhaltens beginnen.

Die **Eidechse** ist flink, schreckhaft, ängstlich und zugleich harmlos. Winterschlaf, Häutung, Sehnsucht nach Licht sind besondere Merkmale. In ihrem Hunger nach Sonne scheint sie ebenso träge wie ausdauernd. Ein faules Leben auf der Sonnenseite kann man in ihr symbolisch erträumt sehen.

Das **Einhorn** ist ein wildes, ungeheures und angriffslustiges Tier. In Esels- oder Pferdegestalt, mit dem Kopf eines Hirsches, dem Fuß eines Elefanten, dem Rüssel eines Wildschweins, ist es bekannt durch den Kampf mit dem Löwen bzw. dem Tapferen Schneider (die sich vor einen Baum stellen, gegen den das Tier am Ende rennt, in ihn das Horn bohrend, womit es schutzlos wird). In der Sage ist es allein von einer Jungfrau zu zähmen, in deren Schoß es einschläft: insofern ist es phallisch „rein". Knaben, die sich als Einhörner malen, sind übermännlich, narzistisch bzw. exhibitionistisch aufgrund früherer Sexualtabus, Mädchen dagegen in ihrer Rolle in Frage gestellt oder unrealistisch je nach Alter.

Beispiel: Die zwölfjährige Beate leidet an „Nervosität", „Konzentrationsschwäche", „Unordentlichkeit" und

„Willensschwäche". Die Zeichnerin erscheint unwirklich als Märchentier: das Horn ist zum Stoß nach oben gerichtet. Der Stier hat den Kopf zuwartend gesenkt. Als männliches Tier ist er gefährlich in seiner Sturheit und Reizbarkeit. Auffällig ist die Übergröße und gemütvolle Darstellung des

1. *Vater als Kater*
2. *Mutti als Reh*
3. *Zeichnerin als Einhorn*
4. *Mami als Stier*

rauchenden Katers. Zwischen ihm und Beate steht eine Mutterfigur, so daß Beate keinen unmittelbaren Kontakt zum Vater aufnehmen kann. Eine zweite Mutter, diesmal ein weiches Reh mit zartem Kopf, schiebt sich noch dazwischen, die Möglichkeit, zum Vater zu kommen, noch einmal blockierend. Die Wahl des Märchen-

tiers bedeutet gleichsam dreierlei: Flucht in die Irrealität, ausschließliche Identifikation mit dem männlichen Prinzip und zugleich ein Versuch des Gegenangriffs, insofern Hoffnung. Die Eltern des Mädchens wurden vor sechs Jahren geschieden. Der Vater heiratete sehr schnell wieder und nahm das Kind zu sich; trotzdem konnte er sich von seiner ersten Frau nicht wirklich lösen. Beate empfindet „Mami" als Eindringling: es ist eine sehr resolute, überordentliche Frau, die gegen die weiche, sensible, mehr künstlerische Art ihres Mannes und des Kindes mit allen Mitteln anzugehen sucht. Sie fürchtet in der heiteren lockeren Zuwendung zum Leben „sittlichen Verfall". Die biologische Mutter des Kindes ist Tänzerin; und Tänzerin möchte auch Beate werden. Sich in Phantasien rettend, träumt sie durch die Tage und vergißt die wichtigsten Dinge. Während die Eltern Beate für sorglos-träumend und von allen Erwachsenenproblemen unberührt hielten, klärte sie die Zeichnung exakt über die ungeklärte Familiensituation auf.

Der **Elefant** taucht außerordentlich häufig in Kinderzeichnungen auf und erscheint im Familie-als-Tier-Test u. a. als mütterliches „Großtier", als Vater, oder als Selbstporträt des Kindes.

Man könnte für die neuere Zeit also eine Wanderung des Elefantenbildes durch die Familie festmachen – bis hin zur kindlichen Omnipotenz.

Zunächst ist der Vater Elefant im Porzellanladen der Kinderseele, eine überall vorhandene *Masse*: Quelle von Autorität oder deren Störung – oder beides zugleich. Die Gutmütigkeit dieses Tieres kann einem Vater

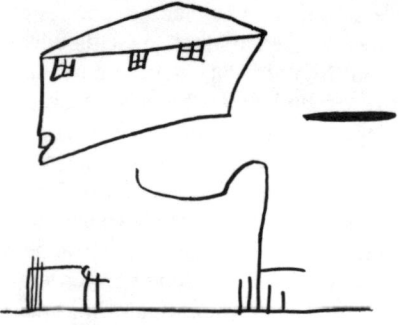

1. *Bodenlinie*
2. *Mutter als Stier*
3. *Vater als Elefant*
4. *Mädchen als Haus*

sein. Zu dem nächsten Bild fehlen uns genauere Angaben. Es stammt von einer Münchner Schülerin und zeigt den Vater als Fisch und die Mutter als fülligen Elefanten. Der „stumme" Vater hat hier allen Schrecken verloren; dafür erscheint die Mutter als Symbol mächtiger Sorge, die alles andere erdrückt. „Träge und trampelhaft sitzen sie auf ihren Kindern, verunsichert von fragwürdigem Erbe und Populartheorie" – so eine Kinderärztin.

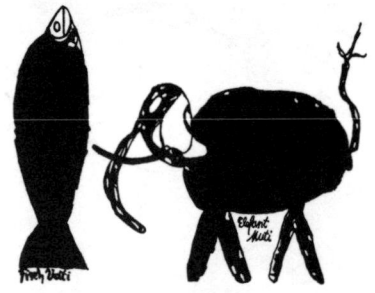

wohl zukommen; im allgemeinen wird dies von Kindern jedoch anders gesehen.

Beispiel 1: Zuerst wurde die Bodenlinie gezeichnet, wird Halt gesucht, dann links unten die Mutter als Stier; es folgt rechts unten der Vater als Elefant mit drohend geschwungenem Rüssel; über beiden ein phantasiertes Mädchen als Haus, Symbol für den Wunsch nach einer seelischen Behausung. Nebenbei äußert der Zeichner, daß er am liebsten seine jetzige Mutter heiraten würde. Sich selbst malt er zuletzt – als druckstark geschwärzten Bleistift – wie ein Geschoß.

Flüchtigkeit, Auslassungen und primitive Struktur stehen hier auch für intellektuelle Vernachlässigung.

Nach der Einschulung verläßt die Mutter, eine Prostituierte, die Familie. Die jetzige Stiefmutter kümmert sich zwar um den Jungen. Ihrer Mütterlichkeit stehen jedoch die Prügeleien des häufig betrunkenen Vaters, Hilfsarbeiter, gegenüber.

Das Beispiel ist extrem und zeigt die barbarische Möglichkeit, Vater zu

Tiere sind für die Phantasie nützlich: Man kann sie – fern ihrer realen Existenz – beliebig mit Bedeutung füllen. Daß Kinder sich selbst „elefantisch" sehen, ist ein berechtigtes Moment gegen Mama-Elefant. Nicolas Richter → S. 48 sowie Umschlagbild – marschiert energisch in seine Familie hinein, gegen Giraffe und Gorilla; um mit dem Mythos zu reden –: der zu sich selbst gekommene Mensch.

Der männliche Elefant ist mit Stoßzähnen ausgezeichnet, Attribut des Aggressiven. In der Sage ist er im ständigen Kampf mit dem Drachen, deshalb zerstörerisch, reizbar, kriegerisch und unbesiegbar.

Im übrigen gilt er als zähmbar, zutraulich, gescheit, ja weise – Führer in eine hoffnungsvolle Zukunft –, zugleich als verfressen, versoffen und eigensinnig, phlegmatisch bis zur elefantengrauen

Behäbigkeit („Elefantenhaut"). Oft ist er als ein positives Symbol in einer exotisch üppigen Vegetation, in der Nähe von Wassern angesiedelt. Wird eine dünne Real-Person als dicker Elefant dargestellt, so kann dies verdrängte Schwangerschaft- oder Inzestwünsche bedeuten; je nach Stellung von Rüssel und Stoßzähnen ist aggressives Verhalten und evtl. negative Bewertung möglich.
Beispiel 4: Der siebenjährige Bernd hat abnorme Angstzustände. Oft traut

1. *Mutter als Tiger*
2. *Vater als Hirsch, „der gerade aufs Klo muß"*
3. *Schwester als Rehkitz*
4. *Zeichner als Elefant*

er sich nicht einmal die Treppe hinunterzugehen; vor Tieren läuft er davon. Zuweilen schreckt er nachts auf und ruft seine Zwillingsschwester um Hilfe: Von ihr läßt er sich beliebig ins „Schlepptau" nehmen. Mit ihrem Puppenwagen spielt *er* am liebsten; während *sie* lieber hämmert und werkelt. Seine schulischen Leistungen sind mangelhaft; er sagt zu allem: „Ich kann es doch nicht."
Mutter und Sohn sind zu herrschenden Tieren des Dschungels gemacht; darin sind sie sich gleich. Vater und Tochter dagegen werden als gejagte, flüchtige Tiere des Waldes gezeichnet. Die Realverhältnisse sind dazu negativ, um-

gekehrt. Die → Schwärzung bei Vater und Mutter gewichtet deren Funktionen. Auffallend ist auch das durchgestrichene Gesicht des Vaters; ebenso die verkrampft wirkenden eckigen Formen, eine Art staksiges Gehen der Tiere. Die gezeichnete Allmachtsphantasie (Elefant) kompensiert die erlebte Unzulänglichkeit unseres Zeichners; für die Fehlhaltung wird der Vater – übertragend – angeschwärzt, haftbar gemacht. Darin liegt einerseits eine Art Solidarität mit der repräsentativen Männlichkeit in der Familie, zugleich aber auch der Protest: Bernd macht den Vater zum „schwarzen Hirsch" und sich zum „weißen Elefanten". Diese Entlastungsstrategie zeigt sich auch in der Umkehrung der Geschwisterbeziehung: Die aktive, selbständige Schwester wird zum abhängigen Rehkitz, damit er sich als Elefant erleben kann.
Die Geschwister wurden unehelich geboren und blieben bis zu ihrem dritten Lebensjahr in einem Heim, wo sie mit vierzig anderen Kindern in einem Saal schlafen mußten. Die Adoptiveltern übernahmen die Kinder „in einem unglaublichen Zustand". Vor ihrem Adoptivvater hatten sie zunächst Angst, weil sie nur unter Frauen aufgewachsen waren. Sie konnten mit drei Jahren kaum sprechen und waren beide nicht sauber. Während sich Helga zusehends eingewöhnte, war Bernd in allem schwerfälliger. Überdies verwöhnten die Adoptiveltern den Buben, so daß er keinen Anreiz hatte, selbständiger zu werden. Konflikte entstanden dann aufgrund von Vorwürfen des Vaters und der von ihm gezogenen Vergleiche. Vermutlich sind fehlgeleitete Reinlichkeitser-

55

ziehung, verfrühte Sauberkeitsdressur, die zu einer Angst vor „Entäußerung" (d. h. etwas herzugeben) führten, wesentliche Momente der Kleinkindentwicklung. In einer Spieltherapie wäre dies nachzuholen, aufzuarbeiten, zu überwinden, womit sich auch die problematische Vaterbeziehung entspannte.

Für einen Dreijährigen ist ein Elefant möglicherweise zuerst Masse – und dann sein Rüssel das vorherrschende Kennzeichen: ein „massiger" Kringel und dann der hochgezogene Rüssel.

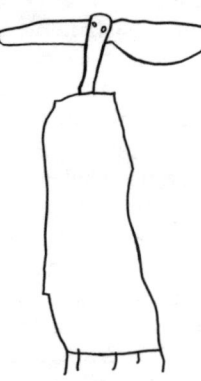

Einen roten Filzstift-Elefanten zeichnete Heinz Schaller (5). Am auffälligsten war für ihn der große Körper. Während der Rüssel unwichtig erschien, legte er den beiden – an den Rüssel angefügten – großen Ohren eine immense Bedeutung zu.

Die **Elster** gilt als klatschsüchtig und diebisch; in Träumen symbolisiert sie oft Verluste durch Diebstahl. In der Kirchensymbolik versinnbildlichen Elster und Eule Unheil, Bosheit und Verfolgung der Seelen. Die Elster erscheint in Kinderzeichnungen relativ selten und muß hinterfragt werden.

Die **Ente**, ähnlich der Gans, ist ein Wettertier, das Regen ansagt; daher ihre Bedeutung für Hoffnungen, die langsam reifen – für Pläne, die sich doch noch verwirklichen lassen. In der Sage legt sie – selbst vergoldet – goldene Eier.

Sie gilt allgemein als nützlich, wasserfroh, gutmütig, quakend bzw. geschwätzig, auch streitsüchtig, und ist deshalb meist zweideutig, – falls klein gezeichnet, gar negativ zu bewerten.

Der **Esel**: Seine störrische, eigensinnige und törichte Dummheit ist sprichwörtlich. Die Sprache redet von „Eselsbrücke", „Eselsohr" und vor allem von „Eselsgeduld". Er ist ausdauernd, friedlich, stumm, mitleidig, gutmütig, ja, treu.

Wer sich selbst als Esel porträtiert oder wünscht, dessen Selbstwertgefühl dürfte relativ schwach sein.

Die **Eule** scheut das Licht und führt ein ungeselliges Leben. Seit dem Altertum ist sie Attribut der Weisheit, denn sie gilt – weil sie im Dunkeln sieht – als „scharfsinnig". Dies macht sie zugleich dämonisch: Ihre klagenden Schreie – gleichsam Brücken von Tag zu Nacht – künden den Tod. Man heißt sie auch das Leichenhuhn, nennt sie schläfrig, faul, gleichgültig. Auf jeden Fall frißt sie Mäuse.

Als Selbstporträt erscheint sie zuweilen bei → Außenseitern.

Der **Falke** gilt als tapferer, schneller Vogel; kühn, mordlustig, beutegierig

– und doch zähmbar. Im Mittelalter zur Beizjagd abgerichtet: Raubvogel und Jagdtier.

Stellt sich jemand selbst als Falke dar, dürfte die aggressiv-motorische Seite wohl überzogen sein, real oder projektiv.

Der **Fisch** erscheint in Tiertests außerordentlich häufig und steht sowohl für Eltern als auch für Geschwister. Seine Fähigkeit, im Wasser zu wohnen, deutet auf Momente des Unbewußten und zugleich Selbstgenügsam-Genüßlichen: „Sich wie ein Fisch im Wasser fühlen". Man spricht von „kleinen Fischen", von „Backfischen"; vor allem weist „Stumm wie ein Fisch" auf Ungeklärtheit, auf Dialogunfähigkeit hin.

Fische als Eltern geben keine große Sicherheit und sind selten Vorbilder für ordnungsschaffendes Konfliktverhalten, vor allem, wenn sie richtungsmäßig abgewandt aus dem Bild schwimmen; ihr Fluchtverhalten ist zwar nicht hysterisch, aber in vielem zu weich, zu nachgiebig oder einfach auch unerklärbar „stumm".

Als Selbstporträt mag der Fisch zuweilen für Verstellung, auch für Interesselosigkeit oder Autismus stehen. Ein Fisch im Glas (Mutterleib) steht zuweilen für ein neugeborenes oder kommendes Mitglied der Familie. In der Version des Sägefisches bekommt er eine aggressive Note, wird gefährlich oder gar vernichtend.

Fabian Glötzner (5), ein wohl voll bestätigtes Kind, zeichnete sich als Sägefisch, die Mutter als große Schlange und den Vater als schwarzen Panther.

Die **Fledermaus** ist ein Tier der Dämmerung und der Nacht; halb Vogel, halb Ratte, ruht sie in hängender Stellung. Aus Vampirfilmen ist sie als teuflisches, gespenstisches Zwitterwesen bekannt: unheimlich und furchterregend.

Als Selbstporträt weist sie ins Abartige, Außenseiterhafte, allzu Dunkle und Phantastische.

Die **Fliege** ist ein lästiges Insekt und kann einem Ruhestunden zur Hölle machen, vor allem, wenn sie wie die Schmeißfliege wild und hektisch summt. Nicht selten ist sie gefräßig, frech und aufdringlich.

Als Eintagsfliege wurde sie von einem Mädchen mit Selbstmordideen gemalt: „Man brauchte dann nur noch einen Tag zu leben."

Dem stehen einige Pluspunkte gegenüber: Ohnmächtig gegen große Tiere, zuweilen abgeschüttelt und vertrieben, kann sie dennoch stechen. Sie kann darüber hinaus überall hineinkriechen, sogar in Schlüssellöcher, weshalb manche Kinder in bedrängten – auch tabuisierten – Situationen sie in der Absicht solcher Wehrhaftigkeit und Abwehr auch mögen.

Beispiel: Der achtjährige Sascha lernt trotz gut durchschnittlicher Begabung schlecht und fällt durch sein infantildraufgängerisches Verhalten in der Klasse auf. Einziges Kind eines älteren Akademikerehepaares, wird er vom Vater im späten Vaterglück verwöhnt und zugleich überfordert. Die Mutter unterliegt dem Charme des Kindes und bewundert seine Streiche.

Sascha, verwöhnt-verwahrlost, einen adäquaten, starken Vater gleichsam suchend, protestiert gegen jegliche Autorität. Als „Bandenchef" seiner Klasse kämpft er verwegen gegen ältere Jungen und schreckt auch vor Beleidigungen und Herausforderungen von Erwachsenen nicht zurück.

1. Mutter als Marienkäfer
2. Vater als gefangene Fliege
3. Zeichner als Spinne

chens als großmäulig, schwatzhaft vorlaut; vom Aussehen her: aufgeblasen und froschäugig.

Als Wetterkundiger ist er nicht selten komisch, oder aber er steht in der Nähe des Froschkönigmärchens als Symbol des Aufsteigenden, des mit Urkräften – Wasser – Helfenden.

Elke Hering, 5;3, zeichnete – ganz gegensätzlich zum Ekelmotiv des Froschkönigmärchens – einen Frosch auf der Hand, der sich freut, weil eine Raupe vorbeikommt.

Die Mutter ist – als vermenschlichter Marienkäfer – groß und prächtig gezeichnet. Die hochlaufende Spinne, so der Wunsch unseres Zeichners, wird dem Vater „das Blut aussaugen". Das Duell scheint urtümlich: man verspeist den Vater, um an seiner Kraft teilzuhaben. Gleichwohl kennt Sascha die realen Machtpositionen in der Familie: Er zeichnet den Vater an der höchsten Stelle des Bildes, sich selbst unterhalb und erst *nach* dem Vater.

Der **Floh** taucht in Kinderzeichnungen selten auf; und wenn, dann meist negativ als ekelhafter Schmarotzer: ein Geschöpf des Schmutzes und der Fäulnis.

Möglich, daß seine flinke, hüpfende Behendigkeit, sein Springen zuweilen nachahmenswert scheinen, – oder daß, wer ihn fängt, optimistisch und befreit sein mag.

Der **Frosch** lebt im Schlamm, im Wasser, im Unterirdischen. Insofern hat er neben den nassen, glitschigen Momenten auch fruchtbare, hoffnungsvolle – besonders wenn er im Traum quakt. Zugleich gilt er wegen seines unaufhörlichen, sinnlosen Lärmma-

Der **Fuchs** galt wohl als schlau und teuflisch, weil er dem Menschen als Hühnerdieb Schaden zufügte. Tollwut und ähnliches mögen zu Ausdrücken wie „fuchsteufelswild" geführt haben. Weil er (fuchs-)rot ist, mag er zudem der Hölle zugeordnet worden sein. In der Volksliteratur gilt er als schlau, verschlagen, räuberisch, hinterlistig, falsch, berechnend, ja, ruchlos; obgleich ihm solche menschlichen Eigenschaften abgehen.

Ein Fuchs in bedrohlich aggressiver Schwärzung taucht in einem Familientest als Vater auf, dem von der Mutter der Strafvollzug übertragen ist.

Die **Gans** gilt als wachsam, unbestechlich, angriffslustig – und fett: Eine fette

Gans gehört zu bäuerlichen Festen; sie hat etwas Kulinarisches; man kann sie essen. Mal gilt dies Tier als weise, mal – etwa in der Formation des „Gänsemarsches" – als dumm; in Märchen ist es zuweilen golden. Wenn die Gans badet, gibt es – angeblich – Regen; und ein Sprichwort sagt: „Der stirbt nicht, der fliegt mit den wilden Gänsen." In der Kinderliteratur ist sie als gutmütig und zutraulich dargestellt. Als Selbstporträt steht sie eher für mangelndes Selbstbewußtsein.

Der **Geier** ist ein Toten- und Raubvogel, in der Mythologie vom Ostwind befruchtet. Er gilt üblicherweise als blutgierig und draufgängerisch. Als Aasgeier, in der Menge oder allein (einsam), erscheint er in Filmen. Wer sich als Geier zeichnet, neigt entweder zu autistisch-selbstgenügsamem oder kühn-aggressivem Verhalten.

Der **Gemse** kann der Mensch (die Eltern) nicht folgen; steigfreudig, wagemutig und freiheitsliebend – hat sie etwas von einem ebenso scheuen, eigensinnigen wie wilden und tollkühnen Mädchen.

Die **Giraffe**, höchstes Landtier der Erde, ist vor allem durch ihren langen Hals gekennzeichnet: Er erlaubt, überall hineinzusehen und Neugierde zu befriedigen. Diese Neugierde ist oft unnatürlich, mehr eine Art von Schnüffelei.

Auf jeden Fall haben Giraffen Überblick – für Kinder wichtig –, Überblick über das, was gegessen werden darf und was nicht. Mütter als Giraffen sind meist verträglich. Vermutlich aber fühlt sich das Kind beobachtet.

Der **Hahn** ist ein männliches Orakeltier; er verkündet den Tag und gilt insofern als Wächter und Wecker, Symbol für Wachsamkeit und Sonnenaufgang. In bezug auf männliche Rolle und Liebeserfolge im Hühnerhof hat er den gleichen schlechten Ruf wie der Bock. Dem verbreiteten Brauch der Hahnenkämpfe ist die häufige Darstellung aufeinander losgehender Hähne als Bild von Zorn, Streitsucht und Gewalttat entnommen. In den Tests steht er für „stolz", „väterlich", „gravitätisch", wie auch für „eingebildet", „kampflüstern", „eifersüchtig" und „machtgierig". Nicht selten findet man ihn gerade unter dem Machtaspekt gewählt.

Beispiel: Der elfjährige Claude schwankt zwischen Phlegma und Wutausbrüchen hin und her und wird deshalb dem Schulpsychologen vorgestellt. Die Zeichnung zeigt eine Mutter, die unter der Last des Vaters den Kopf zu dem Kücken neigt, das – den Schnabel offen – hilfsbedürftig und unfertig wirkt. Der Vater, in stolzer, aufrechter Haltung mit geschwelltem Kamm, hat seine Krallen in das Mut-

1. Mutter als Huhn
2. Vater als Hahn
3. Zeichner als Küken

tertier gehakt. Das ganze läßt einen dominierenden, despotischen Vater vermuten, und eine Mutter, die hilflos alles hinnimmt; beides erklärt das wechselnde Verhalten des Sohnes – mal Passivität, mal Auflehnung.

Claude wuchs in einem unbeständigen häuslichen Klima auf, vernachlässigt und verwöhnt zugleich. Der Vater war zunächst in Krieg und Gefangenschaft. Seine Rückkehr erlebte Claude als Einbruch in ein friedliches, harmonisches Dasein. Die familiären Spannungen endeten mit der Trennung der Ehe. Der Sohn suchte zunächst im „Schutzwall" der Mutter Zuflucht von der Tyrannei und den Ansprüchen des Vaters, der ihn am liebsten in wenigen Stunden zum Mann gemacht sähe. Die Mutter kommt dem Verhalten Claudes entgegen, indem sie in ihm ihren „einzigen Lebensinhalt" sieht. Die Besuche des Vaters bedeuten Störung und Unfriede, weil er die verwöhnende Erziehung des Kindes beanstandet und die heftigsten Vorwürfe macht. – Claude vorsichtig aus der Umklammerung der mütterlichen Bindung zu lösen, den Vater von seinen tyrannischen Sofortmaßnahmen abzubringen, wären Aufgaben einer Behandlungsstrategie.

Der **Hai** gilt – vermittelt durch Schreckensmeldungen und Filme – als gewandtes, schnelles und hinterhältiges Tier des Meeres, das den Menschen bedroht. Wegen des gefräßigen, großen Maules steht er auch für „großmäulig", womit seiner objektiven Gefahrlosigkeit bei richtigem Verhalten nicht widersprochen sei.

Hase, „Hasenfuß", „Angsthase" deuten bereits auf die wesentliche Interpretation. Er wird auch häufig für die Mutter gesetzt: als Mondtier, als Früh-lingstier, als Symbol der Fruchtbarkeit. Auf gewisse Weise schöpferisch, erfolgreich, kinderfreudig, gilt er zugleich als harmlos, fast immer aber als furchtsam und feige.

In klinischen Tests erscheint der Hase außerordentlich häufig. Wird eine ganze Familie als Hasenfamilie gezeichnet, dürfte die Angstsymptomatik des Kindes umfassend sein. Der Hase findet sich bei Bettnässern und Einkotern, bei diversen psychosomatischen Störungen (Asthma u. a.). Symbiotische Kinder zeigen eine starke Angstbereitschaft im Sinne von Trennungsängsten. Nicht selten sind Meerschweinchen, Kaninchen usw. lebende Symbole solcher Familiensymptome. Kleinkinder mit Schlafstörungen, Kinder in gestörten Familien, in Trinker- oder Mißhandlungsmilieus, Unfallkinder und Kinder mit Arzt- und Krankenhausängsten zeichnen „Angsthasen". Ein Bettnässerkind nannte alle als Hasen gezeichneten eine „Familie Hase". Oft wird die Angst – der Hase – auf andere, Mutter, Geschwister, Vater, gespiegelt und übertragen.

Beispiel: Der zehnjährige Willi lernt schlecht und stiehlt der Mutter wiederholt Geld. Willis Vater ist Hauswart; ein schwächlicher, gutmütiger Mann, der für seine Frau alle Hausarbeiten erledigt. Die Mutter geht in die Fabrik arbeiten, läßt sich zu Hause bedienen und macht den Vater vor den Kindern lächerlich. Anbrüllen und Schlagen der Kinder ist die Regel.

Zunächst wird der Vater als ein Kaspar dargestellt; übergroß, – als Indianer gezeichnet – die Mutter. Neben dem Vater steht die Lieblingstochter der Mutter als Prinzessin. Hinter der Mutter auf der rechten Seite die übrigen

60

1. *Vater als Kaspar*
2. *Mutter als Indianer*
3. *u. 4. Geschwister als Hund und Schmetterling*
5. *Älteste Schwester als Prinzessin*
6. *Zeichner als Hase*

Kinder als Hund, Schmetterling und – Willi selbst – als Hase. Es folgt noch der Säugling als Maus. Am auffallendsten ist wohl die Übergröße der Mutter und die Kleinheit der Tiere, die zudem hinter ihrem Rücken angeordnet sind. Der Hase ist kaum noch ins Bild gekommen und ist als Symbol der Angst zugleich noch in der Außenseiterposition. Gefragt, welches Tier er sein wolle, antwortete unser Zeichner: „Ein Esel."

Hirsch: Tier des Waldes, der Einsamkeit – und Sinnbild des Lichts. Er gilt als kraftvoll, herrisch, stolz, auch streitsüchtig und scheu. Alte Traumbücher glauben zuweilen, wer Hirsche jage, der habe sich in etwas verrannt, was völlig aussichtslos ist; – bzw. man möchte mehr, als man kann.

Die Hirschkuh, auch Hindin, ist Attribut verschiedener Heiliger, die mit Tieren in der Wildnis zusammenlebten. In der mittelalterlichen Arzneikunde spielte sie eine große Rolle, was in der Symbolik der Volks- und Märchenliteraturen fortlebt.

Das **Huhn** gilt als mütterlich, fürsorglich, ja harmlos, mitunter gefräßig, gackernd, scheu, streitsüchtig usw.; die Sprache denkt von ihm nicht allzu gut: „dummes Huhn", „mit jemandem ein Hühnchen rupfen", „blindes Huhn"...

Über Kinderbücher vermittelt, ist ihr mütterlicher Aspekt bedeutsam: Sie sammelt ihre Küken unter ihren Flügeln.

Beispiel: Die zwölfjährige Jutta zeigt in der Schule keine Bereitschaft, wirkt phlegmatisch und interesselos. Von sich aus geht sie an keine Arbeit heran, sondern muß zu allem aufgefordert werden. Da die Schulleistungen schlecht sind, wird gefragt, ob dies an Begabungsmangel oder an „Faulheit" liegt.

In der Zeichnung bildet die Familie eine „harmonische" Gruppe, die eng um die Mutter versammelt ist; d. h., es wird keine Differenzierung erlebt; selbst im Ausdruck sind sich die Familienmitglieder ähnlich; überdies geht alle Bewegung nach links. Die Gluckenmutter hat ihre Küchlein in warmer Obhut; für Jutta und Ulrich ist das Futter bereitet; selbst der Vater ist in

1. *Mutter als Huhn*
2. *und 3. die Kinder als Küken*
4. *der Vater als Huhn*

den schützenden Bereich der Mutter einbezogen. Es ist zu vermuten, daß unsere Zeichnerin diesem Kükendasein, zumal auch ein von der Mutter unterschiedenes Vaterbild fehlt, verhaftet ist.

Die Mutter ist zehn Jahre älter als der Vater. Sie betreut mit Geduld und Nachsicht die gesamte Familie. Die Kinder – besonders Jutta – sind ihr „einziger Lebensinhalt". Nie wird von Jutta irgend etwas verlangt. Selbst die Hausaufgaben werden von der Mutter erledigt. Dem Versagen des Kindes steht sie hilflos gegenüber, auch wenn sie die Zusammenhänge ahnt . . .

Der **Hund** ist das älteste Haustier des Menschen: Brudertier, Götter- und Hadesbote zugleich. Sein Bellen, Winseln und Heulen verkünden Unheil und Tod.

Die Sprache weiß von „hundekalt", „hundemüde", „hundetreu", „vor die Hunde gehen", „auf den Hund kommen", „mit allen Hunden gehetzt", „da liegt der Hund begraben", „damit lockt man keinen Hund hinter dem Ofen hervor", „kalt wie eine Hundeschnauze", „aufpassen wie ein Schießhund", „wachsamer, gemeiner, lästiger als ein Hund". Er läßt sich dressieren, ist treu, bissig, reizbar und streunt zuweilen. In Tests wird er häufig für Vater, Mutter und Bruder gemalt.

Die →Schwarzschattierung eines Hundes läßt Hundeangst vermuten: der Hund als Objekt, auf das die aus der Tiefe aufsteigende Beunruhigung abgeschoben wird; der Hund als Symbol für Triebleben, Leidenschaft usw. Hunde-Katze-Maus spiegeln Abfolgen aggressiven Verhaltens in autoritären Familien.

Zeichnet ein Kind sowohl sich selbst als auch ein Elternteil als Hund, scheint eine ernsthafte Schädigung vorzuliegen: entsprechendes Verhalten ist verinnerlicht, Unterschiede werden nicht mehr gesehen, der Weg zur Differenzierung ist blockiert.

Generell muß man bei der Vielfalt der Erscheinungsformen vom harmlosen Pudel bis zum scharfen Schäfer- oder Wolfshund auf die Zuordnungen und Assoziationen sehen, die die Kinder auch sprachlich im Zeichenakt äußern. Von der Hundetreue des Kameraden bis zum dreiköpfigen Höllenhund umschließt dieses Tier eine komplexe Symbolik.

Angeblich malen zur Regression neigende Kinder gerne Hunde. Sie identifizieren sich mit dem Tier als treuem Gefährten und Kameraden.

Annette L. wollte zuerst sich zeichnen, radierte sich aus, dann den Vater, radierte ihn aus, dann die Mutter, radierte und ließ sie halbfertig, und zeichnete endlich befriedigt ihren zottigen schwarzen Hund.

Beispiel: Die dreizehnjährige Rosmarie streunt, schwänzt die Schule seit Jahren, ist streitsüchtig und verstockt. Vor einem Jahr wurde sie mit mehreren Jugendlichen ›überrascht‹. Die Vernehmung durch eine Kriminalbeamtin ergab nichts. Auch zu Hause war

trotz Schlägen nichts aus ihr herauszubringen.
Die Familie – alles gleiche Tiere – wird zwar als Einheit erlebt oder gewünscht, für unsere Zeichnerin scheint der Platz aber nicht auszurei-

Mutter, Vater, Schwester und Zeichnerin (Kopf) als Schäferhunde

chen: von ihr ist nur noch der Kopf im Bild; wegen „Platzmangel", wie sie sagte. Mit einem resignierenden „Jetzt paß ich nicht mehr hin" wollte sie sich zunächst zufriedengeben. Anscheinend fehlen ihr Initiative und Mut, sich einen Platz zu sichern. Sie weicht an den Rand aus, ähnlich dem abweichenden „Streunen" als einem Ausweichen. Andererseits könnte ihre Freundschaft mit Jugendlichen Ausdruck des Wunsches sein, angenommen und beachtet zu werden, – was ihr die Familie versagt. Bemerkenswert ist, daß die Schwester, Anlaß ihres Verhaltens, gleich groß wie die Eltern gezeichnet ist.
Der Vater war während des Krieges Soldat und lernte Rosmarie erst kennen, als sie bereits drei Jahre alt war; er lehnte das Kind von Anfang an ab. „Als er heimkam, war sie ihm überall im Wege", berichtete die Mutter. Nach einem Jahr wurde die kleine Schwester geboren; der Vater wendete sich ausschließlich der Kleinen zu. Rosmarie bettnäßte nach der Geburt der Schwester einige Zeit und wurde hart dafür bestraft. „Für das Kind begann eine Leidenszeit", klagte die Mutter. In der Schule fühlte sich Rosmarie vom ersten Tag an von der Lehrerin zurückgesetzt und bekam mit anderen Kindern keinen Kontakt. „Fühlt sich nur dann glücklich in der Schule, wenn sie etwas Besonderes tun darf", so der Schülerbogen. Die Therapie muß beim Vater ansetzen.
Der **Igel**, gemütlich, drollig, ist nützlich als Schlangenjäger, scheint dem Kind aber vor allem wegen seiner Stacheln sympathisch: ein wenig hinterlistig und auf seine Eigenständigkeit widerborstig bedacht. Das Tier findet sich deshalb nicht selten neben Polypen, Kraken, Schlangen, d. h.: liebetyrannischen Müttern, denen man Stacheln zeigen, gegen die man sich aktiv oder renitent zur Wehr setzen muß.
Als Selbstporträt ist es fast immer ein Indiz, daß man das Kind in seiner Eigenständigkeit großzügig fördern sollte.
Beispiel: Die dreizehnjährige Irma ist außerordentlich verspielt, verträumt und mitunter kleinkindhaft trotzig. Sie findet keinen Anschluß an Gleichaltrige, sondern spielt nur mit viel Jüngeren. Obwohl sie eine gute Schülerin ist, bezweifelt die Lehrerin, ob sie für die

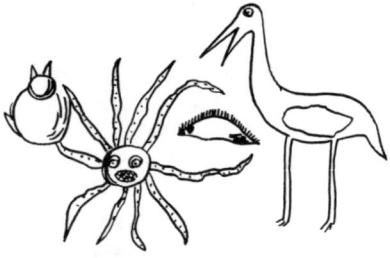

1. Mutter als Krake
2. Schwester als Katze
3. Zeichnerin als Igel
4. Vater als Storch

63

Mittelschule geeignet ist: „es fehlt ihr an Reife".

In der Zeichnung bildet die Mutter den Mittelpunkt; in ihren „Armen" hält sie die beiden Kinder. Als Krake gehört sie zu den größten Tintenfischen: mit zehn Armen zum Festhalten der Beute. Der Vater – als gravitätisch und „eingebildet" erlebt, steht der Familie zugewandt mit geöffnetem Schnabel. Man darf vermuten, daß Irma von der Mutter noch wie ein Kleinkind umsorgt und behütet wird. Der Igel hat eher Haare als Borsten bzw. Stacheln. Einerseits fühlt er sich in der Geborgenheit wohl, andererseits versucht er, einen eigenen Willen zu entwickeln. Altersentsprechende Entfaltung ist in den „Armen der Mutter" nicht möglich, weshalb kleinkindhafte Praktiken beibehalten werden. Der Storch-Vater beschützt den Igel noch zusätzlich; es bleibt kein Raum für den notwendigen eigenen „Auslauf".

Der Vater ist bereits verstorben. Die Mutter umsorgt ihre beiden Töchter in hingebender Art. Nicht berufstätig, lebt sie bei ihren Eltern in wohlhabenden Verhältnissen auf dem Land. Das Größerwerden der Töchter schmerzt sie. „Als sie noch klein waren, gehörten sie mir ganz", klagt sie.

Das Nachlassen der tyrannischen Fürsorge wäre ein erstes Ziel ... Die übergroße Spiegelung eines versagenden, abwesenden oder toten Vaters – gleichsam ein vermitteltes Normen-Soll – ist auch aus anderen Fallstudien bekannt.

Schopenhauer hat zum Kommunikationsproblem der Igel eine sehr schöne Fabel geschrieben; ursprünglich galt sie zwar den z. T. auf Bäumen lebenden Stachelschweinen, die in Kinderzeichnungen unserer Breitengrade jedoch kaum vorkommen, weil diese Tiere nur in südlichen Ländern leben. Die Fabel: „Eine Gesellschaft von Stachelschweinen drängte sich, an einem kalten Wintertage, recht nahe zusammen, um, durch die gegenseitige Wärme, sich vor dem Erfrieren zu schützen. Jedoch bald empfanden sie die gegenseitigen Stacheln; welches sie dann wieder von einander entfernte. Wann nun das Bedürfnis der Erwärmung sie wieder näher zusammenbrachte, wiederholte sich jenes zweite Übel; so daß sie zwischen beiden Leiden hin und hergeworfen wurden, bis sie eine mäßige Entfernung voneinander herausgefunden hatten, in der sie es am besten aushalten konnten." Eine Freundin meinte mit einiger Berechtigung, daß *menschliche* Igel oder Stachelschweine sehr unterschiedliche Bedürfnisse der Nähe und der Ferne hätten; womit angezeigt sei, daß beim Menschen alles wesentlich komplizierter zugehe.

Insekten – Populistische Traumbücher meinen dazu, belanglose Ereignisse unterzubewerten sei fahrlässig, weil ihre Bedeutung oft größer sei, als man glaube ...

Man kann Insekten leicht totschlagen. Sie sind klein. Und kleine Figuren auf großem Blatt bedeuten nicht selten Angst. Indem man sich zum verschwinden bringt, kann man wohl kaum Identität ausbilden.

→ Fliege, → Floh, → Laus, → Käfer.

Im **Käfer** verbirgt sich alles mögliche: Flugfähigkeit, Wandlung aus der Hülle, Leben, Ekel, Tod.

Der Mistkäfer dreht aus Dung Kapseln, in die er seine Eier legt und von denen sich die Larven ernähren. Exemplare der Gattung erscheinen in den Tests selten als fleißig oder geschäftig, sondern meist als Kümmerwesen, als krabbelnde Insekten, die zur Not eben noch stechen können. Im Selbstporträt steht ein Käfer meist für geschwächtes Selbstbewußtsein.

Das **Kamel** gilt als gehorsames Wüstentier: ein Symbol der Nüchternheit und Mäßigung; bescheiden, arbeitswillig, gutartig, fleißig, – mitunter schwierigen, oft hochmütigen Charakters.

Bei negativer Bewertung steht es oft auch für dumm, träge, faul oder nachgiebig; ähnlich der Bedeutung des Schimpfnamens: „Du Kamel." Beispiel: Der zehnjährige Luitpold versagt in der dritten Klasse der Volksschule vor allem im Rechtschreiben; Eltern und Lehrer beklagen sich über sein „faules, langsames, interesseloses" Verhalten. In der Zeichnung verraten die Reihenfolge und die Größe, in der er die Kuh zeichnet, wie „hoch" Luitpold seine Schwester einschätzt und wie unsicher und unentschieden er sich selbst bewertet: Auffällig ist die Schiene am Bein des Kamels sowie die Schwärzung. An den Rand gedrängt, nach links aus dem Bild schauend, nimmt er doch einen beachteten Platz

ein: die gesamte Familie schaut auf ihn. Um der großen, etwas gutmütig und bullig wirkenden Schwester ebenbürtig zu sein, muß er sich recken . . .

Unser Zeichner leidet von klein an unter Gehbehinderung. Er machte als Kleinkind eine Kinderlähmung durch, trägt eine Schiene am Bein und ist konstitutionell wenig belastbar. Die Rechtschreibschwierigkeiten sind auf mangelndes Durchhaltevermögen, Minderwertigkeitsgefühl gegenüber der älteren Schwester und geringes Selbstwertgefühl zurückzuführen, was seinen Trend zu Unselbständigkeit und frühkindlichem Verhalten verstärkt. Strategie: spieltherapeutische Erfolgsübungen, Dialoge mit der Schwester, Reflexion der Elternrollen könnten Hilfestellung geben.

Das **Känguruh** kann weit springen und gilt als gutartig. Weil es seine Jungen im Bauchbeutel mit sich trägt, wird es oft als Inbild bergender Mütterlichkeit begriffen.

Beispiel: Den zehnjährigen Thomas schildert die Lehrerin als „unselbständig, unsicher im Urteilen und zögernd in den Folgerungen. Leistungen werden durch mangelndes Selbstvertrau-

1. Schwester als Kuh
2. Vater als Ente
3. Mutter als Schlange
4. Zeichner als Kamel

Von rechts nach links:
Mutter mit Sohn,
Vater und Schwester
als Känguruhs

65

en gemindert. Benimmt sich oft allzu kindisch und wird dann verspottet. Überaus ängstlich".

Die Familie erscheint undifferenziert als Känguruhs, unser Zeichner im Beutel der Mutter; die andern auf relativ stabilen Beinen. Zu vermuten ist Lebensunsicherheit, Unselbständigkeit, Fixierung an die frühkindliche Situation, Bemühung, diesen Zustand zu erhalten. Zwischen Vater und Mutter steht ein Bäumchen, d. h., der Junge wünscht keinen unmittelbaren Kontakt zwischen den Eltern – oder nur, falls er dabei sein kann.

Der Vater ist tot. Mit „Vater" meint unser Zeichner den Freund der Mutter. Als Jüngster – die Schwester ist sechs Jahre älter – wurde Thomas von der Mutter umsorgt und behütet. Seit vier Jahren muß er die Liebe der Mutter mit dem „Vater" teilen. Er bleibt unselbständig wie ein „Sechsjähriger", was die Mutter durch hingebende und geduldige Hilfe beim Waschen und Anziehen unterstützt. Das Ziel, ihn auf „eigene Füße" zu stellen, müßte auf vielfältige Weise erreicht werden . . .

An die Figur der **Katze** knüpft sich eine Vielzahl von Zauber-, Spuk- und Märchenvorstellungen. Sie gilt als schmeichlerisch, verspielt, anhänglich, putzig; nützlich für den Mäusefang. In dieser Beziehung ist sie falsch, grausam, hinterlistig, räuberisch. Als Haustier des Menschen ist sie zugleich dessen Spielzeug, vor allem wenn sie jung und zärtlichkeitsbedürftig ist. Träumt der Mensch von Katzen, so sehnt er sich angeblich nach Liebe.

Die Sprache spricht von „katzbuckeln", „die Katze aus dem Sack lassen", „wie die Katze um den heißen Brei herumgehen", „sich vertragen wie Hund und Katze", „Katzenmusik", „katzenfreundlich", „Katzenjammer". – Immer hat die Katze etwas triebhaft Instinktgesteuertes, Unbelehrbares an sich im Sinne von „Die Katze läßt das Mausen nicht". Geschwärzte Fleckung ist als aggressiver Gehalt zu deuten.

In Tests steht die Katze oft für die Selbstdarstellung; außerdem für Schwestern- und Mädchenfiguren.

Beispiel 1: Die Lehrerin: „Ein verwöhntes, verspieltes Kind, das sich nie anstrengt und nur auf dem Wege der Täuschung sich Erfolg verschafft." Ursula sollte einen Tadel zu Hause unterschreiben lassen und fälschte die Unterschrift.

Die Familie wird in sehr unterschiedli-

1. Zeichnerin als Katze
2. Mutter als Storch
3. Vater als Giraffe
4. Bruder als Rabe

chen Tieren gesehen. Die Haltung der Katze ist betont breitbeinig und drückt Selbstgefälligkeit aus. Zwischen Rabe und Katze herrscht Feindschaft: Die Katze jagt und frißt den Vogel. Der Rabe – über ihr (!) – gilt allgemein als klug, aber auch frech und zänkisch. Vermutlich hängen Ursulas Schwie-

66

rigkeiten in der Schule eng mit ihrer Stellung innerhalb der Familie zusammen, die sie mittels Täuschung um jeden Preis zu halten versucht.

Tatsächlich ist das Mädchen der Liebling ihrer Eltern, besonders des Vaters. Der drei Jahre ältere Bruder ist der „schwarze Rabe". Er wehrte sich von Anfang an dagegen, daß die kleine Schwester bevorzugt wurde. Die Feindschaft der Geschwister ging so weit, daß der Bruder mit zehn Jahren in ein Internat gegeben wurde. In den Ferien „rächt" er sich an der Schwester dafür, daß er nicht zu Hause sein darf. – Der Test überzeugte die Eltern von der Wirkung ihrer allzu verwöhnenden Erziehung.

Beispiel 2: Die achtjährige, etwas ver-

spielte Lorenza Schlotmann, einziges Kind ihrer Eltern, schickte mir ein Familienporträt mit der Mutter Renate als Vogel – „Sie sitzt im Baum und legt Eier" – und dem Vater als Hund, der Gras schneidet. Die Mutter verdiente in der Familie das meiste Geld; der Vater Friedrich-Karl dagegen – als einziges Tier ohne Füße – hatte damals Berufsprobleme. Lorenza, selbst Katze, hat eine Katze: eine Mischung aus Puppe und Ersatzgeschwister.

Der **Krake** oder **Polyp** – auch Tintenfisch – ist als Tier der Tiefsee der mütterlichen Welt zugehörig. In den Mythen drückt er Ausgeliefertsein aus. Das gilt besonders für das symbiotische Verhalten einer Mutter gegenüber ihrem Kind, die mit ihren Umklammerungstendenzen – mit Fangarmen und Saugnäpfen – das Kind an sich zu ketten sucht.

In einem Fall kam in der Gegenüberstellung von Polyp und Igel – Mutter und asthmakrankes Kind – der Konflikt zum Ausdruck: das Kind setzt sich zur Wehr gegen eine Symbiose, die gleichsam erstarrt ist.

Meiner Aufforderung und Bitte, daß der Familientest auch von Eltern mit gezeichnet werde, kamen nur ganz wenige meiner Bekannten nach. Anscheinend will man sich keine Blöße geben oder ist überhaupt in der Elternrolle unwillens, sich selbst zur Debatte zu stellen. Und doch wäre gerade in diesem Feld aufschlußreich, wie man andere sieht – von andern gesehen wird. Vater Helmut Ostermeyer, von Beruf Amtsrichter, im Umgang mit psychischem Material etwas geschult, wurde von seiner Frau als Krake gesehen, von seinem Sohn Rolf, Abiturient, als Giraffe, von der zwanzigjährigen Tochter Eva, Soziologiestudentin, als Igel (was möglicherweise auch eine „Verschiebung" ist: Igel ist sie ihrerseits gegenüber dem Vater), sich selbst sah er als springenden Hasen. „Hase" habe ihn seine Frau jahrelang genannt. Er sah sich hier im Sprung, das liegende Muttertier zugleich auf-

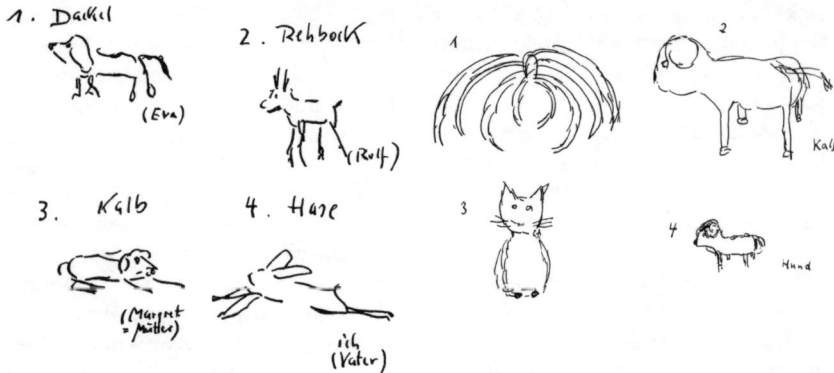

schreckend; der Sohn erkannte ihn auf diesem Selbstbildnis als „nur totgeschossen".

Ihn sah der Vater als Rehbock; für die Schwester war der Bruder ein gutmütiges, wenngleich dreckiges Schwein, für die Mutter ein Kalb, wenn auch ein sehr großes; er selbst sah sich als

Selbstkorrektur. Eine Interpretation, der sie sich anschloß.

Die Tochter wiederum sieht sich

selbstkritisch als Faultier; in ihrer damaligen Situation vielleicht Symbol für Wartestellung.

Der Krake symbolisiert möglicherweise auch Helmuts lange Gliedmaßen, in denen man sich rundum geborgen fühlt. Andererseits ist in dem Tier auch die Assoziation von Erdrücken und Aussaugen, Erdrücktwerden und Ausgesaugtwerden, subjektives Gefühl beider Ehepartner nach fünfundzwanzig Jahren. – An den vier Bildern wäre noch vieles anzusprechen: das Maus-Katze-Verhältnis, in der Rolf die Frauen sieht; daß der Vater seine Kinder erhöht usw.

Das **Krokodil** spielt eine ähnliche Rolle wie der Drache und steht für Gefräßigkeit und Heimtücke. Bekanntlich sind Krokodilstränen Zeichen der Heuchelei.

Schäferhund – mehr Wunsch als Realität.

Kalb war auch Margret, die Frau, dem Ehemann, die für den Sohn eine Katze, für die Tochter ein Papagei und für sich selbst ein Hund war, allerdings – im Übergang von der Hausfrau zu einer Berufsrolle – auf schwachen Beinen und in bemühter zeichnerischer

Das Tier verkörpert dumpfes, vegetatives Leben: ein blutgieriges, menschenfressendes Ungeheuer des anfänglichen Chaos; unberechenbar, träge, heimtückisch, verschlagen und grausam. Es ist auch in Spieltests das Symbol für Aggression oder – abgeschwächt – motorische Dynamik; als Verhaltensweise den Jungen eher erlaubt als den Mädchen, weshalb sich Knaben zuweilen, Mädchen fast nie als Krokodile zeichnen. Väter als Krokodile fanden sich häufig in einem brutalen, jähzornigen, psychopathischen Familienmilieu. Mütter als Krokodile stehen für dominierende, harte oder emotional unberechenbare Mütter. In einigen Fällen, in denen alle Familienmitglieder zu Krokodilen wurden, bestand ein Spannungs- oder Streitmilieu bzw. eine geschiedene Ehe. Auch chronische Geschwistereifersucht kann die Familienatmosphäre vergiften.

Alllgemein wird das Krokodil als personifizierte Aggression oder Bösartigkeit abgelehnt. Wo das Kind sich positiv mit dem Krokodil identifiziert, kann man das Tier als überdimensionierten Igel verstehen: man will den Gegner abwehren oder „auffressen" bzw. für seine Angst und Not einen Helfer finden.

Beispiel: Der achtjährige Adolf stammt aus einem wohlhabenden Geschäftshaushalt. Sein Vater kümmert sich ausschließlich um den Betrieb. Die zwangsneurotische Mutter hat für Adolf nur Prügel und Vorwürfe, da sie ihn als Ursache der Eheschließung unbewußt ablehnt. Die Eltern leben in ständigen Spannungen; die Familienatmosphäre ist unerfreulich. Adolfs jüngerer Bruder ist schwer asthmatisch und zieht die ganze Liebe und

1. *Bruder als Elefant*
2. *Mutter als Krokodil*
3. *Vater als Schlange*

Aufmerksamkeit der Mutter auf sich. Trotz gut durchschnittlicher Intelligenz versagt unser Zeichner in der Schule.

Er setzt zuerst den Bruder als Elefanten: wie im *realen* Familiengefüge nimmt er den meisten Platz ein. Die Mutter – als Krokodil mit aufgesperrtem Rachen – bringt er nicht ganz auf dem Blatt unter. An höchster Stelle der Zeichnung steht der Vater als Schlange. Sich selbst hat Adolf weggelassen. – Das Krokodil symbolisiert wohl auch die orale Fixierung – alle Vorgänge werden unter „Essen" summiert – auf die Mutter; wie generell die Mundwerkzeuge bei den Figuren infantil betont sind.

Die **Kuh** steht für vegetabile Mütterlichkeit. Sie gilt als gutmütig, geduldig, fett, träge, langweilig, dumm. Der Ausdruck: „Dastehen wie die Kuh vor dem Scheunentor" spricht auf ihre magere Intelligenz an, die sie in ihrer jahrtausendelangen Haustierhaftigkeit erworben hat. Als „blöde Kuh", träge wiederkäuend, mit blökendem

Muhen sich unartikuliert äußernd, ist sie scheinbar allein für die Milchproduktion oder als Zugtier zu gebrauchen. In Traumbüchern steht „Kuh" oft für „starke Mutterbindung". Oder: Man opfert sich auf für die Seinen und erwartet von ihnen denselben Einsatz.

Lama → Kamel; zuweilen ein Symbol aggressiver, Worte und Imperative spuckender Gewalt; „verwandt" mit → Kamel.

Das **Lamm** – „Unschuldslamm", „lammfromm" – gilt als opferbereit, zutraulich, genügsam; dabei zugleich hilflos und langweilig – im Gegensatz zum Bock, der etwas mutwillig Störrisches hat.

Die **Laus** lebt üblicherweise im Fell eines größeren Tieres, Zwillings- und Löwenbruders, lebt im Schatten des Stärkeren, weil es nicht gelingen will, ein Eigendasein zu führen. Als Parasit von der Kraft, den Ideen und Anregungen des „Wirtes" existierend, bleibt sie auf diese Weise unselbständig, passiv und unproduktiv.

„Eine Laus in den Pelz setzen", „lausekalt" hat Zweideutiges. „Lausbub" hat etwas von einer gewinnenden, unternehmungslustigen Fröhlichkeit. → Insekt.

Der **Leopard** ist Symbol des Stolzes, der Jagd, der Gewandtheit und der Raubgier. Gewandt, geschmeidig, gilt er zugleich als gierige und schnelle Raubkatze.

Die **Libelle** ist ein See- und Wasserinsekt, gilt als zart, apart, auch unverletzlich, unstet, mitunter reizbar und von falschem Glanz. Schimmernd und durchsichtig, hat sie etwas von einer fliegenden Wassernixe.

Der **Löwe** verkörpert Macht und Kraft der Sonne. Selbstbewußt, erhaben, ist er zugleich gefährlich und blutrünstig. Neben dem Adler ist er das verbreitetste Wappentier. Brüllend symbolisiert er auf Gräbern neue Kraft und neues Leben.

In den Tests steht er vor allem für übermächtige Familien-, meist Konfliktfiguren, Eltern oder Geschwister. Im Selbstporträt bedeutet er Mut, Selbstbewußtsein, entwickeltes Gefühls- und auch Triebleben.

Beispiel: Die zehnjährige Brigitte ist nach Aussagen der Lehrerin und der Eltern „gehemmt". In der Schule sitzt sie, an ihren Nägeln beißend, abwesend da und spricht nur auf Aufforderung. Von selbst meldet sie sich nicht. Anfangs ist sie meist verlegen, errötet und stottert. Nachts schreit sie oft auf.

Der Vater ist Schriftleiter und arbeitet Tag und Nacht; die Mutter – Kindergärtnerin – ist überlastet. Der sechsjährige Bruder – der Löwe – wird als Stammhalter von den Eltern besonders geliebt und bevorzugt; er tyrannisiert bereits die Familie. Familienleben im eigentlichen Sinne gibt es nicht. Ihre Freizeit widmet die Mutter ausschließlich ihrem Jüngsten. Das Mädchen wird seit der Geburt des Bruders in die Rolle der „Großen" gedrängt. Von Brigitte wird alles als selbstverständlich hingenommen; gleichwohl übersehen die Eltern, daß sie noch ein Kind ist . . .

Der **Maikäfer**, Bote des Frühlings, wird als kinderlieb, gesellig – und gefräßig, meist aber als harmlos begriffen.

Der **Maulwurf** gilt als ein blindes, geheimnisvolles Tier, das nur ungern an die Erdoberfläche kommt. Er ist ebenso nützlich und wertvoll wie scheu und ängstlich.

Woran Jugendbuchautoren und Kinder mitunter ihr Vergnügen haben, ist sein anscheinend unablässiges Wühlen. – Der Hamster, als ihm verwandt, gilt darüber hinaus als arbeitsam, vorsorgend und – worin er seinen Namen hat – „hamsternd" . . .

tuation des jüngeren Bruders erlebte, befand sich ständig in der Rolle eines Schattenkindes. Es zeichnete zunächst die Eltern überdimensional als große Katzen und dann die Kinder als winzige Mäuse, den Bruder an erster Stelle und zuletzt sich selbst. Es demon-

Die **Maus** – „sich mausen", „mäuschenstill", „mausgrau" – ist ein Tier, das sich gut verstecken kann, aber auch leicht aufgefressen wird. Sie gilt als drollig, behend, spitzbübisch, vorwitzig, listig und flink; neben ihrer Gefräßigkeit ist ein weiteres Merkmal, daß sie sich stark vermehrt.

Die Katze-Maus-Position ist spezifisch für symbiotische Mutter-Kind-Erscheinungsweisen; z. B. beim Asthmakind. Orale Verwöhnung bis zu kannibalistischen Tendenzen – „zum Fressen gern haben" – kommen darin zum Ausdruck. Die Unterlegenheit und Schutzlosigkeit der Maus herrscht in den Tests wohl vor.

Ein neunjähriger, einkotender Junge identifizierte sich – als Katze – mit dem Vater, den er zum Löwen machte, während die kleinen Geschwister eifersüchtig zu Mäusen abgewertet wurden.

Ein neunjähriges bettnässendes Mädchen, das in der schwierigen Position des mittleren und vorletzten Kindes den Starruhm der älteren Schwester und die chronische Verwöhnungssi-

strierte damit die generelle Unterlegenheit der Kinder vor der Allmacht der Erwachsenen und speziell das eigene Ausgeliefertsein.

Das **Meerschweinchen** ist ein Art verkleinerter Hase: Angst und Kleinheit in einem. Ob bei Besitz eigener Meerschweinchen andere Bewertungen vorkommen, müßte erst ermittelt werden.

Beispiel: Die siebenjährige Friederike hat in letzter Zeit Ängste und Schulschwierigkeiten entwickelt. Sie zeichnet zunächst ein Kind und dann die Mutter als Meerschweinchen; beide

1. Zeichnerin als Kind
2. Mutter als Meerschweinchen
3. Vater als Wolf

71

befinden sich in einem länglichen Käfig. Unter dem Käfig – übergroß, mit einem mächtigen Gebiß – der Vater als Wolf. Druckstärke und Schwärzungen weisen auf aggressive Inhalte hin. Das Mädchen stellt mit der Käfigsituation seine Symbiose mit der Mutter dar: Es kann ihr nicht entrinnen. Gleichzeitig bietet der Käfig beiden Schutz vor den Aggressionen des Vaters, wenn er in großen Zeitabständen von den Einsätzen im Vietnamkrieg in die Familie heimkehrt. Berufssoldat, hat er sich in wiederholten Einsätzen bis zum Offizier „emporgearbeitet", ist also immer wieder über Monate von der Familie abwesend. Die Mutter war als Sozialarbeiterin tätig. Friederike ist einziges Kind. Das zweisprachige Familienmilieu ist voller Spannungen . . .

Dazu im Widerspruch steht Kati Schendas fülliges Meerschweinchen wie auch ihr literarischer Duktus (siehe die Eingangsgeschichte über den Büffel). – Traumbücher deuten Meerschweinchen als Glückszeichen für Unternehmungen, für gesicherte Zukunft usw. – Einmal muß hier wohl der spezielle Charakter als Haustier für Kinder gesehen werden; zum andern

der jeweilige Ausdruck: im obigen Fallbeispiel zusätzlich die Käfigsituation.

Die **Möwe** ist ein Orakel- und Seelentier. Fliegt sie aufs Land, kommt Sturm. Beutegierig und gefräßig, stürzt sie sich in die Wellen; elegant und geschmeidig segelt sie im Aufwind der Küste und Schiffe; ihr Flug ist frei und souverän. So hat ihr Leben zwischen Land und See für Kinder meist etwas Sehnsüchtiges, auch Hinübergehendes . . .

Mücken → Fliegen

Das **Nashorn** ist gutmütig, dickfellig, stur, unberechenbar, schwerfällig, meist Symbol bulliger Plumpheit.

Das **Nilpferd** gilt einerseits als schwerfällig, dumm und gutmütig, andererseits ist es Symbol von Kraft und Stärke. Die Bewertung muß wohl hinterfragt werden.

Der **Ochse** gilt als arbeitsam und ausdauernd; man „ochst". In Märchen trinkt er Seen aus und weidet ganze Berge ab. Stark und beharrlich, scheint er indes zugleich auch derb, träge, blöd und vierschrötig; deshalb der Schimpfname „Ochse!" Im Gegensatz zum Stier ist der Ochse ein Symbol der Güte, der Ruhe und der friedlichen, vielleicht auch dressierten Kraft: „Ein Ochse kennt seinen Herrn."

Der **Papagei** ist gelehrig, klug, aufmerksam; aber auch vorlaut, eitel und bissig. Eine Art von kreischender Aggressivität vermittelt unser Beispiel: Die fünfzehnjährige Daniela – Oberschülerin – wird zunehmend aufsässig und verschlossen. Die Leistungen sinken rapide. Es muß entschieden werden, ob ein weiterer Schulbesuch sinnvoll ist.

Daß die Familienmitglieder allesamt als Papageien erscheinen, zeigt so etwas wie eine Clinch-Situation. Der Vater – mit geschwärzten Krallen, das Gesicht scharf gezeichnet – schaut in aufgeplusterter Haltung und erhobenen Hauptes auf Mutter und Kind: er scheint ein tyrannisches Regiment zu führen. Die Mutter hält schützend den Arm über der Tochter. Beide, Mutter und Tochter, vergießen Tränen.

Keine Widerrede duldend, betont der Vater in der Tat: „Einer muß Herr im

Eltern die entscheidende Konfrontation.

Der **Pfau**, farbenprächtig, stolz und geltungssüchtig, gilt fast immer als Symbol der Eitelkeit und weniger – wie in alten Mythen – als eines der Sonne. In Fabeln wird zuweilen sein Manko herausgestellt: er kann nicht fliegen.

Beispiel: Die elfjährige Irmgard ist launisch, unverträglich, aggressiv. Sie tyrannisiert Eltern und Geschwister. Die bisherigen Erziehungsmaßnah-

Mutter, Zeichnerin und Vater als Papageien

1. Zeichnerin als Pfau
2. Vater als Hase
3. Mutter als Dackel
4. Bruder als Schlange
5. Anderer Bruder als Schnecke

Hause sein!" Er hatte sich als Stammhalter einen Sohn gewünscht und kann Frau und Tochter die Enttäuschung nicht „verzeihen". Die Tochter leidet unter den häuslichen Spannungen und ist für Konzentration und Mitarbeit in der Schule dadurch blockiert. Die diskutierte Internatsunterbringung unserer Zeichnerin scheint die beste Lösung zu sein: Sie ermöglicht auch den

men treiben sie immer stärker in auffälliges und „abweichendes" Verhalten.

Die Familie gruppiert sich um das Mädchen; eine solche Mittelpunktstellung ist für das Alter ziemlich auffällig. Der Pfau wirkt dick, aufgeplustert, mit Federn wie Spieße. Der Dackel steht auf unsicheren Beinen und wirkt etwas hilflos. Der Hase macht „Männchen": ein „nachgiebiger" Vater. Die Schlange stößt mit gespaltener Zunge in Richtung des Pfaus. Der übergeordnete Schwan könnte mit seinem Schnabel wohl zustoßen, erscheint aber relativ klein. Die Schnecke ist aus ihrem Haus herausgekrochen und bewegt sich auf den Kopf des Pfaus zu.

Das übergroße Mittelpunktstreben ist durch massive Minderwertigkeitsgefühle ausgelöst; zu fragen wäre, ob sie nun Mittelpunkt ist oder nur sein möchte – außerdem, welche Ereignisse ihr Selbstwertgefühl so tief verletzt haben.

Die Schwester (Schwan) wird von den Eltern als besonders „anziehend, hübsch, charmant" geschildert. Unsere Zeichnerin soll dagegen an einer „Unterfunktion der Drüsen" leiden, d. h. war schon immer sehr dick und schwerfällig. Sie schämt sich, wenn Besuch kommt, und will wegen ihres Aussehens nicht in die Oberschule: „Da lachen sie mich doch nur aus!" Der Bruder, „ein schlimmer Lausbub", ärgert sie, wo er nur kann. Er weiß, daß er sie am meisten trifft, wenn er „dicke Emma" u. ä. hinter ihr herruft, weshalb sie ihn zur Schnecke macht. Die Eltern nehmen oft für ihn Partei, weil sie ihn „schikaniert". Seit einiger Zeit drohen die Eltern, sie müsse in ein Heim, was ihre Fehlhaltung eher verstärkt. Bislang kam den Eltern nicht der Gedanke, daß das Mädchen unter seinem Äußeren leiden könnte und daß sein Verhalten verzweifelte Hilferufe darstellt.

Das **Pferd** gilt als wilder, feuriger Begleiter der Götter; Flügelroß des Himmels und „männlicher" Tod. Es ist zugleich ein Symbol der Mütterlichkeit, des Erdhaften, Unterweltlichen.

Auf Erden ist das Pferd ein Begleiter des Menschen; infolge seiner Eigenwilligkeit ihm zuweilen auch fremd und unheimlich.

Die Sprache weiß es oft negativ: „Pferdefuß", „aufs hohe Roß sich setzen", „das Pferd am Schwanz aufzäumen", „der Gaul geht ihm durch". Lediglich „bestes Pferd im Stall" oder „Steckenpferd" assoziiert die besseren Seiten.

In Träumen erscheinend, soll es Freiheit, Glück, Erfolg bedeuten; vor allem der Schimmel bringt uns den Orten der geheimsten Wünsche näher. Selbstredend gibt es auch klapprige Pferde. Und das offenste Rätsel ist wohl die ausgelebte, ausgerittene Liebe der pubertierenden Mädchen und Käufer von Pferde-Mädchenbüchern. Dagegen sind Männer, die „Pferd mit Reiterin" träumen, angeblich Muttersöhnchen.

Beispiel: Der zwölfjährige Paul wird wegen einer Schulphobie (Angst) vorgestellt. Die Schulschwierigkeiten haben in der sechsten Klasse, unter einer verständnislosen Lehrerin, zugenommen. Sie stellt den hilflos-ängstlichen Jungen vor seinen Mitschülern ständig bloß. Depressionen und Einschlafstörungen sind die zusätzliche Folge. Unser Zeichner ist als Einzelkind aufgewachsen – wie sein Vater, der sich zum Ingenieur hochgearbeitet hat und vom Versagen seines einzigen Sohnes besonders betroffen ist. Die Mutter meint entschuldigend, auch sie sei als Kind ständig ängstlich gewesen. Ihr Sohn wurde im fünften Ehejahr geboren, danach konnte sie keine weiteren Kinder mehr bekommen. So konzentrierte sich ihre ganze Liebe und Pflege auf den Jungen. Wegen schwerer Ernährungsstörungen mußte er schon als

Säugling für längere Zeit ins Krankenhaus. Über viele Jahre gebrauchten Kind und Mutter, die seit der Heirat nicht mehr berufstätig ist, miteinander eine nur den beiden verständliche Babysprache. Auf eine weitere Trennung von der Mutter reagierte der Dreijährige mit einem Trauma. Endlich lernte er auch nicht, sich in der Kindergemeinschaft durchzusetzen. Wiederholte Umzüge führten zur weiteren Isolierung des Kindes. In der Schule geriet er in die Rolle des Prügelknaben, trotz gut durchschnittlicher Leistungen.

1. *Mutter als Pferd*
2. *Zeichner als Fohlen*
3. *Vater als Pferd*

Paul zeichnet zunächst ein nach links schreitendes Pferd. Unter diesem steht – unter dem Steigbügel gleichsam wie unter einem Euter – ein kleines Pferd in gleicher Richtung. Mutter und Fohlen sind bunt gefleckt; das Muttertier trägt einen kunstvollen Sattel.

An letzter Stelle folgt der Vater, wieder als Pferd, aber ohne Fleckung und ohne Schmuck, nach rechts ausgerichtet, von Mutter und Kind abgewandt, mit seinem Gebiß schon außerhalb des Bildes: distanziert und durch seine Schmucklosigkeit wohl abgewertet, Symbol der Versagung. Die infantile

Symbiose Mutter – Kind liegt in dem Satz über das Fohlen: „Es ist vier Monate alt"; zugleich wohl der Termin des ersten Krankenhaus-Traumas.

Kleinen Pferden bzw. Ponys gehört die Liebe der Kinder. Evelyn Dustenwald ließ ihr Pony (bzw. ihr Ich) einem bösen Jäger davonlaufen, schließlich einem Mädchen begegnen, das sie einem Gestüt und einer Freundin zuführte: Abenteuer und feministische Heimkehr.

Der **Pudel** ist ein Art Zierhund: anhänglich, verzogen, auch niedlich, und steht für eitel, zerstreut, verwöhnt. Als „pudelnaß", „pudelwohl" oder – geschoren – als „des Pudels Kern" erscheint er in der Sprache; er symbolisiert auch eine gewisse Hoffnung...

Die **Qualle** ist durchsichtig, weich, schimmernd; wenn man sie anfaßt, „quallig" und wohl auch „brennend", je nach Gattung. „Formlosigkeit" und Klebrigkeit markieren ihre Qualitäten.

Der **Rabe** ist in Märchen und anderen Geschichten meist klug, abwägend, weise. Seines Geschreis wegen wird er oft als frech, zänkisch, nörglerisch begriffen. Die Sprache weiß – von „rabenschwarz" abgesehen – nichts Gutes über ihn: „Unglücksrabe", „Rabenmutter", „stehlen wie ein Rabe." Von der Krähe sagt man, daß sie die Quelle des Lebenswassers kenne; der Rabe galt einmal als Tier des Todesgottes. Manches davon mag in der Raben-Schwärze seine Ursache haben.

Die **Ratte** scheint ein Tier des Unrats zu sein. Von Ratten träumen, bedeutet of Hunger, Krankheit, Abseitigkeit. Das Tier gilt ansonsten als widerstandsfähig und furchtlos, gefährlich, gefräßig. In den Tests wird es oft für Geschwister verwendet, die man herabsetzen möchte und deren man sich dennoch schwer erwehren kann.

Die **Raupe** ist ein zartes, zierliches, mitunter seidenspinnendes Wesen. Gefräßig und zugleich wehrlos, kriecht sie durch Natur, Feld und Wald. Zuweilen hat sie etwas von einer kleinen Schlange und bedeutet – ihres Übergangs zum Schmetterling, zum Käfer wegen – einen vorübergehenden Zustand.

Beispiel: Der neunjährige Helmut ist ein „Klassenkaspar". In seiner Umgebung ist ständig Unruhe. Sobald ihn der Lehrer aus den Augen läßt, schneidet er Grimassen und macht Unfug. Er wirkt anmaßend und selbstsicher: Übermut oder Unsicherheit?

Unser Held versteht sich als farbenprächtiges, gaukelndes Frühlingstier;

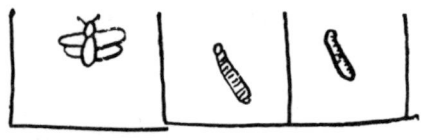

1. *Zeichner als Schmetterling*
2. *und 3. Vater und Mutter als Raupen*

er muß anscheinend seinen Wert betonen. Vielleicht weil er sich unbeachtet, nicht in seine Umwelt einbezogen fühlt. Er schneidet sich von den Eltern gleichsam ab und überbewertet sich auf Kosten der Eltern, die er herabsetzt.

Beide Eltern sind berufstätig. Sie führen gemeinsam eine Bäckerei und überlassen ihren Einzigen dem Personal. Äußerlich gesehen ist das Kind verwöhnt und darf sich zu Hause entsprechend auf- und ausspielen. Trotzdem fühlt er sich nicht genügend zugehörig. Das Schulklima mit seinen Anforderungen und seiner Gleichschaltung ist für ihn dann vollends ungewohnt. Vermutlich gehen die Eltern nicht wirklich auf das Kind ein; die Kommunikation ist schlampig, ohne dialogische Qualität. So spielt er den Clown und ahnt doch zugleich, daß die Antriebe in den dauernden Störversuchen ganz nutzlos verpuffen; er spielt – wenn man so will – Alarm, in der Hoffnung, daß er am Ende doch gehört wird.

Das **Reh** ist helläugig, sieht ohne Unterschied bei Tag und Nacht, ist graziös, lieblich, zart, geschmeidig wie auch ängstlich und scheu. Zuweilen – im Selbstporträt – bedeutet die Wahl dieses Tieres: ernsthafte Probleme werden durch Fluchtverhalten gelöst.

Der **Salamander**, farbschön, Symbol der Flammen, gilt als ebenso flink wie schlau. Wer sich als Salamander träumt, sieht sich geschickt und wendig – in der Sonne des Erfolgs.

Das **Schaf**, gutmütig, stumpfsinnig, störrisch, verzagt, gilt auch als dumm. Den Schimpfwortcharakter seines Namens hat es mit dem Kamel gemeinsam. Eine Verstärkung erfährt dies in

„schwarzes Schaf". Der Hammel – „Hammelsprung", „Leithammel" – ist dazu die „männlichkeitstriefende" Entsprechung.

Die **Schildkröte** ist ein Symbol der Treue, der Geruhsamkeit, des Beharrenden und Zeitlosen. Kirchenväter beschrieben die im Schlamm lebende Schildkröte als Sinnbild des „im Schlamm und in den Tiefen der Lust Lebenden". Den Kindern, die heute oft Umgang mit ihnen haben, erscheinen sie so keinesfalls; sie erleben die Tiere als harmlos, gutmütig, schwerfällig und schläfrig in ihrem langen Winterschlaf; Symbol des Langsamen und Phlegmatischen.

Die **Schlange** ist als Symbol außerordentlich vieldeutig und auch allgemein verbreitet. „Schlangenklug", „schlangenfalsch", „sich schlängeln", „seid klug wie die Schlangen" ist *positiv* wie *negativ* deutbar. Sie wird in den Tests außerordentlich häufig – bezogen auf fast alle Familienmitglieder, vor allem auf rivalisierende Schwestern und Brüder – gezeichnet und gemalt. Wegen der Vieldeutigkeit – und weil sie wohl leicht gezeichnet werden kann – ist sie oft auch banal und als Vulgärlösung der Aufgabe zu betrachten. Erscheint sie betont, ausgeschmückt, herausgehoben oder besonders groß, muß man sie als eklig, grausig, falsch, des Menschen Feind – mit Übergängen zu Riesenschlangen und „Drachen" – ansehen.

Beispiel 1: Mit großem Auge beobachtet der Vater den Sohn. Mutter und Schwester – eine Ebene tiefer – scheinen ihre eigenen Wege zu gehen, wobei die Schwester – größer und plumper als die Mutter – die Führung innehat. Unser Zeichner stellt sich als kluge Schlange in Korrespondenz mit

1. *Vater als Giraffe*
2. *Zeichner als Schlange*
3. *Mutter als Pudel*
4. *Schwester als Flußpferd*

dem Vater dar, sich seines Wertes und seiner Möglichkeiten bewußt. In einem Test zwei Jahre zuvor hat er sich noch als → Kamel begriffen. Die Gehbehinderung wird nicht mehr gesondert dargestellt, ist aber in der beinlosen Schlange z. T. mit enthalten.

Tatsächlich besserten sich die Schulschwierigkeiten. Die seelische Unselbständigkeit konnte durch eine intensivierte Vater-Sohn-Beziehung aufgeholt und aufgehoben werden.

Beispiel 2: Der zehnjährige Roman, Ältester von vier Kindern, leidet an Hemmungen, insbesondere Stottern. Er war in früher Kindheit von den beruflich engagierten Eltern vernachlässigt worden. Später litt er darunter, daß sich die Mutter mehr um den hirngeschädigten siebenjährigen Bruder kümmern mußte, der wegen geistiger Schwachbegabung eine Sonderschule besuchte und überdies regelmäßig zum Sprachunterricht gebracht werden mußte.

Zuerst setzt unser Zeichner den schwachbegabten Bruder als Schlange, dann den Vater als Kamel. Es folgt auf der rechten Seite der andere Bruder als Katze, der Hase als Selbstporträt und die Schwester als Maus. Erst dann kommt das Zebra, geschwärzt und in Bewegung: die für Roman so überaus problematische Mutter. Die Ängste und Spannungen sind hier vielfältig, so das Kaninchen-Angsthase-Syndrom, die Katze-Maus-Rivalität der beiden Geschwister usw.

Zusammenhang mit der Existenz der anderen Tiere; vielleicht ein Wunschbild.

Unser Zeichner ist ein uneheliches Kind und kennt seinen Vater nicht. Bereits im ersten Schuljahr kam er nachts nicht nach Hause und schlief in Baustellen und Hausfluren. Gefragt, warum er die Mutter zweimal zeichnet, sagt er prompt: „Das sind zwei Muttis, manchmal ist sie lieb und

1. Bruder als Schlange
2. Vater als Kamel
3. Bruder als Katze
4. Zeichner als Kaninchen
5. Mutter als Zebra
6. Schwester als Maus

1. Mutter als Häschen
2. Zeichner als Sägefisch
3. Mutter als Schlange
4. Vater als Giraffe

Beispiel 3: Der neunjährige Wolfgang streunt, beißt an seinen Fingernägeln und soll „verstockt" und „lügenhaft" sein.

Jedes Tier befindet sich abgekapselt in einem eigenen Gehege. Der Sägefisch wirkt zwar klein, aber auch gefährlich und vernichtend. Die Aggression ist jedenfalls „unter Wasser". Die Mutter wird zweimal symbolisiert: als Häschen und als Schlange. Das Giraffenbild wirkt ebenso beschaulich, wie es zugleich ein gesondertes Bild ist: ohne

manchmal bös; wenn's bös ist, schaut's auch anders aus." Die Mutter sagt dazu, daß sie die Unehelichkeit des Kindes vertuscht und aus „eigener Nervosität" Wolfgang bald schlägt, bald liebkost, ihm dann aber streng verbietet, über die Schläge etwas verlauten zu lassen. Auch macht sie das Kind dafür verantwortlich, daß sie „nur" Bürogehilfin ist; durch den Jungen fehle ihr die Zeit zur Weiterbildung. „Ich opfere alles für das Kind und dann noch die Aufregung, daß er fortläuft. Es wäre schon besser für ihn, er käme in ein Heim, damit was aus ihm

78

wird." Solche doppelte Sprachstrategie ist üblicherweise auch die Voraussetzung für Schizophrenie.

Der **Schmetterling**, häufig für Mädchen, Schwestern gezeichnet, gilt als leicht, zart, flatterhaft, eitel, auch furchtsam und zerbrechlich. Er verläßt eine meist häßliche Raupenhülle und lebt zwischen farbenfrohen Blumen im Licht.

Die **Schnecke** ist vor allem langsam, wenngleich auch wieder beharrlich, mitunter feinfühlig und zurückhaltend. Tötet man eine Schnecke, gibt es Regenwetter, so ein Volksglaube. Schleimig, pappig, glitschig ist ihre Spur. Im Frühling sprengt sie den Deckel ihres Gehäuses. Gleichwohl ist Langeweile der zwiespältige Eindruck, wenn man sie sieht. Wie sie möchte man nur im Notfall leben: verkrochen in sich selbst.

Der **Schwalbe** darf niemand Unrecht tun; sie bringt Glück und zeigt das Wetter an. Sie verkörpert in ihrer Beschwingtheit freudige Tätigkeit und gilt zugleich doch auch als scheu und schwatzhaft.

Der **Schwan** gilt als Symbol der Sehnsucht und Ahnungen. Als Orakeltier kann er angeblich in die Zukunft sehen, Tod verkünden, ja Weltuntergang. Ein Zugvogel – und ergreifend in der Not: friert er im Eis ein, erschallen seine klagenden Weisen bis zu seinem Tod. Der Schwanengesang des Sterbenden. Elegant, prächtig, „schwanenweiß", kennt man ihn als majestätisches Tier gepflegter Parkseen.

In Tests erscheint er relativ häufig; zuweilen in der Bedeutung von *angeberisch, überheblich, eitel*. Das männliche Tier gebärdet sich besonders eifersüchtig und angriffslustig.

Das **Schwein** steht in Zeichnungen oft für Mutter oder Vater. Das Tier verkörpert Glück – „Schwein gehabt" –, Fruchtbarkeit und auch eine gewisse Ferkelhaftigkeit. In der Kirchensymbolik bedeutet es Gefräßigkeit, Unmäßigkeit, Unwissenheit und Selbstsucht. Das Wildschwein dagegen ist Zeichen des Dämonischen, des leidenschaftlichen Ungestüms oder der Verwüstung. „Perlen vor die Säue werfen" spielt auf Allesfresser und Abfallvernichter an, „saukalt" auf Unverwüstlichkeit und „Saustall" auf Unordnung.

Das Stachelschwein, französisches Wappentier, stand in dem Ruf, seine Stacheln auch auf große Entfernung auf Angreifer verschießen zu können.

„Mütterlich-säugend" oder „niedrigschmutzig" sind die beiden in Fragen nach Vorlieben dem Tier besonders zugeordneten Eigenschaften. „Da hat mich der Bub als Schwein gezeichnet", sagte einmal unsicher eine Mutter, „wie kommt er nur darauf, bei uns ist alles sauber und in Ordnung." Auch wenn man hier mit Hinweisen auf Mutterschaftssymbol, Spar- oder „Glücksschwein" überleiten mag, wäre doch zu vermitteln, daß die Sauberkeitsmanie eines Elternteils, die für normale Lässigkeit immer nur Worte der Fäkalsprache oder des „Saustalls" übrig hat, adäquat zeichnerisch symbolisiert ist.

Beispiel 1: Im Tiertest zeichnete Alfons zuerst den Vater als Hahn, dann sich selbst als Vogel im Käfig, dann die Mutter als Schwein: „Ein Schwein, wer soll das sein. Da bleibt ja nur die Mutter übrig!" In Plazierung, Kommentar und nachlässiger Ausführung kam die ganze Abwertung der Mutter

– auch Abwehr – zum Ausdruck. In der Wahl des Tieres lastet er ihr überdies ein eben überwundenes Bettnässen an. Er selbst versteht sich als Vogel im → Käfig: im Wunsch nach Freiheit – zugleich durch eine Krankheit eingesperrt.

Schweine bei Bettnässern sind auch bei andern Testarten (Szenotest) statistisch erhärtet. Das Tier wird von Kindern fast ausschließlich negativ bewertet und abgelehnt.

Beispiel 2: Der vierzehnjährige Gustav hat große Schwierigkeiten in der dritten Oberschulklasse. Die Mutter gibt als Grund für sein Versagen „allzu leichte Ablenkbarkeit, Zerfahrenheit, Interesselosigkeit" an. Er habe besonders schlechte Manieren, lasse sich gehen und spiele am liebsten den „Hanswurst".

1. *Bruder als Fuchs (rechts)*
2. *Schwester als Katze*
3. *Mutter als Stute*
4. *Vater als Pferd (links außen)*
5. *Zeichner als Schwein*

Die Familie ist um einen Tisch gruppiert. Gustav sitzt in der Mitte. Außer dem Bruder-Fuchs haben alle Familienmitglieder beide Hände auf den Tisch gelegt. Der Fuchs wirkt etwas verschlagen und falsch. Mittelpunktstellung *und* Schwein andererseits sind ein Widerspruch dieser Selbstdarstellung: wird er als Mittelpunkt vielleicht

verspottet, erfährt dies also nur negativ? – Unser Zeichner hatte vom ersten bis zum dritten Lebensjahr ein allergisches Ekzem. Ab siebtem Lebensjahr hat er Asthma. Es verstärkt sich in der Angst vor Schulaufgaben. Bettnässen kommt gelegentlich heute noch vor. Er wird dann von seinen Stiefgeschwistern „Schwein" genannt. Auch wegen schlechter Tischmanieren muß er dieses Wort öfters hören. Die Mutter heiratete, als Gustav sieben Jahre zählte. Anderthalb Jahre zuvor trennte sie sich von seinem Vater. Der „Neue" brachte Sohn und Tochter aus erster Ehe mit. Der Sohn ist etwas älter als Gustav, ihm aber in allem überlegen; er sei jetzt bereits ein richtiger Kavalier, berichtet die Mutter von ihrem Stiefsohn. Die Stiefschwester pendelt zwischen den beiden Jungen hin und her, ihre Gunst bald dem einen, bald dem andern schenkend. Die Mutter betont das gute Verhältnis der Geschwister untereinander.

Es versteht sich von selbst, daß Nachhilfeunterricht sich hier nicht leistungssteigernd auswirken kann, sondern nur Korrektur der Geschwisterrivalität und Aufklärung der Mutter. Noch ist sie in ihrem Selbstbetrug verfangen; möglicherweise ist die Ehe – gleichermaßen im Sohn manifest – auch nicht aufgearbeitet.

Der **Spatz**, auch Dreckspatz bzw. Sperling, soll aus dem Kopf eines Unholds entstanden sein. Er gilt allgemein als zutraulich, lausbübisch und mischt sich auch im Hühnerhof frech und gefräßig unter Hennen. Wer sich als Spatz malt, hat keine hochtrabenden Wünsche, sieht sich vielmehr bescheiden und doch lautstark unterm Volk.

Die **Spinne** ist ihrer Umgebung nicht

geheuer. Sie saugt aus allem Gift. Wer sie fürchtet, hat Angst. In den Tests wird sie meist negativ bewertet, gilt als eklig, häßlich, abschreckend, angsteinflößend, böse und gräßlich. Sie sticht, wird aber auch leicht zertreten. Am Abend bringt sie Glück, am Morgen Sorgen, so ein altes Sprichwort. In Märchen wird die „böse" Mutter oft durch die Spinne dargestellt, offenbart sich gleichsam als „vermännlichte" Mutter, vor deren Angriffslust das Kind sich ängstigt. Sie erscheint nicht selten in solchen problematischen Mutter-Kind-Beziehungen und bei Geschwisterkonflikten.

Beispiel: Der neuneinhalbjährige Alex leidet an häufigen Kopfschmer-

1. *Zeichner als schwarze Spinne*
2. *Vater als Elefant*
3. *Mutter als Dromedar*
4. *Bruder als Schmetterling*

zen, die seiner Meinung nach an seinen schulischen Mißerfolgen schuld sind. Er stammt aus einer Gymnasiallehrerfamilie, die unter starkem Leistungsdruck operiert.

Der Junge hat einen drei Jahre jüngeren Bruder, der ihm intellektuell und durch sein freundliches Wesen – Liebling der ganzen Familie – überlegen ist.

Mit vier Jahren erkrankte Alex an einer Gehirnhautentzündung. Nach der Einschulung stellten sich Kopfschmerzen ein. . . Der Vater, von Alex enttäuscht, streicht Fernsehen, Spielsachen, ja Freizeit und lernt ganze Nachmittage mit ihm, den kleinen Bruder als Beispiel vorhaltend.

Alex möchte gern ein fliegender Adler sein; keinesfalls ein Elefant, weil der „nicht fliegen kann". Tiere mag er alle gleich gern bis auf eines, das er haßt und fürchtet: die Spinne. Die Zeichnung symbolisiert das gestörte Selbstwertgefühl, Selbsthaß, Angst und Aggression. Mit seinem Bruder verbindet ihn eine konfliktandeutende Diagonale; überdies sind beide als Insekten dargestellt, was die Diskrepanz, den Gegensatz zwischen der Macht der Eltern und der Ohnmacht der Kinder betont. Den Bruder als schönen Schmetterling wertet er gleichzeitig ab: er nennt ihn „das Allerkleinste" und zeichnet ihn an letzter Stelle. Den Elefanten abwertend, plaziert er die Mutter in die nächste Nähe der Spinne, weit weg vom kleinen Bruder, und „ganz für sich". Daraus läßt sich schließen, daß die Symptome (Kopfschmerzen) mehr durch die jetzigen Konflikte als durch die Krankheit seiner frühen Kindheit bedingt sind. Oder anders: Die Eltern übertragen eine vergangene Situation und verstärken das daraus resultierende, jetzt nicht mehr angemessene Verhalten. Überdies ein Beispiel für die Streß-Situation – überzogene Leistungserwartung – bei Erstgeborenen.

Der **Stier** ist ein Symbol der Zeugungskraft, der Nacht und des Schöpferischen. Er schiebt die Gebirge auseinander und vertreibt Ungeheuer – wenigstens in Märchen. Unter den kirchensymbolischen Darstellungen des Lasters verkörpert das Stierbild Gefräßigkeit, Jähzorn und Gewalttat. Spanientouristen u. a. kennen ihn wohl auch aus Stierkämpfen. Kraftstrotzend, arbeitsam, ja wild und zornig, erscheint er in den Tests zugleich als tollwütig und unberechenbar.

Der **Storch**, ein heiliges Tier, bedeutet im Volksglauben Kinderliebe, Kindersegen. Sein Klappern sagt einen warmen Frühling an. Gravitätisch, langbeinig, gilt er zugleich auch für eingebildet, staksig – „gehen wie der Storch im Salat" – und immer zur Flucht bereit.

Die **Taube** ist Symbol des sublimierten Eros, des Geistes: . . . schwebte wie ein Vogel über den Wassern des Anfangs, Frieden kündend. Trotzdem ist sie betriebsam, geht zum Taubenschlag ein und aus, ist ängstlich und scheu, im Zusammenleben mit den Menschen gleichsam unschuldig und auch zahm geworden.

Der **Tiger** ist ganz lauernde Macht; bereit, aus dem Hinterhalt einzufallen. Stark, „vornehm", reizbar, grausam und blutgierig; er steht in Zeichnungen nicht selten für brutale Eltern.

Der **Vogel** ist das eigentliche Luftwesen. Aus dem Vogelblut wird geweissagt. Vogel, Wolken, Wind sind Symbole für Höhe, Unnahbarkeit . . . Vögel sind Wärter der Wahrheit, da sie im blauen Äther leben. In Träumen haben sie oft das Flair von Schwung und Freiheit; als Schwarm gleichsam ein alles mitreißendes Gefühl . . . In den Tests wird der Vogel häufig für Mutter, Schwester und auch Bruder gemalt. Wie bekannt, haben Vögel in der analytischen Symbolik etwas Phallisches, Abenteuerliches, dabei recht Zwiespältiges, was sich auch in Aus-

drücken wie „einen Vogel haben", „vogelfrei", „loser Vogel" niederschlägt. Der Vogel gilt als flüchtig. Und unsicher bewegt er sich auf der Erde.

Als Vogel kann man wegfliegen – weg von den Eltern und all dem damit verbundenen täglichen Kleinkram oder auch Elend.

Beispiel: Der fünfzehnjährige Eberhard bettnäßt noch immer. „Ich kann überhaupt nicht zeichnen", meint er zunächst. Endlich malt er eine Vogelfamilie mit Nesthocker. Vater und

1. Zeichner als Nesthocker
2. Vater und Mutter als Vögel

Mutter fliegen auf das Nest zu: ein Inbild warmer, geschützter Geborgenheit. Zu vermuten blieb, daß bestimmte Ereignisse diesen Entwicklungsrückschritt bewirkten oder daß er die dargestellte Nestsituation im entsprechenden Alter nicht ausgelebt hat und deshalb im frühkindlichen Verlangen nach Geborgenheit stehengeblieben war.

Die Eltern konnten erst nach seiner Geburt heiraten, weil der Vater zunächst seine erste Ehe lösen mußte. Eberhard kam gleich nach der Geburt in ein Heim, dann – nach mehrmaligem Wechsel – mit zehn Jahren in ein Internat. Die Eltern besitzen inzwischen eine Villa und führen mit ihren sechs ehelichen Kindern ein gutes Familienleben. Für den erstgeborenen Siebten ist im Haus angeblich kein Platz. Die Mutter betont indes, daß gerade er ihr Lieblingskind sei, habe doch sein Kommen dazu beigetragen, die Ehe zu schließen, weshalb er die beste Erziehung haben sollte; er koste bei weitem am meisten, sähe alles voll ein und sei ihnen dankbar. Die Eltern erkannten endlich den Zusammenhang zwischen Bettnässen, nie erlebter Nestwärme und Sehnsucht nach Geborgenheit – und daß Liebe mit Geld nicht aufgewogen werden kann. Wie tief die Ablehnung des unehelichen Kindes in den Eltern wurzelt, zeigt ein Vorschlag des Vaters, er werde auf das Grundstück – im Haus sei kein Platz mehr – ein kleines Gartenhaus bauen lassen, in das Eberhard einziehen könne . . .

Die **Wespe** benagt Früchte und betätigt sich als deren Zerstörerin; außerdem sticht sie – mit bösen Folgen. Zierlich und fleißig, ist sie zugleich auch hinterhältig und giftig. „In ein Wespennest stechen" heißt überdies, daß man sie nicht selten in Haufen antrifft. Die Farben gelb und schwarz stehen hier für explodierend und aggressiv. Ganz selten erscheint sie in den Tests als harmlos.

Der **Wolf** ist die Wildheit in Person. Geht die Welt unter, so verschlingt er Sonne und Mond. Er ist raubgierig und jederzeit bereit, sich auf Lämmer und anderes Getier zu stürzen, es wegzutragen, zu zerreißen. „Wolf im Schafs-pelz", „Wolfshunger", „mit den Wölfen heulen" assoziiert zu „verschlagen", „durchtrieben", „grausam", „unheimlich", seltener nur „mutig", „stark" oder „tapfer". In allem manifestiert sich wohl eine Art Land-, Wald- und Feldplage, wie sie in Volksliteraturen, in russischen Filmen u. a. manifestiert ist. Mit der Wölfin sind andererseits potente Gegenbilder der Mütterlichkeit gesetzt, so das als Amme von Romulus und Remus; auch gibt es Berichte von Wolfskindern, die ein anderes Bild nahelegen. Nicht zuletzt aber hat Prokofjew mit „Peter und der Wolf" die negative Seite in den Kindern befestigt.

Der **Wurm** ist das kriechende Tier schlechthin; im Gegensatz zur → Schlange ist er klein, unscheinbar – und meist Opfer. „Herzwurm", „Hirnwurm", „Würmer aus der Nase ziehen", „von Würmern zerfressen" meint keine produktiven oder erstrebenswerten Dinge und Verhaltensweisen. Gleichwohl soll, wer von Regenwürmern träumt, Erfolg haben. Schlange und Wurm gehören zur Welt des Unterirdischen, Erdhaften, noch Undifferenzierten und Unbewußten. „Es wurmt mich", „Unglückswurm" steht für triebhaft Hilfloses, Weiches, auch Ekliges. Nützlich, zart oder schneckenhaft behäbig ist der Wurm nur selten.

Die **Ziege** ist in Märchen oft eine Art Teufelstier, besonders der Ziegenbock, ein Tier des Gewitters und des Sturms, der konflikthaften Übermütigkeit. Darin ist – so auf Bildern – zuweilen auch eine Art des Erkennens und Erfassens symbolisiert. In Kinderbüchern ist die Ziege meist nur lustig, lebhaft, etwas sprunghaft, störrisch oder trotzig-eigensinnig.

SYMBOLE-MERKMALE-BEDEUTUNG

Wir haben zu Beginn zwischen Intelligenz und Emotion, Verstand und Gefühl unterschieden. Die Zweiteilung ist selbstredend eine schlechte Krükke. Im Sinne eines umgreifenden Modells könnte man von Intelligenz der Handlung, der Sprache, der Bedeutung, des geschichtlichen Bewußtseins, usw., unterscheiden. Wir wollen hier jedoch ohne große Fachdiskussion zunächst anhand von Merkmalen und Symbolen einige Fallbeispiele und Erwägungen ausbreiten, wie sie im Material der Schulpsychologen erscheinen, und dies durch Material ergänzen, das eher der Kunsterziehung zuzurechnen ist, womit wir den alten Versuch der Vereinheitlichung fortführen.

Beide haben es mit *Symbolen* zu tun, mit „Zusammengelegtem", „Zusammengeworfenem", mit Merk- und Wahrzeichen, Abbildern für anderes; insofern auch mit Ersatz- und Sinnbildern, wirksam in der Funktion, Wirklichkeit „aufzuschließen".

Die Auswahl der Artikel vollzog sich gleichsam automatisch kraft des Materials, das in der Geschichte der Kinderzeichnung angehäuft wurde, und das wir entsprechend unseren Erfahrungen ausgewählt und z. T. mit den Ergebnissen unserer Kindergruppen bzw. eigener, verwandter oder bekannter Kinder kombiniert haben, wobei das qualitative Prinzip, das der jeweiligen Zeichnung oder das des Falls, zum Zuge kam.

Daß bei all dem die *Menschendarstellung* eine zentrale Rolle spielt, erklärt sich aus der zentralen, d. h. sozialen und letztlich politischen Bedeutung dieses „Motivs".

Die durch den Blattrand, durch Wände o. ä. **abgeschnittene Figur** (oder abgetrennte Objekte) deuten meist auf Konfliktfiguren des Zeichners. Indem man solche Figuren aus dem Bild- = Lebensraum hinausdrängt, den Kopf, das sonst bedrohliche Gesicht aus dem Bild schiebt, wird die Bedrohung genommen, die Konfliktsituation verdrängt. Eine Umkehrung dieser Erscheinung ist, wenn das zeichnende Kind sich aus dem Bild nimmt, aber z. B. ins Bild schießt, usw.

Akrobaten, Jongleure, Seiltänzer, auch Clowns stehen außerhalb etablierter Rollen und sind, falls nicht *situative* Einflüsse wie Zirkusbesuch oder entsprechende Fernsehsendungen oder Bilderbücher vorliegen, als → Außenseiter zu werten. Häufung solcher Figuren auf vielen Blättern bei freiem Zeichnen bedeutet meist Rollenunsicherheit unter Geschwistern, Eltern oder in der Spiel- und Schulwelt. Gespräche darüber, was an diesen Figuren so schön und attraktiv sei, enthüllen sehr schnell die eigentlichen Motivationen, sich mit ihnen zu identifizieren: Flucht aus dem Alltag, weg von der Schule oder Familie. Bei den gemalten Figuren ansetzend, kann man auch Geschichten fortspinnen, jeweils Raum lassend, wie und wo sie ausgehen sollen; man kann darüber diskutieren, ob ihr Ende sinnvoll sei.

Der **Arm**, der aus dem Wolkenbereich mit Rede- oder Segensgeste ins Bild greift, ist eines der ältesten Symbole für Allmacht und Schöpferwille. Pubertierende haben zuweilen »Greif- und Schlingträume", die geheime Hoffnung oder auch Angst vor körperlicher Liebe symbolisieren. Der Arm ist Tatkraft; ein dünner Arm zuweilen Krankheit; ein pendelnder wartet mitunter ab . . .

Lange Arme scheinen auf eine gewisse Impulsivität, ja Aggressivität im Kontakt mit der Umwelt hinzuweisen, lassen auf nach außen gerichtete motorische Bedürfnisse schließen, deuten evtl. Ehrgeiz in Leistung und Erwerb an, Streben nach Liebe und Zuneigung; auf jeden Fall den Wunsch, mit anderen in Kontakt zu kommen – im Gegensatz zu kurzen Armen, die Verschlossenheit und Rückzug ausdrücken.

Kinder, die *kurze* (nicht abgeschnittene) Arme zeichnen, streben danach, sich gut zu benehmen; manchmal *zu* gut, und schaden sich selbst. Wenngleich dieser Faktor auf Furchtsamkeit und mangelnde Motorik hinweist, muß er keinen Mangel an Leistungs- und Erfolgsstreben bedeuten. Hohe oder geringe Leistung haben mit der Größe der Arme nichts zu tun.

Etwas anderes sind *abgeschnittene* Arme, die mitunter bei gestörten oder organgeschädigten Kindern auftauchen. Summieren sich im Grundschulalter kurze Arme mit zusammengepreßten Beinen, Weglassen von Nase und Mund, sowie Wolken, dann ist die Suche nach psychosomatischen Störungen angebracht. All dies gilt – wie gesagt – nur für das Kind ab ca. sechs Jahren. Davor wird alles mögliche weggelassen und hinzugetan, was Arme und Hände betrifft.

Und hier einige Arme ganz „normaler", stabiler Kinder:

tens, bei dem Arme und Hände eine Rolle spielen. Dagegen hat das „Zeichen" nichts mit Depression, Abkehr von der Welt o. ä. zu tun; solches Weglassen war nur sehr selten in den Zeichnungen von bedrückten und verschlossenen Kindern zu beobachten. D. h.: Weglassen der Arme bedeutet weniger Depression und Abkehr als vielmehr Schuldgefühl über erst noch zu bestimmendes oder aufzufindendes Verhalten. Möglicherweise spielen auch frühere Traumata eine Rolle.

Kinder, die stehlen, drücken Schuldgefühle durch besondere Betonung der Arme und Hände aus; und zwar durch Weglassen der Arme oder Hände, *oder* durch Zeichnen von sehr großen oder stark schraffierten Händen, *oder* durch sehr schwache oder kurze Arme.

Eddie, ein neunjähriger Junge von normaler Intelligenz, war ein schwer benachteiligtes Kind mit einer Vorgeschichte, die von Diebstählen und Raufereien berichtete. Er zeichnete einen Menschen mit übermäßig langen, stark schraffierten Armen und langen Händen und Fingern.

Das *Weglassen der Arme* wird häufiger bei schlechten bzw. bei Sonderschülern beobachtet. Aggressive Kinder und solche, die stehlen, lassen die Arme öfter weg als schüchterne und Kinder mit psychosomatischen Beschwerden. Anscheinend verweist das Merkmal auf Angst und Schuld wegen eines sozial unannehmbaren Verhal-

Joel, ein elfjähriger Junge mit guter Intelligenz, zeigte Lern- und Verhaltensschwierigkeiten, die jedoch in der Sonderklasse aufgefangen wurden. Plötzlich begann er, in der Schule und seiner Umgebung zu stehlen.

Er wurde aufgefordert, seine Familie zu zeichnen: Der Vater geht von der Familie fort, während Joel (ganz rechts), der sehr an seinem Vater hängt, ihm kummervoll nachsieht. Nach jahrelangem Ehezwist hatten sich die Eltern endlich getrennt. Joel wollte mit seinem Vater gehen; aber das Gericht sprach alle Kinder der Mutter zu. Der Vater erscheint auf der Zeichnung gut gelaunt; aber die Gestalt des Zeichners ist verstümmelt: ihr fehlen Arme, Nase und Mund. Früher hatte Joel stets Menschen gezeichnet, die völlig intakt waren. Das Bild drückt sowohl den Verlust des Vaters aus wie auch seine Angst- und Schuldgefühle des Stehlens wegen, Reaktion auf das Weggehen des Vaters. Das

„Diebesgut" war symbolisch der Vater als Welt. Mutter und Geschwister werden in Vorderansicht gezeichnet – ohne Aufwand und emotionale Anteilnahme: Das Drama spielt sich zwischen Joel und seinem Vater ab, – an den beiden einander entgegengesetzten Seiten der Familiengruppe stehend, als würde die Entfernung zwischen ihnen immer größer.

Man denke sich selbst ohne Arme: wie hilflos, unmündig, verraten muß man sich fühlen, – wie ausgeliefert und ohne Möglichkeit des Zugriffs.

Arme an den Schultern richtig anzusetzen, ist das reife Vermögen der Achtjährigen. Horizontal, d. h. rechtwinklig abstehende Arme sind ein Merkmal jüngerer – oder unreifer Kinder.

Starke **Asymmetrie** der Gliedmaßen ist auffallend häufiger in Zeichnungen aggressiver oder geschädigter Kinder. Kein guter Schüler und kein schüchternes Kind ließ in den Zeichnungen diesen Faktor erkennen. Anscheinend ist er mit unzulänglicher Koordination und unkontrollierter Impulsivität verbunden. Dabei ist nicht sicher, ob Asymmetrie der Gliedmaßen auf In-

koordination und unzulänglicher Kontrolle der Feinmuskulatur beruht, oder ob sich darin das Gefühl ausdrückt, nicht richtig angepaßt zu sein und nicht über das nötige Gleichge-

wicht zu verfügen. Der Verdacht einer neurotischen Manifestation, Inkoordination, körperlicher Unbeholfenheit und physischer Unzulänglichkeit ist weitgehend erhärtet.

Das **Auge,** Medium der Sonne, ist das wohl zentralste Organ sinnlicher Wahrnehmung. Es ist meist das erste Zeichen, das Kinder in einen Kreis – als Form des Kopfes verstanden – zwischen dem dritten und fünften Lebensjahr – malen: groß und rund – und zunächst frontal als Gesicht des einfachen Da-Seins im Gegensatz zum Profil, dem „Gesicht" und Zeichen der Tätigkeit und der Bewegung.

Augen als bloße Schlitze sehen aus, als würden ihre Träger vom umgebenden Tageslicht geblendet, als öffneten sie sich nur widerstrebend, so, wie die Pupillen sich verengen, wenn das Licht zu stark wird; psychisch übertragen, leben sie gleichsam eingeschlossen, zurückgezogen vor einer übermächtigen Umwelt.

Anders das übergroße, oder gar viele und sehr große Augen: Es sind die immer beobachtenden Blicke einer ständig wachen Kritik, vor der es keinen Schutz und auch keine Geborgenheit gibt. Ein Kind, das sich von einer dauernd nörgelnden Bezugsperson beobachtet fühlt, mag derlei zeichnen.

Leere Augen oder blicklose Augen sind ein häufig vorkommendes Zeichen in der Menschendarstellung von Kindern. Sie können evtl. voyeuristische Neigungen, verschwommene Wahrnehmung, emotionale Unreife, Abhängigkeit, Mangel an Urteilskraft usw. anzeigen, – dies bei älteren Kindern und vor allem bei Erwachsenen. Aber jüngere Schulkinder oder gar Vorschulkinder sind all dies normaler-

87

weise: nämlich egozentrisch, emotional unreif und abhängig. Sie haben unvermeidlich eine unklare Vorstellung von der Welt, eine gesunde, weil berechtigte, Neugier für neue Erlebnisse, sexuelle und andere. Es ist ganz normal, wenn sie Unterschiede und Funktionen des Körpers voyeuristisch untersuchen und die Probleme ihres Herkommens durchspielen.

Ähnliches gilt für *Seitwärtsblick beider Augen*, von welchem Zeichen behauptet wurde, es gehe mit Neigung zu Mißtrauen, Argwohn, Schüchternheit und Furcht zusammen. Generell nimmt die Behandlung der Augen in den Menschendarstellungen mit dem Alter zu. Der beidäugige Seitwärtsblick fand sich häufig bei vorpubertären Mädchen und gut angepaßten oder ausgeglichenen Schülern; ob er die fast normale Befangenheit und das Unbehagen des präadoleszenten Kindes unseres Kulturkreises ausdrückt oder eine mehr kosmetische Beschäftigung mit Einzelheiten des Gesichts, oder nur eine Schaustellung der zeichnerischen Geschicklichkeit besonders aufgeweckter Kinder ist, blieb bislang umstritten. Ein Blick auf die Zeichnung als Ganzes, evtl. Symptome, und anschließende Gespräche führen meist zur richtigen Interpretation, falls die Art der Augenbehandlung auffällig ist. In Familienszenen – ob als Menschen oder als Tiere – weist die Blickrichtung des Auges auf Identifikations-, Autoritäts- oder Konfliktfiguren. Blicken alle Figuren auf *eine* Figur, etwa den allmächtigen Zauberer, erhofft sich das Kind von dort autoritative Lösung der Spannung. Zuweilen bedeuten solche *Blicke auf sich* – das Selbstporträt – auch den Wunsch nach mehr Anteilnahme.

Anders sind dagegen *nach innen schielende Augen* zu bewerten. Nicht selten bedeuten sie feindliche Einstellung, Auflehnung oder Angst: Die Dinge haben sich für das Kind „verschoben", so daß es die Welt nicht so sieht, wie andere Menschen sie sehen. Das Kind ist gestört und nicht fähig, „gerade" zu sehen, bzw. es kann nicht oder es will nicht die üblichen Wege gehen. Dazu ein Beispiel:

Juan, neunjährig, konnte nicht lesen lernen. Es fiel ihm schwer, das wenige, das er lernte, zu behalten. In der dritten Klasse war er für sein Alter noch immer klein und unreif, die Sprache infantil. Er ermüdete leicht, konnte sich nicht konzentrieren und war zuweilen auch recht „eigensinnig".

Die Zeichnung enthält alle erwarteten Merkmale für das Alter; die Nasenlöcher sind ungewöhnlich; d. h.: durchschnittliche bis hohe Intelligenz. Auffallend sind die *Qualitäten* einiger Merkmale: die schielenden Augen, die „bissigen" Zähne und die anliegenden Arme. Sie deuten auf Widersprüche hin: die schielenden Augen und Zähne auf aggressive Selbstbeherrschung und Kontaktschwierigkeiten. Die intellektuellen Fähigkeiten sind durch emotionale Probleme und gestörte Wahrnehmung behindert. „Es ist ein Mann; er arbeitet – er ist 30 Jahre alt" – vermutlich soll es den Vater darstellen, Mittelpunkt seiner Probleme. Klein, schmächtig, kann er sich keinem Kampf stellen, noch nicht einmal seinen Gefühlen offen Ausdruck geben. Wie sich herausstellte, war Juans Mutter schwach und ohne Einfluß, während der Vater zu Strafen schnell bereit war. Er gab der „Faulheit" des Jungen die Schuld am schlechten Vorwärtskommen in der Schule und versuchte, bessere Leistungen zu erzwingen. Reaktion: „Verstocktheit", „Eigensinnigkeit", gelegentlich Wutausbrüche, eine versuchte Brandstiftung zu Hause. Die großen Ohren deuten auf Hörfehler oder akustische Wahrnehmungssperre. Nachzugehen wäre den Züchtigungsmethoden des Vaters und deren Folgen ...

Die Augen sind für gewöhnlich die erste Einzelheit, die das Kind dem Kopf einfügt, ob es nun zeichnet oder Schneemänner baut.

Das *Weglassen der Augen* ist niemals ein Versehen, sondern immer von psychologisch großer Bedeutung: Es handelt sich ausschließlich um sozial isolierte Kinder, die dazu neigen, ihre Probleme in Abrede zu stellen, und es ablehnen, der Wirklichkeit ins Auge zu sehen; oder die bereits traumatisch erheblich gestört sind. Ein stabiles Kind übersteht einen Krankenhausaufenthalt schadlos, kann auch Entbehrung je nach Alter verarbeiten; nicht so ein bereits vorweg labiles Kind ohne qualitativ ausgewogene frühe Beziehungen zu Eltern, usw. – Als Swen Osen mit drei Jahren einen Ho-

denwasserbruch hatte, erklärten ihm seine Eltern, daß er einen Käfer wohl verschluckt, der dort unten steckengeblieben – und nun heraus müsse. Mit dieser „Einsicht" überstand er den Eingriff, am Ende stolz und allen erklärend, daß der Käfer heraus sei.

Generell:

Die Modifikationen der Augen-Zeichen sind vielleicht weniger differenziert als die der Arme oder Beine, was sich aus der Bewegungsvielfalt der Gliedmaßen und der ruhigen Zentralität des Sehens erklärt. Anders ausgedrückt: Die Ausdifferenzierung der Augen in Zeichnungen ist oft diffiziler, kleiner, und darum weniger auffällig.

Ausschmückung beobachtet man oft als Zutat bei problematischen Figuren. Nicht selten erfahren Konfliktgestalten solche zeichnerische Anteilnahme. Dabei kann es sich um eine Aufwertung und *Vergrößerung* handeln, die möglicherweise unbewußt zugleich beschwichtigen soll, weil diese Konfliktgestalten als bedrohlich empfunden werden. (Ein Art Euphemismus wie das für die Segelschiffahrt so bedrohliche „Kap der guten Hoffnung").

Ausschmückung *bedeutet* etwas. Aber bevor man Urteile fällt, empfehlen sich „hintergründige" Fragen und Spiele.

Einen **Außenseiter** in einem Zeichneeinen-Menschen-Spiel zu malen, oder in freien Zeichnungen ständig solche „Typen" zu präsentieren, kann viele Gründe haben: Es kann eine Realsituation sein – etwa wenn ein Gastarbeiterkind sich zunächst in Sprache und Umwelt nicht zurechtfindet und deshalb ständig Clowns malt und auch spielt; es kann das subjektive Empfinden darstellen, wenn ein äußerst lebhaftes Kind – in diesem Fall der siebenjährige Pavel, der plötzlich eine Serie von Unfällen, Beinbruch, Schnittwunden durch Fenstersturz, Augenlinsenbeschädigung beim Basteln mit folgendem Krankenhausaufenthalt hatte – einen Sträfling malt mit Kette am Bein und eingewickeltem Körper; sein Bruder, gehandikapt durch Fieberrheuma und Herzgeschichten, sich als starken Boxer wünscht.

→Marionetten, →Vogelscheuchen, →Teufel und →Roboter oder Roboter-Riesen sind schon nicht mehr ganz menschliche Außenseiter; die Identifikation mit solchen „asozialen", antisozialen, ja maschinellen Wesen hat zudem etwas fast Paranoides: Man sieht den Menschen – ja sich selbst – in Teilen, nicht mehr als Ganzes, zudem gelenkt durch außenstehende Mächte. Dabei muß der situative Einfluß – Comics, Fernsehsendungen – natürlich berücksichtigt werden.

Es gibt für das Außenseiterproblem also graduelle Unterschiede. Die gewichtigsten sind die nach *organisch/ unorganisch* und nach Intensität der Abweichung (Roboter/Riesenroboter). Ein Indianer, ein Clown oder auch ein Werwolf ist „menschlicher" und „lebendiger" als ein Roboter oder eine Vogelscheuche. Der „menschliche" Außenseiter ist als Vollmitglied nicht anerkannt: Bürger eines anderen Landes (Eskimo, Chinese), einer früheren Ära (Höhlenmensch, Nomade), eines anderen Sterns (Astronaut oder Marsmensch) oder einer nicht sehr angesehenen Gruppe (Bettler, Säufer). Wer ein nichtmenschliches Wesen zeichnet, steht dagegen außerhalb der menschlichen Gattung.

Diese Figuren unter „Abenteurer"

abzuhandeln, wäre zwar naheliegend. Abenteuer provozieren, lesen und zeichnen hat indes völlig verschiedene Motivationen: es kann ein Fluchtverhalten symbolisieren, wie umgekehrt der berechtigte Drang, die familiäre Enge zu sprengen; es kann aus dem Stau des Pubertierenden resultieren, wie auch im echten Sachinteresse begründet sein.

Das **Auto** ist ein ebenso bevorzugtes Zeichenobjekt, wie seine Beurteilung schwierig ist, weil sie von Jahr zu Jahr wechselt. Es gehört zu den Frühformen der Kinderzeichnung und zum frühen Wortschatz des Kindes, und hat alle Eigentümlichkeiten der Menschen- und Hausdarstellung.

Das Auto *ist* ein Haus –, eins mit Türen, Fenstern, Bänken . . .

Abgesehen von den Rädern als Urfunktion des Fahrens entstehen die Karosserie- und Radteile oft ganz automatisch aus nebeneinandergesetzten unregelmäßigen Kreisen und Ringen. Die Grundformen erzeugen wie ganz selbstverständlich den Gegenstand. Es ist deshalb schwer, die Bedeutungen festzumachen: ob das Attribut des vor-bildlichen Besitzers, ob der Spaß am Spielauto, oder ob die Lebensgefahr und -einschränkung der realen Autos in der Umwelt dargestellt werden.

Bewundert und gefürchtet, ist das Auto dem Kind nur als Wrack verfügbar. Man leite also keinen Destruktionswillen aus solchen Motiven ab. Das Schrottauto ist eines der attraktivsten Gegenstände, dem Kind technische Erfahrungen zu vermitteln.

Zuweilen erscheinen Autos auf Zeichnungen als überlegene Geschwister, die gut durch- und vorankommen, wo der Zeichner Schwierigkeiten hat.

Mitunter verwandelt sich ein Problemkind auch in ein Auto. So zeichnete sich im Familien-Zaubertest ein achtjähriger Junge mit Sprachstörun-

gen als Oldtimer; der Kühler wurde – in extremer Druckstärke und Schwärzung – zum Gesicht, – gleichsam der motorische Stau. Die Mutter – mit großen Fußzehen – schiebt den Wagen, ihrerseits vom Vater mit Krallenfüßen angeschoben. Der Junge, vom Vater ständig kritisiert, ihm gleichzeitig emotional stark verbunden, spricht vorwiegend in dessen Gegenwart schlecht. Die konfliktreiche Trennung der Eltern, sein Leben bei der Mutter, Besuche am Wochenende bei Vater und Freundin, führte zu der Wunschprojektion: Beide sollten gemeinsam daran arbeiten, das stehengebliebene schwerfällige Auto vorwärts zu bringen.

Einen schichtspezifischen Zeichentest, der den sozio-ökonomischen Status mit der zeichnerischen Leistung vergleicht, versucht z. Z. Helga John: Sie gibt die Aufgabe vor, ein Mensch

schiebe ein stehengebliebenes Auto unter einen Baum. Sie hat damit vier Motivfelder auf *einem* Blatt: *Auto, Mensch, Baum* und *Bewegung*.

Die Arbeit ist noch nicht abgeschlossen. Festmachen läßt sich positiv, daß zum erstenmal der Zusammenhang von Schichtintelligenz und Kinderzeichnung ermittelt wird, wobei Handwerkerkinder *zunächst* einen Vorsprung zu haben scheinen.

Differenzierung des Autos nach Fenster, Türen, Lampen, Auspuff, Sitz, Lenker, Antenne, Spiegel, Kühlergrill läßt Anschlußuntersuchungen, bzw. Ausweitung auf Zeichenspiele erhoffen.

Die **Baumdarstellung** wurde von Karl Koch zu einem Test ausgearbeitet, der allerdings stark auf graphologischen Deutungen – „Baumzeichenversuche ist vergrößerte Graphologie" – wie auch auf älteren psychologischen Vorstellungen fußt und überaus spekulativ ist. So beruft sich Koch auf C. G. Jungs „Der philosophische Baum" in dem Buch „Von den Wurzeln des Bewußtseins" 1955. Die bisherige Statistik ist unzulänglich und so gut wie nicht kontrollierbar.

Die Anweisung ist, einen Baum zu zeichnen, aber keine Tanne –, oder einen Obstbaum. Koch benutzt Merkmale wie *Verbesserung, Streichung, Ungeschicklichkeit, kräftige oder zögernde Linienführung*, die erst bei Kenntnis der Person deutbar sind; erst dann lassen sich Verhalten und Merkmal *eindeutig* zuordnen. Von den Wurzeln sagt er beispielsweise, „die sinngemäße Übertragung ins Charakterologische ist nicht schwierig, aber ungelöst ist die Frage, ob die Bedeutung auch wirklich zutrifft." Die Vielfalt der möglichen Deutungen zu einem Merkmal, sei's nun Kugelkrone, Astbruch, Strichstamm, breite Stammbasis ist so weitgestreut und überdies zweideutig positiv oder negativ zu werten, daß sich eine Baumzeichnung isoliert überhaupt nicht „lesen" läßt. Auch mein Versuch, Haus, Baum und Menschen auf einem Blatt zeichnen zu lassen, erbrachte keine sinnvolle Möglichkeit der Einsicht in emotionale Probleme. Man hat in diesem Fall der Kombination keine *einzelne* Aufgabe und Figur mehr; die Menschendarstellung wurde hier zur personalisierten Sonne – spaßeshal-

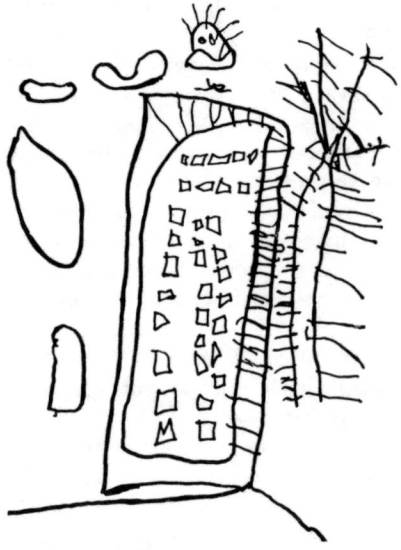

ber? – reduziert; die Dreieraufgabe macht Ungleiches scheinbar gleich. Ähnlich war es, von einer Person die drei Aufgaben auf drei verschiedenen Blättern zeichnen zu lassen: die Intensität ließ jeweils – bis zur Unverbindlichkeit banaler Lösungen – nach. Grobe Einteilungen bei Baumzeichnungen sind möglich, insbesondere der → Winkelformen bei Vorschulkindern; aber dies sind entwicklungs-

psychologische Grapheme; und sie sind beim Baum bedeutend weniger differenzierbar als bei der Menschendarstellung. Pathologische Erscheinungsformen – vom Boden abgelöste Stämme, absurd gewundene Äste – mögen als Indikatoren legitim sein; für den Bereich des Normalen sind die Unterschiede zu klein, sind Ausdrücke wie „gehemmt", „affektiv", „unsicher", „gespannt" zu beliebig. Hinzu kommt das Jonglieren mit Fallbeispielen, die dann hochgerechnet werden. Wenn ein überlanger Stamm mit kleiner Rundkrone bei Fünf- bis Sechsjährigen, einem fünfzehnjährigen Geistesschwachen und einem erwachsenen Neurotiker gefunden wurden, so ist der Hinweis auf Entwicklungshemmung zu mager, die Qualität des gleichen in der Unterschiedlichkeit nicht hinlänglich. Koch kann zwar Debile von Normalen unterscheiden; der Zwischenbereich ist jedoch vage und unklar. Er ist überdies immer regional: wer unter Ölbäumen und Palmen oder im Dschungel aufwächst, zeichnet andere Baumformen als ein Mitteleuropäer; und hier dürfte es zwischen Stadt und Land auch noch Unterschiede geben. Die Crux des Baumtests ist wohl überhaupt das Verhältnis zur Realität: Der idealtypische Mensch, gut gewachsen und leistungsfähig, sieht überall in etwa gleich aus – und dies gilt für weiße, schwarze, gelbe und rote Hautfarben und ihre Erscheinungsformen –. Von der Trauerweide über die einzelnen Nadelhölzer und Obstbäume zu spezifischen Waldhölzern wie Eiche, Birke, Linde, Fichte, dann Einzelbäume wie Zypressen, Zedern, auch Ostsee-Föhren und manche Kiefern; – sie alle präsentieren sich als unterschiedliche Typen. Sie zu zeichnen ist legitim, auch, ihre Unterschiede zu betonen.

Im Grunde basiert der Test auf einem idealtypischen Urbaum, einem *Archetyp Baum*, den als verpflichtende Idee nachzuweisen wohl noch nie gelungen ist. Die „Archetypen" der Frühformen sind keineswegs nur ein Urkreuz, sondern auch Viereck, Kreis mit Punkten, mit Linien und aufgetürmte Ovale.

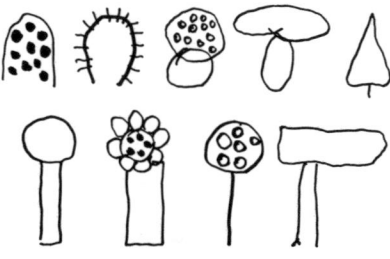

Die zweieinhalbtausend Kinder von Koch, über die keine hinreichenden Protokolle präsentiert werden, befriedigen kaum; und die Bilder von Negerkindern einer Missionsschule zur statistischen Ergänzung und als Hinweis auf Universalität des Tests sind reichlich obskur, wenn nicht kolonialistisch. Die Vorstellung vom graphischen → *Raum*, aus der Graphologie Max Pulvers bezogen, ist überdies spekulativ.

Die Zuordnung *Wurzel* = Gemeinschaft bzw. soziales Feld, *Krone* als Symbolsphäre der Anpassung, der *Stamm* als Ich, orientiert sich zwar an der Menschendarstellung, kann deren Präzision aber doch nicht einholen. „Wurzeln und Stamm sind stark und verläßlich, auch wenn die Krone vom Sturm geschüttelt wird", so die englische Schulpsychologin Porteous. Auf solche Vergleiche kann man sich wohl nicht allzu sehr verlassen.

Natürlich reizt der Symbolbezug des Baums: als Bild des Lebens mit seiner zum Himmel weisenden Gestalt, seine Bedeutung in den Mythen; der Weltenbaum, der den Himmel berührt, in der Hölle wurzelt und drei Welten stützt; der Baum als der erste erreichbare „Raum" hochfliegender Unternehmungen. Früher setzte man bei der Geburt eines Kindes einen Baum.

Das Vertikale als herrschender Zug seiner Erscheinung unterscheide ihn vom Vierbeiner, nähere ihn dem aufrechten Stand des Menschen, so wurde argumentiert. Traumdeutern galt der blühende Baum als Zeichen der Genesung, der welke kahle Baum dagegen als Enttäuschung – Zeichen für Fehlschläge.

Der Franzose Renée Stora hat 1968 eine methodische Ausweitung präsentiert und den Baumtest zu einem komplexen psychometrischen Instrument weiterentwickelt, das mit 126 Grundbedeutungen und 61 allgemeinen Bedeutungen der Linienführung arbeitet – inklusive solchen, die für Angst bezeichnend sind. Er läßt vier Blätter zeichnen: einen Baum, aber keine Tanne / einen andern Baum, aber keine Tanne / einen Tannen- oder Phantasiebaum / einen Baum bei geschlossenen Augen. Die Vorgehensweise setzt eine immer gleiche Zeichenanordnung, gleiche Anweisung – und dieselben Zeichenmaterialien voraus; – zur Interpretation aber eine ausgedehnte Ausbildung, Erfahrung *und* permanente Praxis. Für unsere Zwecke scheint ein solches Verfahren – abgesehen von der methodischen Fragwürdigkeit bei den heutigen Malmitteln – wenig brauchbar. Das soll die spielerische Verwendung nicht ausschließen.

Eine Baumzeichnung mag bei unzugänglichen Kindern und Jugendlichen eine Möglichkeit sein, das Gespräch über einem gleichsam neutralen Objekt zu beginnen und Therapie vage einzuleiten.

Wenn ein Gerichtsgutachter über die Baumzeichnung einer neunjährigen verwahrlosten Zeugin im Zusammenhang eines von ihr behaupteten „Delikts" aussagt, sie ließe nicht nur ein starkes Interesse am männlichen Glied erkennen, vielmehr sei das Glied „allem Anschein nach auch berührt" worden, so ist solche Graphemologie durch nichts gedeckt und blanker Unfug.

Koch interpretiert über 50 Merkmale, die in seinem Buch allerdings relativ wenig im Sinne lexikalischer Nachschlagemöglichkeit systematisiert erscheinen. Insofern die Zuordnungen nicht allzu diffus und weitläufig sind, wollen wir einige hier präsentieren, um Tendenz und Absicht anzudeuten:

Ast, abgesägt: Hemmung, Mangel, nicht Auszudrückendes und Wandlung.(1)

Astformen verbogen: zwanghaft, richtungslos, ziellos. (2)

Äste, herabfahrend: Ausdruck „boshafter Aggression, des Herunterhauens". (3)

Äste holzig dick: „Hinaufsteigen der Triebschicht in die Zone der Äußerungen", „Klotzigkeit" (4)

Äste – nur horizontal: regressiv; kein Höhenflug. (5)

Äste als Liniengewirr hoher Kronen: aufschneiderisch, betrügerisch. (6)

Äste, tiefliegend oder seitlich in den Stamm gesetzt: kindlich, regressiv, Frühmerkmal, Organminderung u. a. (7) *Ast – nach unten hängend:* kopfhängerisch. (8)

Äste nach unten weisend: „in die Schicht des Triebhaften und Primitiven" (9)

Astende – röhrenförmig offen: Affektentladung (= Kanone) (10)

Astende, rund: infantil bzw. degeneriert. (11)

Ast, am Boden liegend: die Zukunft fehlt. (12)

Ästelung, verfeinert, reich: sensitiv, feinnervig.

Bodenlinie fehlt: alles hängt in der Luft.

Boden landschaftlich ausgestaltet: Flucht ins Träumerische.

Krone: symbolisiert generell die „Auszeugung" der Person.

Krone, ungleichmäßig: Gleichgewichtsstörung. (13)

Krone hoch und überlang gegenüber dem Stamm: geistig lebhaft, Interesse am Kosmischen, Übersinnlichen, an Ideen; auch Größenwahn. (14)

Krone, eingedrückt: der Zeichner steht unter Druck. (15)

Krone, sackartig nach unten hängend: im Gemüt versackend, Mangel an Entscheidung und Motorik. (16)

Spalierbaum als Zuchtprodukt: Selbstdisziplin; hörig, affektiert. (17)

Stammverlauf bzw. Baumhöhe gelten für Ablauf des bisherigen Lebens und stehen für die jeweilige Lebensgeschichte – inklusive Knicken und abgebrochenen Ästen: für Berufswechsel, Scheidung usw. Auch Querstriche im Stamm stehen für Krisen der Lebensgeschichte. (18)

Stamm als Strich: Entwicklungshemmung, Retardierung, Regression. (19)

Stamm und Äste mit stumpfem Ende (Lötstamm) steht für Schema- und Bausteindenken (ab dem 13. Lebensjahr), für gebrochenes unorganisches Denken. (20)

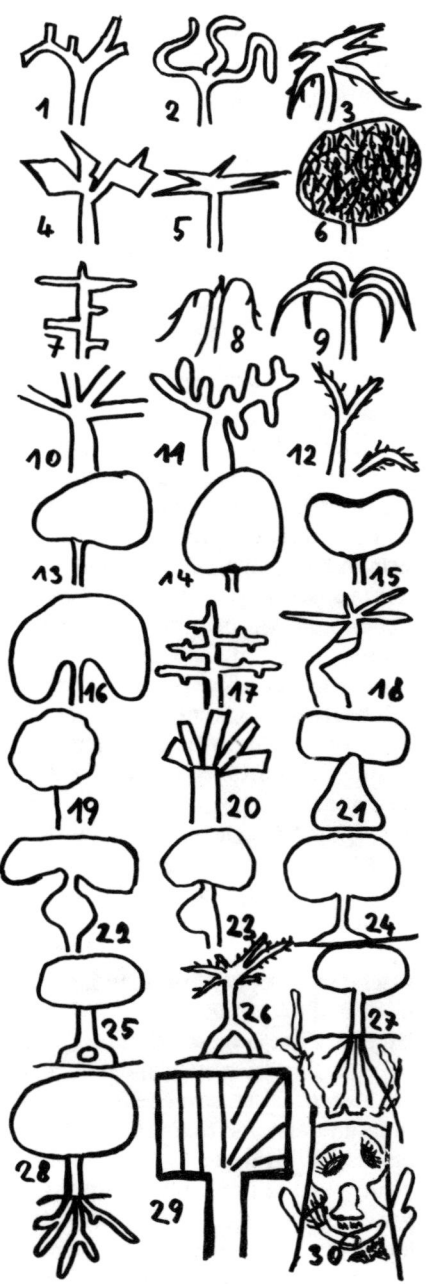

Stamm als Kegel: fand sich bei handwerklich und praktisch Begabten. (21)

Stammitte verdickt: Hemmung, Verdrängung. (22)

Stamm mit Kropf: bedeutet ein überwundenes Trauma. (23)

Stammbasis breit: Entwicklungshemmung ab 8. Lebensjahr. (24)

Stammbasis hat ein Loch: Schwierigkeit grundsätzlicher Art. (25)

Stammbasis als keilförmiger Ausschnitt, als Leerraum: vermehrtes Anklammern und Haltsuchen. (26)

Stammbasis auf den Blattrand gesetzt: infantil bzw. kindlich.

Stammwurzel hinter Grasbüschel, Hügel o. ä. versteckt: bewältigte Kinderneurose.

Unterbrechung der Linien, vor allem im Geäst: sprunghaft, spielerisch, inkonsequent, unruhig.

Wurzel ist Symbol des Selbst: ursprünglich, erdverbunden, schwerfällig, konservativ. (27)

Wurzel, flächig bzw. zweidimensional: bei „Vollsinnigen", „aus dem Unbewußten schaffenden" Zeichnern. (28)

Wurzeln, größer als der Baum: bedeutet Haltschwäche, Haltsuche – nach Koch zeichnen Hilfsarbeiter, Debile und Neger betonte Strichwurzeln.

Schließlich gibt es noch Einzelmerkmale wie *Einschnürung:* Hemmung, Trauma; oder *Kerbe:* Krankes, Angefaultes, Verletztes, Getroffenes.

Kropf: Verstopfung, Krampf.

Leerraum für Mangel. *Qualliger Strich* für degeneriert. *Vogelhaus* für Nestbau, real oder als Wunsch; ebenso *Nestbau* für Suche nach Geborgenheit. Am Ende zeichnete ich „meinen" Baum. (29)

Mein Freund Jörg Becker brachte mir einen, den er als 14jähriger gezeichnet hatte. (30)

Stärker als bei der Menschendarstellung präsentierten einige meiner Bekannten und Verwandten, von denen ich wußte, daß sie hochintelligent waren, bei Baumspielen absolute Banallösungen, in denen man so gut wie nichts von dem wiederfand, als was die Person jeweils öffentlich erschien und sie mir langjährig bekannt war. Bei diesen Personen waren die Tierfamilienspiele, die Menschendarstellungen und Hausbilder sehr viel ergiebiger. Der Baum ist irgendwo – trotz aller Mythologie und Urhaftigkeit, trotz seiner Eigenschaften als Sitz des Lebens, der Geister, der Seele – auch ein Neutrum, eine Sache, zu der man nicht allzu großen emotionalen Bezug hat, und den zu zeichnen man deshalb eher beiläufig erledigt, ohne dies gleich als „Flucht ins Nichtssagende einer Maske" – so Koch über die Bäume kaufmännischer Angestellter – oder als „affektive Unterentwicklung" des Intellektuellen generell bezeichnen zu können.

Beine als Striche, nach dem siebten Lebensjahr gezeichnet, deuten nicht selten auf schwache Intelligenz oder ernsthafte Entwicklungs-Schädigung. Das Kind steht mit dem Schuleintritt nicht nur mit zwei Beinen auf der Erde, sondern mit zweidimensional, flächig gemalten.

Die Beine – nach Kopf und Augen die grundsätzlichen Elemente der Menschendarstellung – sind dermaßen elementar, daß Abweichungen von der Norm absurd erscheinen, während das Weglassen vollends kritisch, niemals zufällig ist, und immer auch einen Konflikt dieser Körperregion andeutet.

Die folgende Zeichnung stammt von Nick, einem siebenjährigen Jungen

mit Muskelatrophie; da Gehen und Laufen mit Schwierigkeiten verbunden war, galt seine Sorge und Angst zuerst den Beinen.

Zuweilen werden die Figuren auch so gezeichnet, daß die Beine hinter Gegenständen – Mauern, Badewannen, Autos, Flugzeuge, Raketen – verschwinden. Diese Kinder verstecken sich, oder suchen ihre Zuflucht in phantastischen Welten: Die *Objekte* stehen nun, wo man es selber nicht kann.

Zusammengepreßte Beine, vermutlich heute doch seltener, signalisieren den krampfhaften Versuch, eigene Sexualität zu kontrollieren – oder fremde abzuwehren.

Als Aufgabe, „ein ganzes Mädchen oder eine ganze Frau" zu zeichnen, entstand das folgende Blatt. Julian, ein uneheliches neunjähriges Pflegekind, war bei Doktorspielen mit Mädchen gesehen worden; er war überdies launisch und jähzornig.

Der Rock ist „aufgeschlitzt", zugleich preßt sie die Beine aneinander: Julian visualisiert also sexuelles Aufklärungsinteresse und *zugleich* Angst; die phallische Zigarette und der kreuzweise zuschraffierte Oberkörper sagen ein übriges. Der Kern seiner Überlegungen ist *latent* der: Die beiden Schwestern, deren Körper – als Frauen – sich von seinem unterscheiden, dürfen bei der Mutter wohnen; während er als Junge aus dem Familienkreis ausgeschlossen wurde. Ist der Preis für evtl. Rückkehr nun Verstüm-

melung, Verlust seiner Männlichkeit und vagen Stabilität? Auf all dies suchte er eine Antwort. Die hinzugefügte Geschichte, es sei eine Frau, die sich um die Familie kümmert, und zu der ein Vater und ein Junge (er selbst), sowie ein Mädchen gehörten, zeigte sein intensives Bedürfnis nach einer natürlichen Ergänzung der Familie: Jede mögliche und kollektiv vermittelte Rolle sollte zu normalen Bedingungen erfüllt sein – für ihn, der in so anomalen Verhältnissen zu leben gezwungen ist.

Bergsteiger und ihre Mentalität sind bislang noch nicht hinlänglich untersucht. Ihr „Objekt" als Ort der Begegnung von Himmel und Erde oszilliert symbolreich, ja zuweilen mystisch zwischen *Bergpredigt* und *Ölberg*, „Fels der Festigkeit", usw. Der *Heilige Berg* als „Bild der Welt" ist allen Völkern geläufig.

Unter den Fallbeispielen finden sich „Streber" wie auch „Versager". Wesentlich scheint die Qualität: Wird der Berg – die Aufgabe – bezwungen, werden die Schritte sicher gesetzt, ist die Ausrüstung hinlänglich? Oder hängt die Figur unsicher, ohne Möglichkeit, Aufgaben sachgerecht wahrzunehmen, in der Wand?

Die Macht der **Bestätigung** ist eine jener geheimnisvollen, fast magischen Mittel guter Pädagogen und Mitmenschen. Wer sie zu handhaben weiß, muß *frei* sein; frei in jenem fast heroischen und doch „selbst-verständlichen" Sinne, um seiner selbst willen zu sein. Nur wer so in sich ruht, kann dem anderen aufrichtig und in Liebe begegnen.

Lerntheoretisch sagt man dazu „positive Verstärkung", Anerkennung erwünschter Verhaltensweisen, Reinforcement: bedingte Reflexe oder Assoziationen verstärken sich entsprechend den auf sie einwirkenden Belohnungen und Erfolgen. Seien wir ehrlich: auch wir Erwachsene tun nur, worin wir bestätigt werden, sei's letztlich durch Geld. Und warum sollen wir von Kindern etwas anderes erwarten. Dinge, in denen wir von überhaupt niemandem bestärkt werden, lassen wir gewöhnlich bald wieder fallen, weil sie uns sozial zwecklos scheinen; – es sei denn, unser Eifer gälte jenen Geschäften, die wir auf den Bahnen von Neurosen oder Pathologien tätigen.

Trotzdem scheint es für viele Eltern schwierig, offene und vorschnelle Kritik beim Anblick von Zeichnungen und anderen Hervorbringungen der Kinder zu unterlassen, obwohl sie wissen, daß es nur sinnlosen Trotz, ja wütende Verteidigung, depressive Blockade, gebrochenen Leistungswillen und zerstörtes Selbstgefühl auslöst. Vermutlich wollen solche Eltern in der Tat das zerstörte Kind, Abbild ihrer selbst.

Für Zeichnungen gilt es eine Art „Lernen am Erfolg" zu kultivieren. Im Versuch und Irrtum sieht das Kind manche Zeichnungen endlich belohnt, an die Wand gehängt, gefeiert; andere weniger: über diese redet man einfach nicht so viel. Solche „Erfolgsmeldungen" gehen als Motiv ins folgende Zeichenverhalten ein. Im Laufe der Zeit nimmt die Zahl der vergeblichen Versuche ab; in einer Summierung von Produktion und Lustgewinn steigern sich die Qualitäten . . .

In der Konsequenz führt dies dazu, nicht nur das Kinderzimmer zu einer kleinen Galerie zu machen; – dabei tun es Stecknadeln zur Aufhängung. Wesentlich scheint, daß man den Bildern ihren Wert auch durch die entsprechenden Orte zuteilt. Vielleicht ist der höchst bewertete Platz die Wand über dem Schreibtisch, einer im Schlafzimmer, über dem Arbeitsplatz von Mutter oder Vater, o. ä.; möglicherweise werden entsprechende Rahmungen – Wechselrahmen aus dem Kaufhaus (Fotoabteilung) – als Auszeichnung empfunden. Dabei gilt es allerdings auch nicht zu stagnieren: es ist *für die weitere Qualifikation* zwecklos, die gelungenen Bilder zwei Jahre und länger hängen zu lassen, bis alle ihrer überdrüssig sind.

In einer Phase, in der sich nichts Neues zeigt, ist es vielleicht auch wichtig, weniger gelungene Zeichnungen zu würdigen und aufzuhängen, das mögliche Scheitern auf einer neuen Stufe zu diskutieren, das Neue durch ein Scheitern hindurchzutreiben.

Bettler sind Außenseiter; wer sie zeichnet, ist nicht selten depressiv, wird in der Familie oder von Kameraden nicht beachtet, ja abgelehnt; worauf Kinder zuweilen mit kleineren Diebstählen oder übertriebenem Sammeltrieb reagieren.

Bewegung. „Die Darstellung der Bewegung in der Kinderzeichnung" ist noch relativ unerforscht, auch wenn W. Plarre in den dreißiger Jahren ein ganzes Buch – erschienen in Jena 1939 – geschrieben hat. Vermutlich liegt dies daran, daß die Vielfalt der Formen in den einzelnen Lebens- und Zeichenphasen eine vernünftige Reduktion kaum zuläßt, – und eigentliche Bewegungsdarstellung erst beim späten Grundschulkind, also bei Zehn- bis Vierzehnjährigen zum Tragen kommen; in einem Alter also, in dem die spezifische, von Monat zu Monat sich verändernde Kinderzeichnung eher zu ihrem Ende kommt, weil die eigentliche Kindheit aufhört. Bewegungsdarstellung artet dann in bewußte und gezielte Arbeit aus – sei's die im Kunstunterricht. Andererseits ist der Gang von der Kritzelei als Bewegungsspur zu den Schemata der typischen Kinderzeichnung gleichsam *erstarrte Bewegung*, ja Bewegungslosigkeit: die *Sache* soll ja habhaft, dingfest gemacht werden. Bewegung ist jetzt in der Steifheit der Figuren nur *mit-gemeint*. Die Windmühle in der Zeichnung . . . *ist* zuerst Windmühle,

dann erst bewegt sie sich. Die Pendeluhr wird zunächst „festgenagelt", dann erst schwingen Pendel und Stange – beide Beispiele bei Plarre. Er spricht von der *Bewegungssymbolik* der Schemastufe.

Das Pferd hat primär vier Füße; dann erst bewegen sie sich. Der Hund *ist* zuerst einmal da, dann erst friert und zittert er, für andere Zeichnungen –

bellt und tobt er. Plarre würde dies *motorische Symbolik* als *Eigenbewegung* heißen: die Wirkungsweise bestimmt wesentlich auch die Zeichenbewegung.

Beliebt ist die Mehrmaligkeit *eines* Gegenstandes auf *einem* Bild: die Penderluhr in drei Stationen, der Laufende

mit fünf Beinen, oder ein Tier mit gleich einem Dutzend. Ein Schuß auf den Vogel im Baum zeigt zahlreiche Stationen der Kugel.

Drei oder vier Arme, eine doppelköpfige Figur erscheinen oft als Handlungsreihe in *einem* Mehrszenenbild; man denke etwa an Wilhelm Buschs virtuosen Orgelspieler mit vier Köpfen, vier Frackschößen, 13 Fingern und den in die Luft geschleuderten Noten. Möglich, daß so auch die Halbprofildarstellungen entstehen: Die Augen noch von vorn, Mund schon

Profil: Porträtdarstellung als „Bewegungsspur", Picasso-Porträts als stationäre Erzählbilder. Daß ein Vorgang in Stationen auf eine Reihe von hintereinanderliegenden Bildern verteilt wird, ist selten, und kann überdies als Nachahmung der Comictechnik verstanden werden.

Das Kind zeichnet *wichtige* Dinge groß und lang und *nebensächliche* klein und kurz. Ein blumenpflückendes Mädchen bekommt überlange Arme, ein flüchtendes Tier überlange Beine,

schneeballwerfende Kinder haben gleichsam Wurfschwingen. Sich begrüßende Personen bekommen so lange Arme, bis sie sich treffen; oft wird das In-Beziehung-Setzen auch einfach durch einen Strich bewerkstelligt; ähnlich wie die Richtungsstriche *vor* den von einem Jungen gegen einen Bauarbeiter geworfenen Steinen.

Die übliche Bewegung des „Lesens" von Bildern geht von links nach rechts, – nicht selten auch die des Malens.

Zeichnet ein Kind durchgängig von rechts nach links – Linkshänder natürlich ausgenommen – so werden zuweilen Tendenzen der Selbstzerstörung, Gehemmtheit, Regression, fragwürdige Rückgriffe und Introversionen unterstellt, wie bei dem elfjährigen Jungen der „geballten" Darstellungen eines Feuergefechts. Die Wahl von Kriegsmotiven, Schießen und Bomben ist nie zufällig; auch wenn durch Filme oder Heftchen dergleichen angeregt sein mag. → Raumordnung.

Vergleiche zwischen Bewegungsdarstellung auf Kinderzeichnungen und auf frühzeitlichen Felsbildern, die eine Parallele von Entwicklung des einzelnen und der Gattung Mensch suggerieren, wurden früher ausgiebig diskutiert. Natürlich fand man auch immer eine belegstarke Felszeichnung zum entsprechenden Kinderbild. Am Ende blieb dies lediglich ein Jonglieren mit Abbildungen, die so gut wie nichts belegen, – zumal wir auch nicht wissen, *wer* diese Felsbilder gezeichnet hat. Wer ein **Bild im Bild**, sich selbst oder ein Familienmitglied u. a. als ein an der Wand hängendes Bild zeichnet, ist entweder eitel narzistisch oder egozentrisch, und bringt zugleich über die porträtierten Personen solche Eigenschaften zum Ausdruck: diese sind darüberhinaus Konfliktfiguren des Zeichnenden.

Das Bild im Bild ist gleichsam ein Spiegel auf vielfältige Weise: eine

Vorwegnahme des möglichen Eindrucks, den man auf andere macht, der Versuch einer Selbstkontrolle und -reflexion. In einem Familientest zeichnete ein narzißtisches Mädchen ihren egozentrischen Vater, einen vielbeschäftigten Manager, als Bild an der Wand, damit er „ruhig zuschauen muß und die Familienmitglieder nicht stören kann". Sich selbst verwandelte sie in einen bunten Schmetterling.

In Träumen signalisieren Bild und Spiegel oft auch Bedürfnisse der Selbsterkenntnis, sofern man in Schwierigkeiten mit sich selbst befangen ist.

Blumen sind im „zeichne einen Menschen"-Test, im „Familie-als-Tier-Spiel" und bei „Verzauberung" meist ein euphemistischer Hinweis: man will Erfreuliches zeigen, präsentiert aber eigensüchtige Strebungen und meidet Real- und Sachlösungen. Manche Psychologen wollen einen Zusammenhang zwischen Blumendarstellung und Trinkermilieu ermittelt haben, was vermutlich im Einzelfall möglich, sonst aber überzogen ist.

In der religiösen Symbolik steht die Blume für die vergängliche Lieblichkeit irdischer Schönheit, oft dem Paradies zugeordnet, Ausdruck des Empfangens und des passiven Prinzips. Aber schon das Paradies war und ist ein Euphemismus: unwirklich und reine Projektion des Glücks.

Damit wir aber für die freie Kinderzeichnung nicht mißverstanden werden: auf ein Frühlingsbild gehören natürlich auch Blumen. Erscheinen aber überall und allerorten auf den Zeichnungen Blumen, dann wird man wohl mit Recht auch wieder stutzig werden.

Blut in Kinderzeichnungen ist meist ein Hinweis auf Familienkatastrophen: das blutige Magengeschwür eines Vaters, mit dem man sich identifiziert; ein Unfall und dergleichen. Im Zusammenhang kinderliterarisch rezipierter Blutsbrüderschaft unter Indianern mag es zuweilen auch nur ein situativer und beiläufiger Hinweis sein.

Brille steht für Weisheit und Vorsicht, aber auch Kontaktscheu und ein sich absonderndes Verweilen über Büchern. In Kinderzeichnungen ist es meist negativ zu bewerten. „Brillenschlange"; Eltern, die ewig Zeitung lesend sich versagen; Selbstporträts, die Schwierigkeit in der Wahrnehmung anderer andeuten; selbst Tiere mit Brillen kommen vor; gekoppelt mit Hase, scheint die Kontaktfurcht dann zwanghaft: Projektion von Angst.

Eine **Brücke** bauen bringt Verbesserung: man erweitert seinen Aktionsradius, überschreitet herkömmliches Terrain, ist auf dem Wege zu neuen Dingen. Natürlich nur, insofern die Brücken intakt, stabil und ohne Fahrlässigkeit verankert sind. In Dostojewskis Romanen sind Brücken oft magische Orte, auf denen sich die Kontrahenten treffen, Orte, an denen weitreichende Botschaften ausgetauscht werden, gebündelte Fahrbahnen, die sich in den offenen Wegen der Landschaft wieder verlieren.

Eine **Burg** ist eine schwer zugängliche Behausung. Sie gewährt Sicherheit und Schutz und ist zugleich Plattform für Aggressoren. Vermutlich fördert sie – vor allem das Spielsymbol der späteren Ritterburg – Isolation und – symbolisch: Autismus. Was die Burg einschließt, ist von der übrigen Welt getrennt, unzugänglich, wie auch mitunter für Außenstehende erstrebenswert. Bundespräsident Scheel meinte Weihnachten 1975, die Deutschen lebten wie auf Burgen, deren Zugbrücken hochgezogen sind; womit er vor allem unser Verhalten Gastarbeitern gegenüber kennzeichnete.

Die ursprüngliche Fluchtburg war ein Kollektivbau, insofern auch symbolisch gegensätzlich zur „autistischen" Ritter- und Räuberburg unserer Kinderzimmer. Der Zusammenhang der Spielwarenburgen mit der Isolation des Kindes in Wohnung und Familie ist unübersehbar. Insofern ist das Symbol nicht weiter auffällig.

Nimmt es in den Zeichnungen und Spielen überhand, so wäre gleichwohl *dagegen* zu steuern: man kann Burgen auch schleifen.

Clowns werden von Kindern gezeichnet, die sich ihrer Rolle nicht sicher sind, weil sie in ständig ungewohnter Umgebung leben, d. h. oft umziehen, die Schule wechseln, dann: die immer verlacht und gehänselt werden und sich am Ende selber lächerlich vorkommen. Um sich zu retten, rettet man sich in eine bestimmte Rolle, von der man annimmt, daß man darin akzeptiert wird; den Clown lieben alle, auch wenn man ihn nicht ernst nimmt.

Der Clown aber, der andere zum Lachen bringt, lacht selbst nie.

Die Clowns von Felix sind ein Zusammenkommen von Zirkusbesuch und dreimaligem Schulbesuch inklusive Übersiedlung ins Ausland: Die Münder rot, die Augen gelb, Nase und Haare blau.

Dinge. Wenn Kinder anstatt Personen Dinge darstellen oder Personen in Dinge verzaubern, kann man auf Ver-

stellung oder Verdrängung schließen. Ursache: sie sind überfordert oder allein. Die Schwester als Schultasche, die Mutter als Tisch sind banale Ob-

jektivationen; – meist wirken solche Zeichnungen zudem arm und inhaltsleer, das getreue Abbild einer in sich toten Familie. Kinder, die mit Menschen immer nur Schwierigkeiten, Fehlschläge und Mißerfolge erleben, erbieten nicht selten alles mögliche zu zeichnen – Schiffe, Stühle, Schränke, Blumen, Autos, Spielsachen usw. – nur *keine Personen!* Peinlich vermeiden sie eine weitere Selbstenthüllung, nachdem die ersten Versuche eine so negative Bewertung und Wirkung erbracht haben. Dinge zeichnen wird zur Konfliktvermeidung.

Autistischen Kleinkindern, die auf Dinge und mechanische Spielzeuge fixiert sind, fehlt *qualitative* Zuwendung und notwendige Intensität von Rede und Gegenrede, das Sich-Einlassen auf die *sozialen* Probleme des Kindes auch dort, wo es sich nur unzulänglich oder überhaupt nicht artikulieren kann.

Doppelgänger. Daß Kinder – aufgefordert, *eine* Figur zu zeichnen – spontan zwei Gestalten, einen Jungen und ein Mädchen, Frau und Mann zeichnen, ist normal. Daß sie *drei oder mehr Personen* zeichnen, ist stets merkwürdig. Es ist, als ob solche Kinder keine Identität hätten: keine eigenständige Person wären. Oft empfinden sie sich in einer großen Kinder- und Geschwisterschar als diffus, in der Schule als verloren. Dasselbe gilt für „Zeichne-*einen*-Baum", falls mehrere gezeichnet werden.

Als Zeichen der Unreife ist das Viel-Personen-Merkmal meist auch mit unzulänglichen Schulleistungen verbunden. Wer Personen oder Tiere hinzufügt, bedarf der Angst- und Konflikthelfer oder kommt mit den real widersprüchlichen Verhaltensweisen neurotischer Familienmitglieder nicht zurecht, so etwa, wenn ein Mädchen im Zaubertest die Mutter zugleich als Drachen und Heilwasserflasche zeichnet: beide Aspekte als gespaltene Teilpersonen also exponiert und abbildet.

In einer konfliktreichen Situation mag die Darstellung seiner selbst als Doppelgänger auch notwendige Reflexion sein, *welche* seiner Möglichkeiten größere Aussicht auf Erfolg hat. Insofern ist der Doppelgänger ein Vexierspiegel und Rätsel seiner selbst.

Deshalb ist u. a. zu unterscheiden: Doppelgänger im Selbstporträt als legitim, wenngleich problematisch.

Drei und mehr Personen (oder Bäume) im „Zeichne-*einen*-Menschen-(oder *einen* Baum)-Spiel" als höchst fragwürdig.

Projektion von Doppelaspekten und Teilpersonen im Familientest als Hinweis für fremdes Fehlverhalten.

Das **Drehbild** hat seinen Namen von der Tatsache, daß Vor- und Grundschulkinder ein Blatt beliebig drehen, um weiterzumalen, ohne eine übergreifende Beziehung vom Blickpunkt des *Sehenden* aus herzustellen. Sie finden ihre Malweise ganz normal und logisch: Auf diese Weise stehen Häuser, Bäume oder Figuren auf dem Kopf; zuweilen auch nur Hausteile. Da die erste Winkelform zudem 90 Grad ist, so stehen Häuser oder Kamine rechtwinkelig vom jeweiligen Untergrund, ob Boden oder Dachlinie, ab. Erst langsam beginnt eine Art Aufrichtung von *einem* Standpunkt, *einer* Orientierung aus – eine Verfestigung solcher neuen Qualität –, was am Ende dann ein Bemühen um Perspektive und Größenrelationen notwendig macht. Zunächst aber erzeugen die Überlegungen beim Drehen die merk-

würdigsten Gebilde, wobei die Vogelperspektive für Mittelpunktmotive – Haus, Dorfkirche – zuweilen noch hinzukommt.

Man hat früher versucht, die „Dreher" von den „Aufrechtzeichnern" zu trennen und die verschiedenen Raumsymboliken physiologistisch zu interpretieren, ohne daraus jedoch etwas Sinnvolles ableiten zu können. Wer hier differenzieren will, kann zwischen *Kreisbild* und *Klappbild* unterscheiden. Bei ersten Reigen- und Häuserbildern wandert das Blatt kreisartig vor dem Kind; beim anderen – meist Häuser- und Alleenbilder – wird es nur einmal herumgedreht oder auf den Kopf gestellt. Wird eine Spiegelung im See gemalt, so ist das Klappbild gleichsam „normal" und „muß so sein".

Häufig und viel **Essen** gilt allgemein als Kompensation für etwas anderes. Man spricht vom „Essen als Erotik des Alters", von oraler Fixierung der Raucher, Daumenlutscher und Bonbonesser. Der alte Mensch wird wieder zum Kind.

Kannibalische Vernichtung, Aufgefressenwerden, gleichsam verschlingende Liebesbeziehungen sind häufig Motive in Märchen und Mythen. „Ich habe dich zum Fressen gern", „ich freß dich auf" läßt Reste eines ursprünglichen „Kannibalismus" ahnen, wie er in Spielszenen vor allem bei Kleinkindern oft eine Rolle spielt. Die Welt ist noch geteilt in Essen, Trinken und Nicht-Essen, Nicht-Trinken, die Materie in Eßbares und Nicht-Eßbares. Betonung und übermäßige Wiederholung dieses Motivs ist an diese Phase gebunden und wird vom normalen Kind überwunden, wenngleich auch zuweilen nochmals – vor allem bei Mangelsituationen – wiederholt. In Tests mit Kindern erscheint das Motiv in betonter Manier relativ selten; und nur dann wäre es als auffällig zu benennen. Generell ist es innerhalb des Problemfelds der →oralen Phase zu bewerten.

Die **Familien**-Konstellation in der Wahrnehmung der Kinder zu ermitteln, kann für Erwachsene nützlich sein, weil sie selten zuverlässige Zeugen sind; – am wenigsten, wenn sie selber betroffen sind: Kinder erziehen ihre Eltern je nach Außendruck kraft Berufstätigkeit ebenso folgenreich wie umgekehrt. Oft sehen Kinder weit mehr, als wir gemeinhin zugeben. Der Dialog über Bewußtsein *und* Unbewußtes ist ein *Ziel*, weil der Mensch als soziales Kontakttier gleichsam zweckhaft eben *darauf* verwiesen ist.

Die Schädigung kraft Lebenspraxis ist dort möglich, wo die Kluft zwischen Worten und Taten, zwischen Absicht und Realverhalten, zwischen Rede- und Handlungsintelligenz nicht reflektiert, das Selbst des einzelnen und der Familie zersplittert, das Porträt zerfallen ist, Teilpersonen allerorten erscheinen und diffus agieren.

Neben dem Zeichenspiel des Familienzoos (zeichne deine Familie in Tieren) sind zwei andere Verfahren bedeutsam. Das ist einmal der Verzauberungstest, worin also alles überhaupt Mögliche einschränkungslos erlaubt, die Symbolik weit ausgedehnt erscheint. Dies haben wir unter *Zauberer* abgehandelt.

Das andere Verfahren weitet die Menschendarstellung auf alle Familienangehörigen aus: Zeichenanweisung: „Ich möchte, daß du ein Bild von deiner ganzen Familie zeichnest; du kannst sie zeichnen, wie du willst." Als Spiel am Familientisch: „Jetzt zeichnet jeder die ganze Familie" – nach Möglichkeit nicht aufeinander warten oder „spicken".

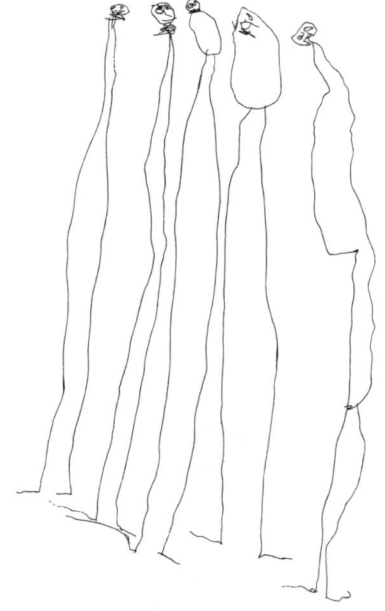

Die Zeichnung meines vierjährigen Neffen Ralf entstand in einer kurzen Minute: sich selbst setzt er dickköpfig und omnipotent in die Mitte, rechts daneben die Mutter mit Rock, an ihn angelehnt – projektiv: natürlich ist es umgekehrt! – dann links den Vater als längste Figur, daneben die beiden Brüder, Thomas sieben und Andreas neun, für ihn von „hoher" Wichtigkeit: im ganzen für das Alter ein ziemlich normales Ensemble mit überlangen Beinen – zum Davonlaufen, falls es nötig ist (wozu ihm notfalls alle helfen!).
Man lasse bei diesen Spielen in Ruhe gewähren; d. h. gebe auch auf evtl. Fragen keine anderen Hinweise als oben; – oder zeichne selbst dieselbe „Aufgabe". Falls die jugendlichen Zeichner nicht spontan Name und Identität der Gestalten angeben, erfrage und notiere man dies am Ende; auch, in welcher → Reihenfolge die einzelnen Gestalten gemalt wurden. Die Familienbeziehungen sind interpretierbar nach → Raumordnung, relativer Fülle der Gestalten, → Weglassen, → Hinzufügen, Ersetzen, Übertreiben usw. – letztlich in vier Grundkategorien „größer als", „kleiner als", *Wiederholen* als Äquivalenz, und *Kontrast* als Negation, die auch von der Vorschulmathematik her geläufig sind.

Farben lügen und sind zugleich Wahrheit. Ihre Spannung zu den Figurationen einer Zeichnung sind heute kraß, weil Fingerfarben, Filzstifte, Kreiden, Blei- und Kugelstifte beliebig zur Verfügung stehen. Überdies waren Farbenlehren schon immer umstritten, weil vieldeutig. Ihre Allgemeinheit steht gegen einen fundamentalen Erfahrungswert: nämlich, daß Farbbedeutungen *individuell* gelernt werden. Dieses Lernen vollzieht sich allerdings an Vorbildern der Natur wie auch in kollektiv vermittelter Kultur: Der Himmel ist blau, die Wiese grün, das Blut rot, die Sonne gelb; Dächer sind rötlich-braun, Straßen grau, und auf Beerdigungen trägt man schwarz.
Unsere Ausführungen sind mehr als Anstiftung gedacht, Farbtheorie weniger in der Ecke still für sich zu rezipieren, als vielmehr *mit* den Kindern *tätig* zu sein. Ihr Griff in den Farbkasten stellt jede Farbenlehre auf den Kopf. Möglicherweise haben sie Blut noch kaum gesehen, waren sie noch auf keinen Beerdigungen, sind ihnen ganz andere Farbträger nahe und vertraut.
Das Kleinkind unterscheidet zwar nur

zwischen hell und dunkel, und übersetzt Farbwerte vermutlich in schwarz-weiß. Mangels Festlegung kann es Farbkleckse mit beliebigen Bedeutungen koppeln. Also hüte man sich vor laienhaften Urteilen, zumal auf diesem Feld gerade die professionellen Maler die allergrößten Laien sind.

Die Einheit, welche die Symbolik der Farben beherrscht, verschwindet nicht allein in der Fülle der wissenschaftlichen Entwicklung, sondern zuerst in dem, was Kinder uns heute in ihren Bildern präsentieren.

Farbe ist Licht, ist ihre Musik, ihre Taten und Leiden, wie es Poeten formulierten. Die Farben aller Substanzen werden vom Licht erzeugt. Farbtüchtigkeit beruht auf der physiologischen Möglichkeit, Strahlungen bestimmter Wellenlängen zu „sehen". Sehr kurzes Licht – ultraviolett – wie auch längeres – infrarot – sind dem menschlichen Auge nicht mehr zugänglich; Fische sind uns hierin überlegen. Auch Bienen – rotblind – sehen ultraviolett. Tropische Vogelblumen dagegen sind wegen der Rotempfindlichkeit des Vogelauges oft scharlachrot.

Auch hier bietet der Umgang mit Haustieren und Vögeln Möglichkeiten eigener Anschauung und – zusammen mit Kindern – des eigenen Versuchs.

Zum *kollektiven* Charakter der Grundfarben einige Anmerkungen: *BLAU* ist das Meer; es weicht zurück und zieht in die kalte Tiefe. Die Farbe blau gilt als transparent: ist Geist, Kühle, Geheimnis. Vielleicht seiner Tiefe wegen spricht die Volkssprache von Treue, Reinheit, Wahrheit. Auch in der Farbe des Himmels hat es die

entmaterialisierte Leerheit und Weite des Firmaments: Wer sich blauen Stimmungen überläßt, möchte die Welt nicht verändern, ist vielmehr geduldig und leise. Die Farbe weicht vor uns zurück, treibt in die Passivität, die meditativ, geistig und frei macht – doppeldeutig: „macht blau". Man redet ins Blaue hinein, versinkt darin. Der Abend fügt der Farbe die Schwärze und Trauer hinzu.

BRAUN ist die Farbe des Erdbodens, des Herbstes, auch des Verfallenen, darum Müden und Armen. Überdies ist es die Farbe des Kots. Aber bevor man auf Bedürfnisse der Beschmutzung verfällt, sehe man den Malkasten an: Oft entsteht Braun als Mischfarbe nicht allzu aufgeräumter oder auseinandergehaltener Farbtöpfe.

GELB ist die Sonne, das Feuer und das Licht. Vordringlich, laut, grell, unbescheiden, ist die Kraft und Klarheit des Gelb unmittelbar erregend und alarmierend. – Der Gelbsektor des Auges ist der weiteste; d. h.: unter den Objekten, die links oder rechts ins Sehfeld kommen, werden die gelben zuerst gesehen; Gelb ist deshalb zur Verkehrs- und Warnfarbe avanciert. Wer Gelb bevorzugt, hat etwas Abenteuerliches, Explodierendes, Gefährliches an sich. Zumindest ist er beweglich. – Brennend, verletzend ist Gelb dem Gold, das blendet, ähnlich. – Volkslieder assoziieren sie zu Eifersucht, Neid und Galle. – In völliger Reinheit mag die Farbe zuweilen heiter und sanft wirken; aber all dies ist zugleich in ständiger Gefahr, sich zu verlieren.

GRAU, die Mitte von Schwarz und Weiß, kann wohl ebenso trist sein wie für vornehm gelten. Es ist dann wohl die Abstinenz jener, die sowieso zuviel haben und aller Sinnlichkeit überdrüssig sind. Im übrigen ist Grau ebenso ambivalent wie Schwarz und Weiß, aus denen es besteht. Man hat seinen Charakter zweifelhaft, gleichgültig, lähmend, blaß genannt. – „Graue Eminenz" ist ein Euphemismus: energie- und farblos, ist es Symbol für eine verwaltete Welt.

ORANGE hat die strahlende Glut des Gelb und die Aktivität und Wärme des Rot; wohl auch die Assoziation zu jener Frucht, von der die Farbe ihren Namen hat. So mag man den glücklichen entspannten Geisteszustand jener ermittelt haben, die die Farbe bevorzugen . . .

GRÜN ist die Hoffnung. Es ist die Farbe des Frühlings auf den noch braunen Fluren; die Farbe der ruhigen stillen Fruchtbarkeit, der Ruhe des Waldes; insofern auch ein Zeichen der Flucht, und Reaktion vor Kasernierung und Verschulung. Zum Gelb hin wird Grün giftig, zum Blau hin morbide. Grün ist auch der Frosch, die See – und mitunter der Teufel. Grün – aus Blau und Gelb gemacht – vereinigt deren Gegensätze und ist doch eigentümlich *bei sich:* reale Befriedigung, vegetative Fülle, ja Fettheit ohne Leidenschaft. Kandinsky meint: Grün sei eine dicke, sehr gesunde, unbewegliche Kuh, die nur zum Wiederkäuen fähig, mit blöden stumpfen Augen die Welt betrachtet. Gleichwohl ist die Farbe aktiv gegenüber Blau.

ROT ist die Farbe des Bluts, damit des Lebens und der Liebe. Keine Revolution – und keine Kinderzeichnung, die auf diese Farbe verzichten möchte. Dieses auf uns Zukommende, Motorische hat etwas Gewalttätiges an sich, weshalb sie im Volksmund auch als Farbe der Grausamkeit gilt. Es ist die Glut des Teufels. – Rottöne breiten

sich *gegen* alle anderen Farben aus, greifen an. Es hat nicht den leichtsinnigen, nach allen Seiten verströmenden Charakter des Gelbs, sondern ist von zielbewußter, immenser Kraft. Energische, gesunde, rohe, zornige Menschen und wilde Völker bevorzugen sie. Mittels Rot verarbeiten Kinder feindliche Regungen, werden Aggressionen und Drohungen ausgedrückt, ja Entschlossenheit, Sieg, Freude und Triumph!

SCHWARZ als Gegenfarbe von Weiß ist Abwesenheit – oder Summe von Farben; Symbol für Trauer ohne Hoffnung, für ewiges Schweigen. Manchen ist sie die Farbe des Verzichts, der Weltverneinung; anderen die Farbe der Finsternis, des Verharrens, ja des Anfangs: Tappt man auch im dunkeln, weiß man doch um den schließlichen Tag. Insofern ist → Schwärzung als Hemmung, Furcht oder Angst bloß ein Übergang.

VIOLETT hat die Motorik des Rot und das verinnerlichte Blau in sich, was sie für Kirche, Kardinäle und Märtyrer qualifiziert. Insofern hat sie etwas Masochistisches an sich. Im Farbkreis ist sie die dunkelste Farbe. Weder nur geistig oder nur Trieb, steht sie für eine vorbewußte Schicht des Gleichgewichts von Liebe und Weisheit, Leidenschaft und Verstand. Ein violettes Abendrot verbindet Himmel und Erde, Bewußtsein und Traum. Es zeigt und löst zugleich Konflikte: die zwischen Rot und Blau, was immer sie im einzelnen ausdrücken mögen.

WEISS gilt im Orient als die Farbe des Todes; denn der Tod geht dem Leben voran. Im Volksmund steht sie für die Unschuld des ungebrochenen Lichts. Dabei hat ein leeres Weiß auch Momente der Weltflucht, der Entleerung von Vitalität – im Gegensatz zu Schwarz, das füllt und Masse präsentiert.

Lüscher versucht neuerdings Funktionspsychologie, ja Ethik auf einer Vierfarbenlehre zu begründen. – Wer all dem nachgehen möchte, versuche sich in der Nachfolge jener Erhebungen, Worten *affektiven* Gehalts – wie *Selbstvertrauen, Scham, Müdigkeit* – notiert auf Karten – reine Farbkarten oder -felder zuzuordnen –: ein Gesellschafts- und Familienspiel, das man beliebig variieren kann. Ob Qualität der Farbe selbst oder Symbol, wenn wir *warm, aktiv, schwer, süßlich* sagen: Es muß gegen alle fixe Farbpsychologie gesagt werden, daß es eine feste Zuordnung Farbe/Stimmung oder Charakter nicht gibt, weil der gleiche optische Farben*reiz* nicht immer als der gleiche Farben*eindruck* wahrgenommen wird. Ein Rot kann zuerst als volles Knallrot, damit feurig, lebendig, wahrgenommen werden, ein zweites Mal als aufgehelltes, verdünntes Rot: matt und müde. Der Betrachter ist jedesmal von der Objektivität und Notwendigkeit seines Eindrucks völlig überzeugt. Das erklärt sich daraus, daß wir „kategorial" erkennen. J. G. Alesch meint, der Eindruck baue sich auf aus *Kategorie* und *Dominante*. Ein Gelbgrün, in dem *Gelb* als überwiegend wahrgenommen wird, kann doch als *Grün* aufgefaßt werden, das vom Gelb aufgezehrt wird. Grün fungiert dann als Kategorie, Gelb als Dominante. Oder die gleiche Farbe wird als Gelb aufgefaßt, das vom Grün leicht angekränkelt ist. Dann ist Gelb Kategorie *und* Dominante. Als Ausdruckscharakter wird in beiden Fällen völlig Verschiedenes erlebt. Die Reaktion des Gefühls antwortet der erlebten Qualität zustimmend oder ablehnend, bezeichnet die gleiche Eigenschaft einmal als stark und freundlich, ein andermal als rücksichtslos und brutal. Wortvorstellungen, Erinnerungen und Stimmungen wirken dabei mit . . .

Und all dies ist verschieden bei Herstellung und Betrachtung eines Bildes; womit wir unsere etwas volkstümliche Farbaufstellung zugleich auch relativieren, in Frage stellen wollen . . .

Feen sind weibliche Zauberer; sie gehören zu den Figuren, denen Kinder Mut und Wünsche antragen. Auf diese Weise werden sie zu Angst-, Not- und Aktionshelfern auf vielfältige Weise. Oft symbolisiert eine Fee die gute Seite der Mutter: ihre Handlungen in Erzähl-Ergänzungstests oder Märchen von Kindern sind Wunschvorstellungen, was zu tun sei, wie Konfliktlösungen gedacht sind.

Fenster haben in der Kirchenmalerei und im Surrealismus einen starken Symbolgehalt. In der Traumdeutung bedeuten sie ähnlich wie Türen die offenen Zu- und Abgänge des Körpers. Je nach Ausschmückung, Offenheit und Betonung weisen sie auf umgängliche Kontaktfreudigkeit – auch Euphemismus – hin, falls Kontrastelemente dieser Interpretation widersprechen.

Verschlossene, schwer zugängliche, sehr kleine, verriegelte oder gar vergitterte Fenster sind Barrikaden gleich und machen nicht selten das ganze Bauwerk zu einer abweisenden Festung.

Finger erscheinen auf Kinderzeichnungen zuweilen wie aus Äpfeln kriechende Strichwürmer, oder wie um eine Blüte – die Hand – gruppierten runden Blätter, oder – bei fehlender

Hand – wie aus dem Ärmel wachsende Würste. Im ersten Zeichenalter sind Finger noch kammartige Querstriche auf einer geraden Arm-Handlinie. All dies – zu viele und zu wenige Finger – geben Kinderzeichnungen jenen Reiz leiser Komik, worin auch Wünsche nach Zärtlichkeit, nach Liebe mitschwingen mögen.

die Gefahr, in die Materie selbst verwickelt zu werden.

Wohl nicht ganz ohne Zufall entwarf der kleine vierjährige Sebastian Loser einen Flugzeug-Familientest: Er

Das Spiel der Finger ist für die Ausdruckspsychologie von besonderer und vielfältiger Bedeutung; der Schwur, das Segnen haben die Fingerstellung als *Bedeutungszeichen*; auf den Mund gelegt versinnbildlichen sie Schweigen. Und in der Tat sagen sie oft mehr als viele Worte – noch dort, wo sie fehlen.

Fliegen ist nicht nur einer der ältesten Träume der Menschheit, sondern auch ein häufiger Pubertätswunsch von Kindern, die unlösbaren Konfliktsituationen entkommen möchten, ja schon in der Luft hängen, weil sie den Boden unter den Füßen verloren haben.

Für die Psychoanalyse hat Fliegen – ähnlich dem Vogel – auch etwas Männlich-Phallisches: Emanzipation vom trüben Alltag schmutziger Wirklichkeit, von täglichen Pflichten, – erkauft in der Einsamkeit des „hochfliegenden" Helden.

Vogelflugträume versetzen einen in die Schwebefelder quellender Wolkenbildung. Ähnlich hat Drachenfliegen etwas Abenteuerliches, Gefährliches inklusive der Neigung und Möglichkeit, über und mit den Dingen zu lavieren – jedoch auf Abstand, ohne

bat mich, ihm ein Flugzeug zu zeichnen; dann sollte ich ihn selbst in die Mitte über die Flügel setzen. Davor wurde der sonst so schweigsame Vater postiert. Die Mutter, eine Pädagogikstudentin mit rhetorischem Elan, wurde im Rumpf hinten abgelegt. Sebastian wußte, wer das größte Geld in der Familie nach Hause brachte. – Wegen des phallischen Symbolzusammenhangs scheint dieses Spiel für Wahrnehmungsprobleme der Geschlechtsrollen ergiebig: wo bekommt die Frau ihren Platz.

Freies Zeichnen ist eine didaktische Methode der englischen Grundschule. Ohne Standardisierung – es sei denn nach Linien, Farben, Stil, Themawahl, Ausdruck und anderen Stichworten unseres Lexikons – ist es vor allem *Projektion*, ein Hinausverlegen und Übertragen von Innenvorgängen in die Außenwelt; nach Freud auch „Abbild eines Zustandes", in dem ein Ding bewußt oder nur latent – unbewußt psychischer Inhalt ist, wobei das Verhalten während des Zeichnens, evtl. Kommentare und Erklärungen uns ebenso wichtig scheinen wie das zeichnerische Ergebnis. Als Methode ergänzt es vor allem die von der Anweisung her eher eingeschränkten Testspiele wie Menschen- und Tierdarstellung. Das methodische Lesen freier Bilder erfordert indes viel Erfahrung und ist umstritten, weshalb angezeigt scheint, sehr viele Blätter zusammenkommen zu lassen, dem Kind ausführlich zuzuhören, die Bilderschrift in Relation zu seiner Sprache, seinem Schreibvermögen zu reflektieren und die Ergebnisse auf breiter Basis zu diskutieren, d. h. von aller engen Meßbarkeit und Interpretation abzusehen und eher die Qualität eines Dialogs mit dem Kind, direkt und nur vermittelt oder angestoßen durch Zeichnungen, zu suchen.

Der **Fuß** in seiner rituellen Entblößung symbolisiert Offenheit und Empfänglichkeit für höhere Eingebung: die Standmöglichkeit abtastend, verbindet er magisch Himmel und Erde. Deshalb gehören Ablegen der Fußbekleidung vor Betreten einer Moschee oder Fußwaschung zu den bedeutsamen kultischen Handlungen, die letztlich fähig machen, den Fuß auf ein Stück Land, ein erjagtes Tier, ja einen Drachen zu setzen. Demgegenüber besagt das Weglassen der Füße in den Zeichnungen der späten Grundschulkinder fehlendes Selbstvertrauen, Schüchternheit, Unsicherheit, Hilflosigkeit, Mangel an Balance und festem Halt; es bedeutet, nicht auf eigenen Füßen stehen zu können, oder zumindest sich nicht sicher zu fühlen . . .

Die **Graphologie** ist von den Kunsterziehern für die Kinderzeichnung u. a. für zwei Bereiche herangezogen worden: für → Raumordnungsfragen und für Strichcharaktere – feste, tonige, scharfe, zarte Striche –, die durch unterschiedliche Druckstärken und Breiten bestimmt sind. Druckstärke zielt auf die Zeichenfläche als Widerstand und deren mögliche Überwindung, auf „Triebstärke", „natürliche Lebensenergie", „Vitalität" und „Durchsetzungskraft" – im Gegensatz zur „Zartheit" und „Nachgiebigkeit" des dünnen Strichs. Schreibbreite soll das Berührungserlebnis, „breite" Hingabe oder – im Gegensatz – Berührungsscheu wiedergeben.

Wir wollen diesen Fragen für die Kinderzeichnungen nur insofern nachgehen, als wir meinen, daß der Strich als „Urelement jeder Zeichnung" heute auch wesentlich durch die Zeichenmittel vorgegeben ist. Ralfs → Familienbild wurde mit einer Extra-Dünnschriftkugelmine ausgeführt; die Diffizilheit des Geräts und die zarte Linie verführt zu einer Klarheit des Figuralen. Dagegen sind schraffierte Zeichnungen mit einem schmierigen Breitschreiber gemacht worden, der sich geradezu von selbst anbot: schmiert ein Kugelschreiber, gibt das Kind diesem Materialreiz möglicherweise nach.

Strichanflickungen, Verunsicherung, mangelnde Koordination, Druckschwankung und Verklecksungen sind also mit vom Zeichen- und Malgerät diktiert: ein breiter Füller lädt zum flüssigen Zeichnen ein, „es läuft"; eine schmale kleine Tuschfeder läßt nur einen staksigen Fortgang zu; kaputte Federn verleiten zu Verklecksungen und deren merkwürdige Schönheiten.

Möglich, daß die Theorien der Graphologie über Kontakterlebnisse mit dem Papier und deren innere Verarbeitung und Bedeutung für *Schriften* gültig sind; für die Beurteilung von Zeichnungen sind sie zunächst nicht erarbeitet worden; insofern ist ihre Übertragung fragwürdig. Sicher erfährt der Vorstoß in die „Tiefe des Raums" durch die Zeichenfläche eine Bremsung; aus der Entfaltung eines motorischen Antriebs jedoch abzuleiten, das Ende im Fliegertod sei die ganz natürliche Folge eines bestimmten Druck-Graphems, wie es die Klages-Schülerin Minna Becker in ihrer Untersuchung kindlicher Kritzel Mitte der zwanziger Jahre tat, macht Zeichen-Betrachtung zum Horoskop.

Ausdrucksbewegungen können in der Kinderzeichnung wohl kaum beurteilt werden, ohne den Entstehungszusammenhang wirklich zu *beobachten* und entsprechend zu → protokollieren. *Wie* und *in welcher Situation* eine Zeichnung entstanden ist, sagt über den Strich vermutlich das Wesentliche aus.

Möglich, daß Graphologen mit großer Erfahrung die Schriftzüge Erwachsener hinlänglich beurteilen können. Für eine isolierte und vom Zeichengeschehen abgelöste Beurteilung der Strichqualität von Kinderzeichnungen müssen wir ihre Zuständigkeit in Frage stellen.

Groß / Klein. Große Formen bedeuten unbehindertes Vorstoßen in den Raum der Zeichenfläche, gelöstes Umsichgreifen, Großzügigkeit, Selbstsicherheit, Weitblick und Durchsetzungsvermögen – wie andererseits auch Anmaßung, mangelnde Präzision und fehlender Realitätssinn.

Kleine Formen resultieren aus der Hemmung oder Zügelung motorischer Antriebe, wirken gleichsam bescheiden, verhalten, beherrscht; im besten Fall illusionslos, vorsichtig, bedachtsam; doch nicht selten auch

schwunglos, kleingläubig, unsicher, unspontan – Angst und mangelnde Durchsetzungskraft zeigend. Schüchterne und bedrückte Kinder, jugendliche Arrestanten zeichnen häufig winzige Gestalten, lassen Mund, Nase und Augen weg, zeichnen abgeschnittene Hände; die Kleinheit markiert die Schwierigkeit des Umgangs mit anderen.

Simon, ein siebenjähriger Junge, wird von seinen Spielkameraden abgelehnt und flüchtet sich deshalb in eine Phantasiewelt. Aus dem Spiel mit sich allein bricht er indes zuweilen aus, so etwa, wenn er seinen nichtsahnenden Bruder, ein Baby, umarmt, küßt und ihm ins Ohr beißt, was die Mutter als heimtückisches und aggressives Benehmen deutet, während der Junge darauf besteht, daß Boby, das Baby, sein Freund sei. In der Suche nach Anschluß und Integration ist er schließlich ambivalent geworden, schüchtern und aggressiv zugleich. Seine Zeichnung zeigt eine dunkel schraffierte Gestalt, starke Schrägstellung, d. h. Mangel an Gleichgewicht,

unzureichende Integration, *keine* Arme, was besagt, daß er – zwischen aggressivem Mißbrauch und Angst zerrissen – nicht weiß, wie er sich mit ihnen überhaupt verhalten soll. Was zuallererst auffällt, ist: winzige Figur in einem großen leeren Raum.

Winzige Gestalt – dies gilt auch für Bäume-Zeichnen: 5 cm und kleiner bzw. in Relation zum Umfeld – bedeutet bei Vor- und Grundschulkindern stets Verkümmerung, Depression, Bedrücktheit, Unsicherheit. Möglich, daß aus solcher Frustration zuweilen Aktionen gegen die Außenwelt entstehen; sie sind dann aber meist plötzlich, katastrophenhaft und überraschend.

Werden konkrete Bildaufgaben – solche mit zahlreichen Objekten und Figuren – durchgeführt, so ist die Kleinheit von Figuren natürlich oft zwingend. Das Obige gilt also mehr für eine isolierte Menschen- oder Baumdarstellung als Test- oder Spielaufgabe. Unbedenklicher, auch weil sehr häufig, sind bei Kindern bis zu acht Jahren die großen Gestalten: „Mittelpunktkinder“, d. h. bestätigte, gar bewunderte wie auch dominierende Kinder, vergrößern sich stets; das natürliche und immer gegenwärtige Omnipotenzgefühl dieser Altersstufen neigt generell zu Übertreibung und Größenideen; eine noch unentwickelte Zeichenfähigkeit der kleinen „Alleskönner“ mag hinzukommen. Ab der mittleren Grundschule verraten Übergrößen allerdings Großspurigkeit, Unreife, Schwärmerei und unzureichende Selbstkontrolle, mitunter auch Narzißmus. Der Übergang zu den großen leeren Gestalten der paranoiden Erwachsenen ist fließend. Die Diskrepanz zwischen ostentativer, großartig äußerer Erscheinung und unzulänglicher innerer Gestaltung und Proportion gilt auch für Baumzeichnungen: man kann nicht ausfüllen, als was man sich selbst gerne präsentieren möchte.

Der zehnjährige Roger, der anscheinend zu wenig Bestätigung zu Hause bekommen hat, fiel in der Schule durch Konzentrationsmangel, lautes Phantasieren und tolle Geschichten auf; in Tagträumen jagte er im Weltraum oder im Wilden Westen umher. Zu seiner Zeichnung meinte er: „Das

ist ein General (und der bin ich) . . . er ist wütend . . . US-Kavallerie . . . geht im Fort die Treppe hinunter . . . die Indianer (d. h. die Geschwister und Kameraden) greifen an . . . er kommandiert die Armee . . . verhilft ihnen zum Sieg . . . er ist der Held.“

Die kurzen, verkümmerten Arme besagen, daß er unfähig ist, sich real Geltung zu verschaffen; der fehlende Hals, daß er von seinen Impulsen überwältigt wird; die Größe, daß Selbstbeherrschung zu wünschen übrig läßt. Die ganze Figur ist gleichsam aufgeblasen; es fehlt fast jede Differenzierung von Körper, Kleidungsstücken usw.; dafür zeigt er berserkerhaft seine Zähne. Es fehlen die Pupillen. Die Arme sind falsch angesetzt,

112

und die Anzahl der Finger ist verschieden.

Simon ist das jüngste von sechs Geschwistern; alle andern sind ältere, ihm überlegene Schwestern, von denen er gehänselt und bevormundet wird. Nicht zuletzt auch deshalb wählt er eine extrem „maskuline" Rollengestalt: einen Militär. – Zur Vorgeschichte: Für Simon gab es – nach schweren Krankheiten im Säuglingsalter und anbetrachts der Konstellation innerhalb der Geschwister – nur eine Möglichkeit, Begabung auszubilden, – nämlich Geschichten und Phantasien, monströse Tagträumfelder zu entwickeln, gleichwohl seine Intelligenz bescheiden war, – mag dies nun Ursache oder Folge seines Schicksals sein. – Man könnte hier sagen, daß der Wunsch, in jeder Beziehung groß zu sein, berechtigt scheint in einer Umgebung, die alles aufs Kleinmachen und Unterkriegen abgesehen hatte.

Dasselbe gilt für die sechsjährige Jo Ann, die durch Eigensinn, Aufsässigkeit und heftige Szenen auffiel. Das sonst ganz normale, gut entwickelte und intelligente Mädchen aus getrennter Ehe wollte mit ihrer Mutter nicht länger bei den Großeltern wohnen und auch kein „kleines Mädchen" mehr sein. Die Mutter war abweisend, und die Großeltern pochten auf absoluten Gehorsam. – Auffällig in ihren Zeichnungen ist neben der Größe die Transparenz an Ärmeln und Füßen, und das Fehlen der Hände; beides ist in diesem Alter nicht unbedingt „auffällig". Daß ein Arm und ein Teil des Rockes nicht mehr aufs Blatt passen, also abgeschnitten erscheinen, verstärkt das Indiz, den vorgegebenen Rahmen, d. h. die Abhängigkeit zu durchbrechen und sich gegen Autorität aufzulehnen.

Sie tut es mit großem Mund und trotziger „Geschwätzigkeit". – Nach einer Gruppentherapie von Mutter und Großmutter wurden die Erziehungsstile, deren Differenz JoAnn natürlich für sich ausnutzte, neu festgelegt. Jo Ann bekam mehr Freiheit *und* mehr

Verantwortung. Am Ende konstatierte die Mutter, daß sie zum erstenmal Freude und Gefallen an ihrer Tochter fände.

Kindern, die ungewöhnlich klein gewachsen und *darüber* unglücklich und empfindlich sind, gelingt es selten, eine ganze Gestalt auf *einem* Blatt Papier zu disponieren. So auch der achtjährige Peter. Nach mehreren Versuchen klebte er zwei Bogen sorgfältig zusammen: er zeichnete *seine* Figur. Nun war er nicht mehr der „Knirps", wie man ihn als niedersten und schwächsten der Gruppe nannte, sondern größer und stärker als sein brüderlicher Erzrivale; wenngleich die langen Beine in Relation zu den schwachen Armen andeuten, daß man notfalls fliehen kann.

113

Damit sei zugleich gesagt, daß nicht alle kleingewachsenen Kinder riesige Gestalten zeichnen. Manchen ist dieser Zustand weniger Sorge und Groll als vielmehr Genuß; sie baden sich in der Aufmerksamkeit und Obhut der andern.

Anders jene Kinder, vor allem Mädchen, die über Nacht in die Höhe schießen. Beispiel: die zehnjährige Laura. Kein Tag, an dem man sie nicht „Bohnenstange" oder ähnliches nannte. So wurde sie allmählich befangen, ging gebeugt, weigerte sich, in der Klasse aufzustehen und wurde von Woche zu Woche verschlossener. Ihre Zeichnung hier zeigt eine winzige,

schräggeneigte Gestalt, deren Kopf in den Körper gedrückt ist, so daß noch nicht einmal ein Hals vorhanden ist: Abbild des Wunsches, sich zu verkleinern, um nicht mehr aufzufallen.

In Familien- und Gruppenbildern verraten Anordnung, Nähe oder Getrenntsein, Größenrelation zueinander, wie auch die zur Wirklichkeit, außerordentlich viel. Zusammen mit der Reihenfolge des Zeichnens der Figuren, zumal wenn Tiere, Häuser, Schiffe usw. hinzukommen, enthalten Bilder ganze Geschichten; etwa, wenn ein Mädchen sich groß neben das Baby und den Vater setzt – und die Mutter klein – klein gemacht – an den Rand; oder wenn der aggressive Vater, die dominierende (Glucken-)Mutter, Geschwister oder Kameraden auffallend groß ins Bild gesetzt werden.

Ein Dick-Werden kann sich zu infantilen Schwangerschaftsphantasien wandeln; sorgfältig verdrängt, werden sie erzählerisch selbst auf männliche Personen „verschoben". Ein auf seine Geschwister eifersüchtiger achtjähriger Junge mit Eßschwierigkeiten verwandelt im Zaubertest seinen Bruder in einen kleinen, sehr schmalen Hasen: seine Angst, durch Essen ein Kind zu bekommen und die Geschwisterzahl zu vergrößern, bestätigte sich später in langen Gesprächen.

Verkleinerung und Vergrößerung, „kleiner als" und „größer als" gehören zu den ersten grundsätzlichen Weisen und Kategorien der Wahrnehmung und ästhetischen Verarbeitung. Insofern ist *groß* und *klein* immer prozessual und relativ. Der Sprachregelung wegen hat man sich auf einige Grundwerte geeinigt. Ein kleiner Kopf heißt: ein Zehntel von der Gesamthöhe der Gestalt. Kurze Arme: kaum zur Taille und kürzer. Lange Arme sollten bis zur Knielinie gehen. Große Arme sollten so groß wie das Gesicht der Gestalt sein.

Grundlinien auf Zeichnungen der Menschendarstellung und in Kinderzeichnungen sind häufig und normal. Früher wertete man sie als Symbol der Unsicherheit, des Verlangens nach Stütze. Aber wäre solches Verlangen nicht ganz natürlich? – auch, daß man überhaupt irgendwo stehen und seinen Ort haben will? – Es geht also um Modifikationen.

Eine schiefe Grundlinie ist zunächst ein Abhang, eine schiefe Ebene. Ob Kinder, die solche Bodenlinien *immerzu* oder wenigstens *häufig* malen, im Abgleiten sind, Haltschwäche oder Abneigung signalisieren, wäre jeweils zu ermitteln, auch, worin dies seine Ursache hat.

Eine Bodenlinie *unterhalb* der Füße oder der Stammbasis, gleichsam abgelöst, ist z. T. mit der Hochstellung im Bildraum identisch, zuweilen erscheint dies in Erregung oder Flüchtigkeit gemalt: man reißt sich vom Boden

los, ist damit auch ein wenig entwurzelt und ohne Fundament.

Anders, wenn man sich auf einer isolierten Insel oder einem Hügel postiert: Man stellt sich höher als andere, ist sich selbst Bild oder Denkmal, erhoben und zugleich verlassen und vereinzelt.

Für eine Bodenlinie, die von der Menschen- oder Baumkontur unmittelbar weiterläuft, gilt, was über → Konturenzeichnen gesagt wird: es ist der Versuch, ein verwirrtes und unzureichendes Bild, das man von sich hat, fest zu umgrenzen, sich zu befestigen: eine Figur, ein Baum wird gleichsam einzementiert.

Anders die Bodenlinie, die *über* den Füßen oder der Stammbasis liegt: Hier wird die Grundlinie zum Horizont, rückt nach hinten in die Ferne, womit z. T. auch die Realität entrückt wird. In Luftbildern oder Mischformen der → Raumordnung und Perspektive entstehen solche Bodenlinien allerdings wie von selbst aus der jeweiligen Absicht, bestimmte Objekte hier oder dort anzuordnen.

Gruppendarstellungen entstehen notwendig, wenn zwei oder mehrere Personen gezeichnet werden, also vor allem im Familienporträt. Was über die Familienkleingruppe gesagt wird, gilt übertragen zum Teil auch für andere Gruppen.

Personen in abgetrennten Kästen unterzubringen, läßt bei Vorschulkindern wohl auf Störungen des Umgangs miteinander schließen: man lebt in getrennten Welten, Käfigen gleich. Im Sachunterricht der Volksschule beginnen Darstellungen allerdings oftmals mit zwei Strichen quer und hoch: man teilt ein, durchschaut, ordnet.

Im Familienporträt, ob Mensch- oder Tierdarstellung, heißt Nähe Symbiose oder Abhängigkeit von bestimmten Phasen: Extreme Mutter-Kind-Nähe betont eine Störung in der oralen Phase, ist ein Verweis auf die häusliche Gluckenmutter; möglicherweise auch auf den Wunsch nach Führung bei allzu großer Orientierungslosigkeit. – Für eine Schneckenhausfamilie kann die Mutter zentral im Bild stehen, das Kind sich aber an den Rand setzen.

Dasselbe Bild kann aber auch von einem verwahrlosten Kind stammen. Im ersten Fall ist es ein Symbol der Abwehr: man will weg. – In einer stabilen Familie erscheint die Mutter selten zentral auf der Zeichnung. Das Vorschulkind setzt sich für gewöhnlich omnipotent ins Zentrum. – Erscheinen dort Vater und/oder Mutter, wären die frühen Phasen zu betrachten vielleicht nützlich. – Vater und Zeichner nahe zusammen, weist auf Geschlechtsprobleme und notwendige Ablösung hin. – Trennt auf dem Papier die Mutter- die Vaterfigur von den Kindern, scheint der Zeichner meist abgelehnt und in die Sündenbockrolle gedrängt. Der Zugang zum Vater wird von der Mutter verwehrt. Man hat dies bei Scheidungs-Waisen die „Enteignung des Vaters" genannt.

Vater und Kind zusammen oder gemeinsam in ein Tier verwandelt weist auf autoritäre Abhängigkeit hin; es kann freilich auch ein Wunsch sein, falls die Mutter in der Familie dominiert. – Geschwister im Zentrum bedeutet: Geschwisterrivalität – oder Unterordnung als Mitläufer. Die räumliche Entfernung der Kinder von den Eltern erscheint in der Zeichnung als Spannung, im Extremfeld in der diagonalen Anordnung auf den gegensätzlichsten Feldern. Dabei stehen – auch außerhalb der Diagonale – die am höchsten gemalten Figuren für Wertschätzung, Autorität, Bewunderung: Der väterliche Adler über dem Gebirge ist für einen spastisch gelähmten Jungen ein unerreichbares Ideal. – Am Rand von Zeichnungen erscheinen oft auch Pubertierende: entweder ist man in einer Krise mit sich selbst, oder mit der Familie: man verläßt sie bereits. Diese Überlegungen gelten auch für die Richtung von Bewegungen und Stellungen, ob Menschen oder Tiere. Eine intelligente Fünfzehnjährige schaute aus dem Blatt hinaus; trotz der Lobsprüche ihrer Eltern war ihr die Atmosphäre zuwider, die Sündenbockrolle ihrer jüngeren Schwester, die Unterordnung ihrer Mutter. – Bedenklich dürfte auch sein, wenn jedes Mitglied einer Gruppe in eine andere Richtung schaut – oder alle in stereotyper Richtung in eine: Man ist unfähig, eine individuelle Gruppierung vorzunehmen. Alle sind gleich. Wird dieses Merkmal durch fehlende Augen ergänzt, ist die Diagnose eindeutig; die Wahrnehmung ist gänzlich verriegelt, der Zeichner blind, blind für alle.

Man könnte generell von einem *zentripetalen* oder *zentrifugalen* Verhalten reden, in dem sich Gruppen, ja Gesellschaften prozessual bewegen. Beide Richtungen sind legitim und oft notwendig. Die Mitte ist wohl eine aufgelockerte Feldverteilung, die jedem Mitglied den ihm zukommenden Ort zuweist und erlaubt; – oder aber die einzelnen zugunsten einer großen wichtigen Aufgabe vereinheitlicht.

Haare und Bärte sind, wenn lang und offen getragen, Symbol von Kraft, Kreativität, freier Arbeit, auch Verwegenheit und Leidenschaft. Delila „beschneidet" den starken Samson im Schlaf und nimmt ihm dadurch seine Kraft.

Das „Laster" der langen Haare steht quer zu allen Straf-, Kasernierungs- und Disziplinierungsinstitutionen: Gefängnis, Militär, Kloster; z. T. auch zu einer als fremd empfundenen Arbeitswelt. Im Feld dieser *Gegensätze* sollte man die Behandlung von Haaren in den Zeichnungen der ja immer etwas anarchistischen und wilden Kinder sehen. – Eine zeichnerische Zuwendung zu Haaren problematisiert diese *und* die jeweils individuelle Symbolik in Relation zur Zeitmode: restaurative Phasen und Berufsgruppen plädieren für kurzen Haarschnitt, progressiv-libidinöse für lange. Kurzum: Haare können Quelle von Freude und Stolz *oder* von Qual und Unglück sein.

Kai wurde u. a. wegen wilden, krausen, zugleich schweren und ungekämmten Haaren „Mop" genannt – und gemieden. Sie „verschob" alle ihre Probleme auf das Haar wie andere Leute auf ihre lange Nase, und zeichnete sie dementsprechend. Ein anderes Mädchen hatte nicht genug Haare, fühlte sich deshalb häßlich – und zeichnete eine Wunschfigur mit blonden, langen, seidigen Haaren. Die Symbolik assoziiert natürlich auch zu Problemen von Sexualität oder Sauberkeit, was von Fall zu Fall jedoch modifiziert erscheint.

Der **Hals** hat eine Eigentümlichkeit, der wir uns normalerweise kaum bewußt sind. Ist er nackt, träumt man sich bloßgestellt. „Zugeschnürt", „Kloß im Hals" – ist Ausdruck von Angst und Streß.

In der Menschendarstellung von Kindern *unter* zehn Jahren ist der Hals bei jenen vorhanden, die ihre Impulse und Handlungen beherrschen – oder wenigstens so tun. Wird er – ab dem neunten Lebensjahr – weggelassen, deutet dies auf Unreife, mangelhafte rationale Kontrolle, unzulängliche Koordination der Impulse, fehlende Bestätigung, – was Unsicherheit oder Angst auslöst.

In der möglichen Aneignung – auch Häufung – fremder Dinge suchen Kinder oft Halt und Sicherheit.

Hände sind bei Achtjährigen „üblich", bei Fünfjährigen nicht selten; im Gegensatz zu den Fingern, die etwas später hinzukommen. „Jud" – hebräisch – bedeutet Hand *und* Macht. Hand Gottes heißt: Totalität seiner Macht und Wirksamkeit, Bewahrung, Bündnis, auch Eingreifen. Je kräftiger und beweglicher sie auf einem Bild erscheint, desto selbstsicherer und tatkräftiger ist der jeweilige Zeichner. Verletzte, abgeschnittene oder verkrüppelte Hände dürften anzeigen, daß man wenig Vertrauen zur eigenen Leistung hat, ja – daß man sich als stigmatisiert empfindet – ähnlich dem ahnungslosen Rotkäppchen der Grimm-Variante, wie es in der Abbildung symptomatisch erscheint.

Abgeschnittene Hände bei schüchternen, latent aggressiven Kindern drücken ein Gefühl der Unzulänglichkeit über ihre geistige oder körperliche „Leistung" aus, möglicherweise auch Schuld, wegen „Untaten" belangt zu werden, – oder umgekehrt: nicht gehandelt zu haben.

Die zehnjährige Connie befriedigte ihre sexuelle Neugier durch Doktor- und Nackte-Statuen-Spiele. Dies bliebe ohne schädigende Folgen, wäre es nicht tabuisiert, also mit Schuld- und Angstgefühlen behaftet. Ihre Zeichnung zeigt: Schrägneigung, schattierte

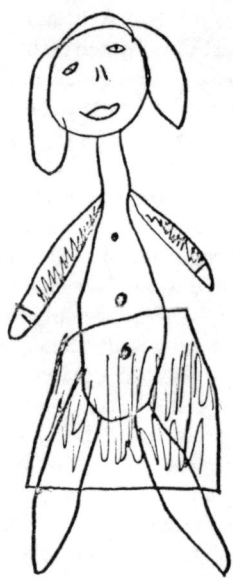

Gliedmaßen, Körper – und – *fehlende
Hände* und Füße.

Verborgene Hände bedeuten bei *kleinen Kindern* Verschlossenheit, In-
sich-Gekehrtheit, Schuldgefühle. Bei
älteren deutet es eher auf ausweichen-
des Verhalten: Händezeichnen ist
technisch diffizil; aufgeweckte oder
gar künstlerisch begabte Kinder verstecken sie deshalb mitunter und zeigen damit realistische Einsicht und
Urteilsfähigkeit angesichts der Möglichkeit, eine schwierige Aufgabe zu
vermeiden, sie zu umgehen. Es ist also
ein zusätzliches Merkmal, für sich genommen wenig bedeutsåm.

Schattieren, Abschneiden der Hände,
Weglassen von Händen und Armen,
große und kleine Hände sind immer
nur Symptome für ganz verschiedene
Ursachen. Diesen gilt es nachzugehen.

Das **Häufen**, Hamstern und Sammeln
zeigt unbewußt zwei mögliche Mangelsituationen: Einmal eine Fixierung
an ein unbewältigtes oder ungestilltes
Bedürfnis nach Geborgenheit. Man
stapelt Gegenstände gleichsam als Fe-
tische – in der Angst, sie würden einem
genommen; oder: der dazugehört,
entzieht und versagt sich ständig; die
Gegenstände, die angehäuft werden,
stehen dann für die Person (Fetischi-
sierung auch im erotischen oder oralen
Bereich).

Bei Kindern, die in zu jungen Jahren
von Eltern für erwachsen genommen
werden – oder Defizite haben gegenüber älteren Geschwistern, kann sich
das Symptom zum „harmlosen" Stehlen und Lügen steigern, dem ein be-
denkenloses Verschenken, um sich
Gunst zu erwerben, parallel geht: Es
ist eine besondere Weise des Bittens
um Geborgenheit, die zum Strafbe-
dürfnis, verstanden als „kümmert
euch um mich!" pervertieren kann. Im
Tierspiel oder freien Zeichnen kann
sich dies in Vögeln – Elstern, Amseln,
Raben – symbolisieren: der gezeichnete und erspielte, unerschütterliche
Frohsinn von Luftwesen.

Das anhäufende → Wiederholen ist in
Kinderzeichnungen allerdings oft
auch nur ein rein formales Ausprobie-
ren. Als Steigerungsprinzip findet man
es bei Drei- bis Siebenjährigen sorgfältig kultiviert ebenso wie das akkumu-
lierte Motiv in der neueren Pop-
Kunst. So kombinierte und assoziierte
der fünfjährige Felix die visuellen (die
Rindenstruktur der für ihn neuen Palmen) und realen (das ständige Koffer-
packen) Eindrücke seiner Spanienrei-
se zu Koffer-Auto-Palmen um, hinter
denen Möwen herfliegen . . . „Immer
getankt" mußte auch werden, und
„die Lastwagen waren so hoch". Eine
solche Integrationsleistung mit nur *einem* formalen Mittel kann positiv ge-

wertet werden, auch wenn der Mangel an häuslicher Geborgenheit auf Reisen eine zu hinterfragende Motivation dieser Zeichnung sein kann. Man kann Gefahren kreativ bannen.

Die **Hexe** ist bei Knaben Ausdruck angelernten Frauenhasses, bei Mädchen möglicherweise Symbol einer brutalen Variante des Matriarchats; falls es nicht einfach eine Klischeefigur aus der Massenkommunikation ist.

Sheilah, 12, konterfeite im „Zeichne-einen-Menschen" ungewollt ihre herrschsüchtige, zwanghafte und engherzige Mutter als Hexe auf einem Besen: sie verzieh ihr nicht, daß sie sich ständig an dem schwachen und unfähigen Vater ausließ. „Sie ist eine wirklich niederträchtige alte Hexe, die die Menschen immer verfolgt und sie zu Tode ängstigt." Erst in Gesprächen wurden ihr die Gefühle zur Mutter bewußt, ja, daß ihr Bild überhaupt die eigene Mutter darstellt. In einer Zeichnung Monate zuvor malte sie

noch ein frustriertes Mädchen, mit kraftlosen, fast verkrüppelten Armen, unfähig, sich mit der ursächlichen Person ihres Unglücks auseinanderzuset-

zen. Indem sie ihre feindseligen Gefühle gegen die Mutter ausdrücken und artikulieren lernte, wuchs ihre Widerstandskraft gegen das Verhalten – vor allem gegen die scharfe Zunge – der Mutter. Kopfschmerzen und psychosomatische Beschwerden verloren sich im Prozeß des Sich-stellens.

Hinzufügen von Familienmitgliedern im Familienporträt ist ein beliebtes Zeichen-„spiel" dort, wo das vorhandene als ungenügend empfunden wird: Schneckenhausmilieu, Asozialität, fehlende Eltern erscheinen als solches Ungenügen.

Phantasierte Geschwister sind Projektionen: man braucht sie. Dabei verfahren ältere und intelligente, uneheliche und solche aus unvollständigen Familien „großzügiger". Der Mangel an „richtigen", d. h. jeweils genehmen Geschwistern und Bezugspersonen wird vermutlich stärker empfunden; oder es ist überhaupt möglich, Hilfspersonen, Doppelgänger, Mehrfachidentifikationen und Angsthelfer zu erfinden.

Auf den „Erfundenen Vater" der Abbildung 1 der Einleitung sei hier nochmals verwiesen: Für Timothy war er das Traumobjekt schlechthin, abwesend und doch allgegenwärtig; er brauchte ihn, um die offensichtliche Allgewalt und Herrschaft der Großmutter zu brechen.

„Das ist mein kleiner Bruder in der Wiege; das hier bin ich, und das dort ist meine große Schwester, sie ist 14." Die zehnjährige Zeichnerin hatte aber keinen kleineren Bruder. Die ältere Schwester war in Wirklichkeit ein Mädchen in der Gemeinde, an dem sie hing und das sie gern als Schwester gehabt *hätte*. Real hatte sie eine *jüngere* Schwester. Weil sie sich als überflüssig in der eigenen Familie empfand, ersetzte sie die Mutter durch jene ältere Freundin = „Schwester" und einen kleinen Bruder, weder Bedrohung noch Konkurrenz. Real war dieser „Bruder" übrigens ein Baby der Nachbarin, das sie gelegentlich halten und füttern durfte. Sie adoptierte ihn gleichsam für „ihre" Familie. Die Eltern beteiligten sich an einer Therapiegruppe. Die Mutter gab langsam ihre abweisende Einstellung, die sie mit materieller Verwöhnung vertuschte, dem Kind gegenüber auf. Dieses verlor im Prozeß der Verhaltens-, Bewertungs- und Zuwendungsänderung der Mutter seine Kontaktscheu und ängstliche Depression. Ein Jahr später zeichnete es – glücklich und mitteilsam – das Bild der eigentlichen Familie.

Höhlen werden häufig von Asthmakindern gezeichnet und sind Ausdruck rückwärtigen Strebens zu Mutter und Mutterleib: wer vor Plätzen, vor Weite Angst hat, flüchtet in Höhlen.

Ein siebenjähriger Junge in schwierigen Familienverhältnissen ver→zauberte im Test die Familie in eine Berghöhle. Er skizzierte einen mit Steinen bewehrten Eingang, das ganze mit einem breiten Zaun verschließend. –

Generell wollen wir die Liebe zu Höhlen, die sehr viele Kinder haben, nicht pathologisieren. Trotzdem zeigt das Zeichnen und Bauen von Höhlen, daß man keine Behausung hat, worin man sich wirklich zurückziehen und Zuflucht nehmen kann. *Insofern* ist das Bedürfnis kreatürlich.

Es gibt Kunsterzieher, die Höhlen, Nest- und Hausbau hintereinander als Aufgabe stellen und aus den jeweiligen Lösungen, Requisiten und Ausstattungen – vor allem auch unterschieden nach Jungen und Mädchen – ihre bedeutsamen Schlüsse ziehen. Man erfährt dabei über die Häuslichkeit der Kinder vermutlich mehr als aus direkten Fragen. (Modell Möller)

Indianer sind für europäische Kinder Klischees und doch auch Botschafter der Wildnis. Tapfer und heldenmütig, bleiben sie meist auch hier unterlegen, entrechtet und auf Reservate eingeschränkt: Außenseiter im eigenen Land. Wer Indianer malt, ist zwar abseits; je nach Haltung aber auch bereit zu kämpfen, und sei's in weltflüchtiger Pose.

Unzulängliche **Integration** heißt, daß ein Teil oder mehrere Teile mit der Figur nur durch eine Linie oder überhaupt nicht verbunden sind. – Bis zum siebten Lebensjahr ist dieses Merkmal normal, teilt aber bereits in der

2. Schulklasse die „guten" und „schlechten" Schüler. Es ist fast immer ein Zeichen der Entwicklungsverzögerung, der Unreife oder Rückbildung. Man vergißt – meist vor lauter Angst – was man bereits gelernt hat. Wer sich nicht als eine umgreifende und ganze Person empfindet, in Teilen zerfallend, zeichnet desintegrierte Gestalten.

Jongleure, Spielleute, Gaukler von Profession sind den → Clowns verwandt – und immer → Außenseiter.

Käfige, Gitter, Kisten und Rahmen zeichnen unsichere, zwanghafte und verwirrte Kinder: man gibt sich durch äußerliche Stützen einen Halt – oder ist bereits entmündigt und präsentiert sich oder andere als Zuschauer einer bösen Welt, vor der man geschützt ist. Käfige erscheinen zuweilen auf Bildern von Kindern, die in eine chronische Krankheit eingeschlossen sind. Für psychosomatische Erkrankungen bedeuten sie gleichsam Schranken, in die man sich selbst gesetzt hat, und die man aus Angst mittlerweile auch nicht mehr zu durchbrechen wagt. Todesängste chronisch kranker Kinder können motivieren, die ganze Familie gebannt um sich – eingeschlossen in einen Vogelkäfig – zu versammeln.

Kleidung und Zubehör werden in der Menschendarstellung mitunter als Intelligenzmerkmal gewertet: Rock oder Hose, Bluse, Hemd oder Jacke; Schuhe, Kopfbedeckung, Gürtel, Halstuch oder Krawatte, auch Haarschmuck, Uhr, Ring, Armband, Rauchwerkzeuge, Spazierstock, Gewehr, Socken, Taschen, Handschuhe und Sportgeräte. Kinder zeichnen ab Schulanfang zwei oder mehrere Kleidungsstücke. Fehlen sie ab dieser Stufe ganz, wäre dies zu hinterfragen. Im Traum keine zu haben hat u. a. sexuelle Bedeutung.

Natürlich kann man auch absichtsvoll einen nackten Menschen zeichnen. –

Könige und andere Feudalfiguren zeichnen Kinder mit autoritärer Tendenz: Vater, Mutter, Kind werden in den Königsstand erhoben, um ihnen mehr Gewicht zu geben. Werden die Eltern allein in den Adelsstand erhoben, bedeutet dies erlebte Omnipotenz der Eltern und zugleich hoffnungslosen Abstand zum zeichnenden Kind. – Einige Märchenforscher und konservative Märchenvereine reduzieren das historische Bild des Königs auf „das Gute im Menschen"; ähnlich wie Königsträumer ihre Minderwertigkeitsgefühle überwinden, indem sie sich in solche Figuren projizieren, – entschlossen zu Taten, die man Ersatzfiguren überläßt.

In der Zeichnung bringen Mutter und Sohn dem Vater-König Papier und Wein, was ihn beruhigen und stärken soll, denn Spanien hat ihm gerade den Krieg erklärt. – Der vierzehnjährige Junge aus bescheidenen Verhältnissen leidet seit sieben Jahren an einem Asthma – seit Geburt seiner jüngsten Schwester. Davor war er Einzelkind, verwöhnt von seiner Mutter. In der Schule fühlt er sich überfordert. Der Vater ist die Strafinstanz in der Familie.

Ununterbrochene **Kontur** ist Merkmal für Desorganisation. Man versucht verzweifelt, die verwirrte und unzureichend integrierte Persönlichkeit zu umgrenzen, feste Umrisse zu ziehen. – Die Zeichnung stammt von

einem neunjährigen Jungen, epileptisch und mit leichter Hörbeeinträchtigung. Die Familie – neun Mitglieder – lebt an der Grenze zur Armut. Die Mutter ist ebenso sanft wie überfordert, der Vater schlagbereit, ohne große Intelligenz: Institution der Gewalt. „Mein Vater ist 36 Jahre alt. Das ist sein Gürtel, damit verdrischt er die Kinder" – ‚d. h. mich'. Fehlende Augen und Ohren wie auch die Stummelarme betonen die Kontaktschwierigkeit. Die Zeichnung ist ein Hilferuf an die Psychologin.

Ein *großer* **Kopf** ist in Kinderzeichnungen nicht ungewöhnlich, mag aber auf eine bewußte oder unbewußte Überlegung hindeuten, ob er denn auch ausreichend funktioniere. Früher glaubte man in diesem Merkmal Unreife, Aggressivität und intellektuelle Unzulänglichkeit zu sehen, auch Angst vor Schlägen ins Gesicht. → S. 17.

Als *winziger* Kopf gilt $^1/_{10}$ der Gesamthöhe der Gestalt, also grob die Hälfte kleiner als die menschlichen Realmaße. Das Merkmal läßt fast immer auf Unausgeglichenheit und intellektuelle

Unzulänglichkeit schließen. Dagegen ist das graphologische Argument als widerlegt zu betrachten, wonach die damit verbundene Fülle und Größe von Körper oder Beinen triebhafte Zwangsvorstellungen bedeuten. **Kopieren** ist für die Entwicklung des Zeichenvermögens ein übliches Durchgangsstadium. Bei Erschöpfung einer bestimmten Phase verfallen Kinder zuweilen in eine wahre Kopier-Wut, ob mit Pauspapieren oder Durchsichtfolien. Man bewerte dies nicht als Verfall von Eigenkreativität, sondern als Eroberung neuer Realitäten und Symbole. Natürlich kann es kein Fehler sein, hier u. a. *gegen* die Motive der Massenkommunikation zu steuern, also kritisches Material einzubringen, das *innerhalb* des jeweiligen Motivzusammenhangs sinnvoll ist: Wenn der Eifer auf Flugzeuge und Raketen geht, wird man mit Stilleben oder Büffelherden kein Glück haben. – Im „Zeichne-einen-Menschentest" sollte das Abkopieren oder Nachzeichnen irgendwelcher Vorlagen natürlich vermieden werden. Bei jugendlichen Arrestanten ist es mitunter die erste Möglichkeit, „erfolgreiche" Bilder zu produzieren.

Der **Körper** wird spätestens ab dem fünften Lebensjahr gezeichnet. Der Vierjährige zeichnet unter Umständen noch Kopffüßler, d. h. Ovale mit Augen, aus denen Arme und Beine herauswachsen. Zuweilen ist in solchem Kopf aber der Körper mitgemeint, insofern ist der Ausdruck „Kopffüßler" falsch. – Der Schulpflichtige trennt dann Kopf und Körper. Geschieht dies nicht, ist auf verlangsamte Reifung, Entwicklungshemmung, Angst oder andere emotionale Störungen abzuheben. – Hilfreich

ist zuweilen, wenn man einen Mann und dann eine Frau zeichnen läßt: wird der Körper des Mannes weggelassen, sind Geschlechtsprobleme wahrscheinlich, die geschlechtliche Identität nicht „gelernt".

Die **Landschaft** ist nicht selten das Land der Phantasie. Versteckt man die Menschen in den Wucherungen der Umgebung, ist das Indiz offensichtlich: Man stellt sich nicht, vielmehr versteckt man sich hinter Mauern, Büschen, Blumen; das Feld davor hat man geräumt und verliert sich nun in Träumen.

Umgekehrt zeichnen Bettnässer zuweilen öde Landschaften als Ausdruck ihrer Unbehaustheit: sie protestieren auf ihre Weise gegen falsche Herrschaft. Aus offenen Löchern, Baumschläuchen oder Seen tritt, was seelisch bereits in der Familie vorhanden ist: Schmutz und Dreck.

Gebrochene und gestrichelte **Linien** die in Zeichnungen jüngerer Kinder als ständiges Merkmal vor allem in der Menschendarstellung erscheinen, verweisen in fortgeschrittenen Stadien auf Gefühle der eigenen Unzulänglichkeit, Unsicherheit und Furcht. Dies steigert sich mit dem Alter, bis schließlich der Unterschied zwischen *Skizzenhaftigkeit in den Linien* und *Fragmentarisierung der Linien* sichtbar wird. Gleichwohl ist zwischen den künstlerisch gezogenen flüchtigen Linien eines begabten und den fragmentierten eines geschädigten Kindes oft nicht einfach zu unterscheiden, weshalb das Merkmal nicht klar – oder nur in Ergänzung zu anderen – gewertet werden kann. → Graphologie

Ob **Linkshänder** alle Raumordnungsfragen der Graphologie spiegelverkehrt „behandeln", läßt sich schwer beurteilen, wenn Linkshänder rechts zeichnen; wobei wir von den zwangsweise durch Unfall links Gewordenen absehen wollen. Generell drängt die Kultur auf Rechtshändigkeit oder zumindest Rechtslesen; d. h. daß der Linkshänder in seiner ursprünglichen Spiegel-Intention verraten und gestört ist. – Insofern kann man nur den Einzelfall beurteilen und die entsprechenden Probleme in einem evtl. Protokoll vermerken.

Möbel und Hausrat sind leblose Objekte und symbolisieren unter Umständen zwanghafte Erstarrung.

Ein Zauberer verwandelt Familienmitglieder möglicherweise in Möbel: „Sie sind dann unbeweglich und können nicht davonlaufen."

Ein Bettnässer sieht die Mutter in ihrem Sauberkeitszwang als Besen mit zwei Eimern.

Für einen zwölfjährigen Jungen, allzulang auf die Mutter verwiesen, ist Haushalt nur noch Austragungsort familiärer Konflikte. Die Leerheit von Personen weist auf das Fehlen wirklicher Lebewesen hin: Der invalide Vater *ist* ein Schrank und *verhält sich* als Schrank; die Mutter wird zur alles vereinnahmenden Kommode; der Junge selbst zum dünnen Tisch, obgleich real dick und zugleich schlaff. Trotz hoher Intelligenz ist er gegen

den Zwangszusammenhang machtlos und für die Schule hoffnungslos blockiert.

Der **Mund** entläßt in der Kirchensymbolik Schwert und Lilie, Dunkelheit und goldene Fäden, ist zugleich das Symbol der Liebe und Zärtlichkeit. Er ist eines der ganz wesentlichen „Organe" und deshalb stets von großer Bedeutung; – am stärksten vielleicht dann, wenn er weggelassen wird: Merkmal von Depression, Unsicherheit, Stummheit, Masochismus, Angst, Perfektionsdrill, der die Sprache verschlägt, von Unfähigkeit oder Weigerung, soziale Kontakte aufzunehmen.

Die Zeichnung zeigt das Bild eines Kindes engstirniger Eltern, die Auf-

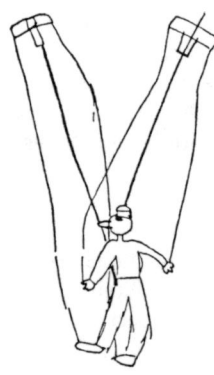

lehnung oder Unabhängigkeit ihres Kindes nicht ertragen können. Selbst der Umgang mit Gleichaltrigen wird hintertrieben. Luft machte sich der Junge dann in der Schule; hier tobte er sich aus. In der Menschendarstellung zeichnete er eine kleine Gestalt ohne Mund – ohne Möglichkeit der Artikulation – den Seilzügen der Eltern hilflos ausgeliefert: „Das ist ein Seemann, ein Seemann für Kolumbus – er sieht aber nicht so aus." Offener und direkter kann man seinen Konflikt wohl kaum zum Ausdruck bringen: Jay möchte diesen Eltern entkommen – in neue Welten – und weit weg!

Auch der sechsjährige Michael löst sich von der Welt, die ihn umgibt: er redet stundenlang mit sich selbst und manipuliert ganz offen an sich herum. Statt eines Menschen zeichnete er einen „Raumfahrer im Weltraum" – ohne Mund, denn er bedarf des Umgangs mit Menschen so gut wie nicht. Dafür ist er mit allen möglichen Drähten, Antennen und Steckdosen in Verbindung, um mit Wesen zu sprechen, die außerhalb seiner näheren Umgebung sind. Die Figur ist gleichsam

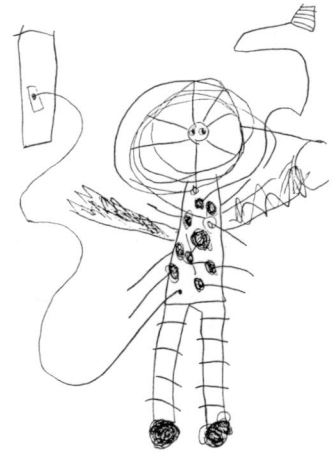

asozial. Nach einer Behandlung zeichnete Michael einen Höhlenmenschen mit Augen, Nase, Mund – und Axt: „Der Mann, den ich zeichnete, kommt aus einer Geschichte. Er wohnt in einer Höhle und jagt Tiger und wilde Pferde." – Immerhin ist der Junge damit in den sozialen Bereich der menschlichen Gattung zurückgekehrt.

Perspektive. Kinder sind Konkretisten; sie wollen möglichst alles, was sie sehen und wissen, auf *einem* Blatt dingfest machen, egal *wie*, Hauptsache *daß*. – Ein Haus hat eine Fassade. Man malt sie. Es hat aber auch eine Seitenwand; also malt man die auch; die andere ebenfalls; dann das Dach und notfalls auch den Keller. Einfach alles, radikal wie Kinder manchmal sind. Zunächst dreht oder klappt man das Blatt, bis alles seinen Platz gefunden hat. Später beschränkt man sich auf ein paar „Perspektiven" weniger: man hat das Prinzip der Wiederholung und Gleichheit erkannt, beispielsweise, daß die Gegenfassade genauso groß ist wie die Frontfassade. – Wahrnehmen und Wissen wachsen gleichzeitig, ja sind dasselbe. Ein Kind zeichnet nicht nach der Natur. Der fünfjährige Andrej Nemec wollte partout das Bild eines Geländewagens abzeichnen, das ihm für seine Abenteuerphantasien gerade richtig schien. Auf dem Foto sah man den Reservereifen im Profil, also flach von vorn als ein Stück Gummi. Andrej zeichnete das Rad kreisrund. „Räder *sind* rund". Er zeichnete, was er wußte, weil er sah, was er *kategorial* begriffen hatte.

Kinder zeichnen Häuser zunächst von ihren einfachen Winkelformen her. Zunächst rechtwinklig. Ein Haus, das streng perspektivisch nach den Regeln der Kunst gezeichnet ist und nicht *einen* rechten Winkel enthält, ist wohl keine „Kinderzeichnung" mehr. Ich erinnere mich noch sehr genau, wie wir in der Schule von einem Fluchtpunkt im hinteren oberen Teil der Bildfläche aus dünne Bleistiftlinien zogen und dann „unser" Haus hineinsetzten: Es war nach all den kreativen Merkwürdigkeiten unserer Kindergebilde eine Offenbarung. Daß diese Zeichenweise auch eine Fiktion und Lüge ist, habe ich erst später begriffen, als wir die Fotoergebnisse mittels diverser Fotolinsen untereinander verglichen.

Die Perspektive ist für die Kinderzeichnung nur unzulänglich untersucht, mit Fragen der Intelligenz noch

nicht verglichen worden. Ihr Auftreten in der Latenzzeit (7–12) war bislang zu selten, als daß man viel Augenmerk darauf verwendet hätte. Früher wertete man die kindlichen Leistungen, Bewegung und Aktion im Raum darzustellen, als Vorstufen des Perspektivischen, und band die Darstellung von Raumtiefe an die pedantischen Fluchtlinien der oben erwähnten Zentralprojektion. Sie entspricht dem wirklichen Sehen deshalb nicht,

weil sie das Sehbild optisch überzieht, und taugt überdies eher für Darstellung von Sachobjekten, von toten Gegenständen, von Immobilien.

Wo Gegenstände oben kleiner gezeichnet werden als unten, entsteht automatisch eine Raumtiefe. Der Boden wird zur schrägen Fläche, bis er an seinem oberen Ende durch eine Horizontlinie begrenzt wird.

Die moderne Malerei hat die allzu lange Bindung an die Fluchtpunkt-Perspektive inzwischen überwunden. Weit über das hinaus, was bisher für die Kinderzeichnung kodifiziert wurde, könnten wir hier täglich von Kindern lernen, indem wir offen sind für *ihre* Lösungen.

Für die Darstellung von **Pflanzen** gilt ähnliches wie für die der →Blumen. Verwandelt in Pflanzen erscheinen Trinkerväter, isolierte Kinder und „Sündenböcke". Das Symbol deutet auf Verheimlichung, Verstellung, Rückschritt. Ein zwölfjähriger Junge, voller Gewissens- und Strafängste, – einer Mutter, die im Sauberkeitsfanatismus jegliche familiär-häusliche Wärme abtötete, verwandelte die Familie zuerst in Tiere, später dann in Pflanzen, nachdem eine Behandlung auf Widerstand und Abwehr der Mutter stieß und abgebrochen wurde. Die Verstellung und Regression ist dann vollzogen und zunächst endgültig, weil die Realität, hier die Mutter, stärker ist.

Der neunjährige Thomas rächt sich für den häuslichen Streit zwischen Vater und Großvater, indem er sie als Blume und Kaktus zeichnet. Die Mutter, von der er orale Verwöhnung erhofft, erscheint als „Baum mit Zuckerln". Wer von Pflanzen träumt, kehrt zum „Urgrund des Seins" zurück, sucht Sicherheit in allzu frühen Phasen. Dementsprechend neigen auch autistische Kinder und Einzelgänger zu Pflanzen

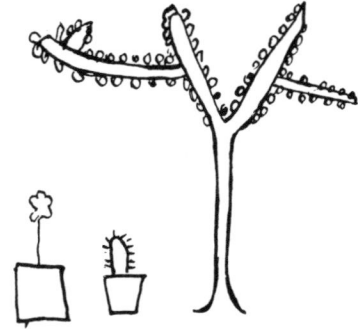

und Blumenpuppen als Möglichkeit eines legitimen Ausweichens.

Phantasiegestalten werden als Projektion von Eigen- und Leitbildern u. a. der Kinder- und Massenliteratur entnommen; und symbolisieren bei der Suche der eigenen Rolle nicht selten Affektanteile der Eltern. Zuweilen deutet die Mischung verschiedener Tieraspekte in *einer* Gestalt auf Rollenunsicherheit und überzogene Omnipotenz; insofern sind sie für phantasiereiche jüngere Einzelkinder symptomatisch. Des öfteren finden sich Vierbeiner als Vögel: „Lerche mit Hundeschwanz und Pferdeohren", vielleicht, weil man Tiere grundsätzlich für Vierfüßler hält.

Für ein Phantasietier könnte man auch das Faultier in unserem Krake-Beispiel nehmen, und Märchengestalten und Kasperlefiguren der Gattung zuschlagen – also Zwerge, Steinfiguren, Teufel, Feen, Engel und Hexen. Könige müßten als Ausweitung der Gattung verstanden werden, soweit man sie von der *Geschichte* abgelöst versteht.

Phantasie gehört psychologisch und auch literarisch zur Sphäre des Traums und der *Möglichkeit* des Wirklichen, das sich in Bildern widerspiegelt. Insofern stehen Phantasie und ihre Gestalten *im Zusammenhang des Alltäglichen und Realen* als Projektion, sei's nun Hoffnung oder Trost.

Lorenza Schlotmann malte eine Katze mit Kuhhörnern, Giraffenhals, dem Körper eines Igels, dem Schwanz einer Maus, mit Entenfüßen und Goldmedaille . . .

Das Kind in seiner alle Kreatur umfassenden Phantasietätigkeit.

Das **Profil** des Gesichts wandert beim Grundschulkind von der Vorderansicht zur Seitenansicht. Dabei entstehen als Zwischenstufen Misch-, Ergänzungs- oder Verdoppelungsprofile, sobald zunächst nur die Nase seitlich, Augen und Mund aber noch „vollmondig" gezeichnet werden. Es ist ähnlich wie mit dem Perspektivewechsel des Hauses. Picasso hat diese Probleme ja in einigen seiner Porträtbilder integriert, Profil *und* Seitenansicht eines Kopfes gleichzeitig auf die Fläche setzend, sei's ineinander oder nur in Teilen. Ähnlich wußte es schon W. Busch über den Maler Klecksel:

127

„Zunächst mit einem Schieferstiele / macht er Gesichter im Profile; / Zwei Augen aber fehlen nie, / Denn die, das weiß er, haben sie." Nase und Mund wandern als Einheit meist zuerst zur Seite. Indes sind auch Munddoppelungen nicht selten, vor allem wenn sie verschiedene Funktionen haben: reden *und* rauchen, essen und Zähne fletschen. Oft beginnt die Drehung auch mit dem Zyklopenauge: „Eins ist auf der andern Seite und deshalb nicht da." Dies kann jedoch auch in anderer Kombination mit Nase, Mund oder Ohren vonstatten gehen. Oder die Drehung – übrigens meist eine nach

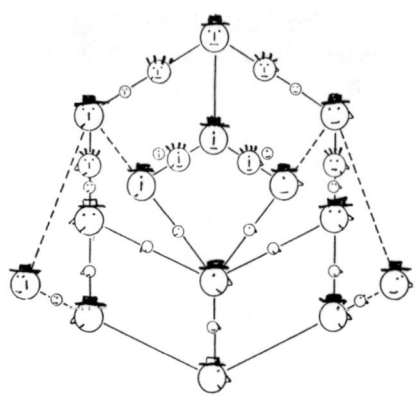

links – beginnt mit einer Doppelung; zwei Profilnasen, zwei Seitenaugen: man will seiner Sache sicher sein; überträgt die Zweiheit. Ebenso kann ein Zentralauge und eine ausgelassene Nase die Profilwendung einleiten. Und all dem kann das Bewegungsprofil von Armen, Füßen vorausgehen – oder folgen. Da man in diesem Alter oft nicht weiß, wohin man gehen will, entstehen ganz selbstverständlich zuweilen auch Füße, die nach beiden Richtungen weisen.

In einer Doktorarbeit über die Kopfdarstellung der → Schulanfänger, bislang unveröffentlicht, hat Hans Meyers ein Schema aufgestellt, das so anschaulich ist, daß es nahezu alle Kunsterzieher übernehmen. Wir möchten es unseren Lesern nicht vorenthalten. Zur Unterscheidung haben wir Hut und Haare noch dazugetan: Meyers unterscheidet zwischen den häufig gezeichneten „einfachen Volltypen", die zwei Augen, eine Nase und einen Mund haben; es sind in der Abbildung die großen Kreise mit Hut; dann die selteneren „doppelten Volltypen", in denen zusätzlich Mund oder Nase doppelt sind (mittelgroße Kreise mit Haaren); und schließlich die seltenen „Auslassungstypen" – nicht zu verwechseln mit dem „Symptom" → Weglassen; dies sind die kleinsten – nackten – Köpfe. Die Ohren fehlen bei dieser Betrachtung ganz, weil sie in diesem Alter noch nicht wichtig sind.

Das Schema präsentiert zwar alle Möglichkeiten; aber niemand möge sich hindern lassen, unter Hinzufügung von Ohren daraus ein logisches „Kopfspiel" oder Aufgabenstellungen für Einzelbilder, oder ein „Kopf-Quartett" zu machen.

Für die psychologische Diagnose gibt das Meyerssche Schema bislang nicht viel her. Es kann Psychologen indes vermitteln, daß das Profilproblem nicht mit → Weglassen oder Weglaufen identisch ist, und auch einem graphologischen Mißverständnis widersprechen: die häufigste Profilwendung geschieht nach links, gleichsam als Rückblick, nicht als rechte = richtige Vorwärtsschau, wie es einige Thesen zur → Raumordnung uns nahelegen möchten.

Ob die Profilwandlung aus dem Erlebnis der Unsicherheit, des Ungenügens über die alte Form oder als Neuordnung geschieht, ist bislang nicht untersucht worden. Insofern sind Spekulationen über „Erinnerungsbilder", „Nicht-Abbilder" oder „Wesensseiten", wie sie manche Kunsterzieher angestellt haben, relativ müßig. Man könnte die Kinder ja zunächst einmal einfach gehörig aushorchen, was sie sich dabei wohl alles gedacht haben, oder könnte sie beim Zeichnen beobachten und ihre Bildprozesse intensiv verfolgen. Vielleicht könnten wir auf diese Weise zu gesicherten Ergebnissen der Erfahrung kommen. Die pedantische Kontrolle, mit der Akademiezeichner sich am Modell ständig neu vergewissern – sicher ein an sich ganz nützliches Verfahren –, hat heute als die verpflichtende Methode ausgespielt. Insofern sind die obigen Lösungen keine Zwischenlösungen; denn das Leben besteht sowieso nur aus ständigen Durchgangsprozessen und kennt keine definitive „erwachsene" Bildproduktion.

Ein **Protokoll** zu einer Kinderzeichnung beginnt mit der Bleistiftbemerkung über Name, Datum und Alter des Herstellers. Üblich unter sorgfältigen Eltern ist auch, die sprachlichen Auslassungen auf der Rückseite zu notieren; also Titel, Wort- und Bildassoziationen und die Situation, in der das Bild gemalt ist, und von der so unendlich viel mit eingeht. Aussagen vor und nach dem Zeichnen sind ebenso wichtig wie Verhalten und Äußerungen während des Herstellens. Ebenso wichtig ist, ob ein Bild unter Erwachsenen entstanden ist oder in einer Kindergruppe.

Ein Kinderzimmer bedarf des zeitweiligen Müll-, Spielwaren- und Bildersturms. Wir haben es immer so gehalten, daß wir jene Bilder oder Spielwaren beseitigt und sichergestellt haben, die nicht mehr im Gebrauch waren. Dazu gehört eine alltägliche List. Der entsprechende Karton oder Wäschekorb blieb einige Tage oder Wochen in einem unerreichbaren Versteck. Fragte das Kind nach bestimmten Dingen oder Bildern, rückt man sie evtl. wieder heraus. Für Zeichnungen kann man eine Archivierung organisieren. Es empfiehlt sich, es nicht im Kinderzimmer zu deponieren: Bricht eine „Ich-zeig-dir-alles"-Wut gegenüber Freunden oder Bekannten aus, ist die mühsame Ordnung hin.

Wer speziell für die Kinderzeichnungen mehr Zeit hat, als sie nur eben monatsweise in großen Kuverts wegzupacken, der wird sich langsam fragen, was es mit diesen Blättern auf sich hat. Wenn die Sprache den Menschen „ins Bild" setzt, so ist in der Aussage zugleich soziales Lernen als Bildherstellung vermittelt. Zeichnen und Malen ist eine vorlaufende Tätigkeit, die auf solidarische Individuen, auf Freundinnen und Freunde, setzt. Der einzelne braucht den andern. Die Bedingungen solcher Begegnungen werden auf Zeichnungen „ausgehandelt". Weniger, daß die Gruppe ihre Beziehungen durch mittelmäßige Arbeiten verbessert, der einzelne verändert auch die Gruppe. Insofern steht der Handlungssektor, steht *Tätigkeit* auch in der Bildproduktion an erster Stelle. Konflikte müssen gelöst werden; dazu bedarf es zahlreicher Alternativen, Pläne der Vor-Bildung.

Diese haben zunächst einen *Ding- und Sachmittelbezug*. Man müßte wissen, welche Mittel zur Verfügung stehen, wie man mit ihnen umgeht, wie sie überhaupt aussehen; dann: in welcher *Zeit* und in welchem Zusammenhang des Ablaufs sie zur Verfügung stehen und man sich ihrer bedienen kann; – schließlich: was diese Dinge und Tätigkeiten denn *bedeuten* und wie sie zu *bewerten* sind. Und endlich: wie all dies *formal* und *institutionell* im Bild und über das Bild zu lösen ist. Womit wir wieder bei der anfänglichen *Tätigkeit*, aber einen Spiralengang höher, angelangt sind. Dort gehen aus Bildern *Handlungen* hervor; dort wird das Ge-Bildete wieder Wirklichkeit und mündet in den allgemeinen Lebensprozeß ein.

Bilder und Zeichnungen in *diesem* Zusammenhang sehen, fördert die Erkenntnishaltung, in der das Kind seine Wahrnehmung allmählich organisiert. Es lebt und wächst im Fortgang solcher Erkenntnis.

Insofern ist ein hinreichendes Protokoll ein soziales Tagebuch über Versuche der Bildung und Kultur.

Wer Stichworte haben möchte, sei an die wesentlichen Daten und Worte noch einmal erinnert: Name / Datum oder Alter / Titel des Bildes / Bemerkungen, Erklärungen und Assoziationen des Kindes / Situation – Gruppe / Lösungsabsicht im Bild: was will es damit? – Tätigkeit? / Dinge und Sachen im Bild, deren Symbole im Verhältnis zu den wirklichen Sachproblemen der kindlichen Umwelt. / Probleme der Zeit; auch Verhältnis zur Lebensgeschichte des Kindes / Bedeutung und Bewertung des Abgebildeten / Formales und Institutionelles / Übergang vom Bild in die Handlungsebene / Erkenntniszuwachs, Konfliktlösung.

Insofern ein Bild so analysiert erscheint, ist die komplexe Psyche auch auf diese Betrachtungsweise reduziert und überschaubar gemacht. Nicht daß sie dieses Schema und Modell selbst schon wäre. Aber sie arbeitet im Fortgang solcher Fragen, deren Antworten unser Handeln bestimmen.

Es versteht sich von selbst, daß damit auch müßige Unterscheidungen zwischen „Kunst", „Leben" oder „Politik" aufgehoben sind, weil das eine immer das andere ist, vorlaufend oder nachfolgend.

Kinderzeichnungen sind soziale Problemlösungsversuche ihrer jungen Autoren.

Puppen erscheinen meist als „Wesen", mit denen man sein Spielchen treiben kann. Nicht selten werden sie zu Objekten von Zärtlichkeitsbedürfnissen, die ihre Besitzer an Lebenden nicht befriedigen können. – Beliebt als Spielzeuge, erscheinen sie heute auch im Fernsehen –, bewegt von anderen; oft an Drähten hängend. Man hat nicht viel Spielraum für eigene Gefühle und Äußerungen, wenn man sich selbst als Puppe oder Marionette zeichnet.

Raumfahrer und **Roboter** stehen im Verhältnis von aktiv zu passiv: Das eine will man sein, den anderen will man kontrollieren und befehlen. Nur depressive, bereits tief überwältigte und bestrafte Kinder verstehen sich als Roboter; ohne Persönlichkeit und der Laune des Herrn folgend: wandelnde Tote als *Maschinen!* Zuweilen zeigen ihre Zeichner durch mächtige Zangenarme – „Roboterhand zum Morden" – noch Spuren vorhandener Angriffslust und heimlicher Gegenstrategie. Als Ausgestoßener möchte man sich an jenen rächen, die einen zurückgewiesen haben und eine Welt zerstören, auf der man sowieso nicht atmen kann. Es ist eine fiktive Welt, die auf solchen Zeichnungen erscheint, asozial und antisozial *gemacht*. Nicht selten schlägt solche Frustration in Zerstörungswut um. Dagegen sind Raumfahrer als weniger abweichend zu bewerten, weil sie als Vorbilder öffentlich gefeiert auch Symbole kollektiven Wahns sind. Insofern kann man sich mit ihnen – meist hochdekorierte Militärs – identifizieren. Gespräche darüber wären gleichwohl angebracht. Ich kenne einige Jungen in vaterlosen Familien, die in der Fiction-Welt ihre Väter und männlichen Idole suchen. Und hier ist man wohl auch als erwachsener Gesprächspartner relativ machtlos, weil der Mangel objektiv und real ist.

Die **Raumordnung** auf dem Bild ist zunächst nur Teil einer über das Papier hinausgehenden Bewegung. Später wird Raumdarstellung als isolierte Möglichkeit gesehen, *sich selbst* darzustellen, gleich, *was* man darstellt. Nach und nach weichen indes Sachdarstellung und Weltvereinnahmung der wahrnehmenden Einsicht in *wirkliche* Verhältnisse. Dabei entstehen für die Analyse zunächst Probleme der

Einteilung. *Mischformen, Blattausnutzung, Flug-* bzw. *Landkarten* und *Aufsichtsaspekte, Streifen* und *Friese, Oben/Unten* und *Links/Rechts* sind die wesentlichen Stichworte; wogegen die Einteilung in Flächen-, Landkarten-, Vogel-, Schräg- und Schaubilder unbefriedigend lassen, weil einige Termini unklar bleiben oder verwechselt werden: jedes Bild wird *geschaut*; und *schräg* kann alles mögliche sein.

Entwicklungsmäßig erscheint *vor* aller Raumordnung das *Streu-* oder *Fragmentbild*; es sind Vogelbilder ohne Ordnung. Dann konsolidieren sich allmählich Bilder mit Bodenlinie. Erscheint darüber der Himmel, oder verschiedene Ebenen, spricht man von *Streifen-* oder *Friesbildern*. Werden auf einem Luftbild die unteren Objekte groß, die oberen klein gemalt, könnte man von einem *schrägen Flächenbild* sprechen, wird dies oben durch einen Horizont begrenzt, von *flächigem Horizontbild*; beide haben Tiefenraum. Dazwischen sind Bilder mit komplexen und gleichzeitig mehreren Perspektiven zu denken. Vogelblick und Winkelstruktur bzw. Kreuz und Drehung setzen sich in den ersten Häuserbildern durch; später wird auf

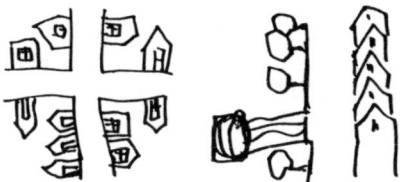

das Klappen verzichtet. Ein Vogelbild mit Tiefenwirkung entsteht durch ein Hintereinandersetzen der Häuser; solche Motive kennen wir von historischen Arbeitersiedlungen.

Ein neunjähriger Junge mischt für die Darstellung eines Bahnhofs drei Aspekte: Schalterreihe, Halle und Uhr werden frontal gesehen, Bahnsteig und Schienen von oben und die Züge seitlich.

eines Grundschülers – mit Autos, Mühlen, Schluchten und Bergsteigern verrät eine alles einnehmende Aktivität. Demgegenüber gibt es so etwas wie eine zwanghafte Detailgenauigkeit von „Kleptomanen“, realen oder sol-

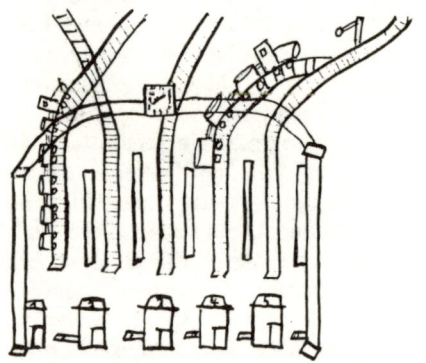 

Bilder erzählen oft ganze Geschichten und Zeitabläufe, sind „vielzeitig“, was die Darstellung der verschiedenen Perspektiven steuert, nicht umgekehrt: mal ist man hier, mal dort. Insofern sind solche Bilder fünfdimensional. Die *Zeit* und die *Tätigkeit* spielen eine wesentliche Rolle. Die Blattausnutzung auf Kinderbildern ist bislang wenig reflektiert worden. Massiv übergroße Figuren, so haben wir gesehen, sind Zeichen der Unreife oder eines empfundenen Ungenügens über die eigene körperliche Kleinheit. Fragmentbilder streuen ihre Gegenstände oft über die ganze Fläche aus und hinterlassen den Eindruck von Fülle. Auf der anderen Seite könnte man von einer positiv zu bewertenden *strategischen* Raumordnung sprechen: man hat Überblick. Ein Pferd (→ S. 38) wird sorgfältig im Raum verspannt und eingeordnet; man ist im ganzen Areal zu Hause und kennt sich allerorten aus. Das „Horizontbild“

chen im Geiste, die Fülle eher vortäuschen. Sie wollen alles haben und alles ins Bild bringen und dort festhalten – für sich.

Nur sehr kleine Kinder, die mit der Fläche so gut wie nichts anfangen können, zeichnen krakelhaft am Blattrand entlang; möglich, daß sie die Grenze, den Widerspruch, das Zentri*fugale* mehr interessiert als das Zentrum selbst. Für spätere Phasen ist dieses Verhalten zur Mitte bedenklicher. „Randflüchtler“ kommen mit dem Gegebenen nicht aus; ihr Expansionsdrang geht nach außen und läßt das Innere leer.

Kurzum: Große Fülle und Detailreichtum sind nicht immer positiv zu werten, wie umgekehrt Leere nicht immer negativ ist. Oder anders: Nur Rand, oder nur Verharren in der Mitte kann Hemmungsangst bedeuten, Reichtum auf der ganzen Fläche dagegen Angst vor dem Alleinsein. Und desorganisierte Kinder präsentieren

132

ihren Gestaltzerfall mitunter als chaotische Scheinordnung auf dem ganzen Blatt.
Auch zeichnerische Fähigkeit bzw. Alter und Blattverwendung entsprechen sich nicht durchgängig, wenn-reicht eine Standlinie auch nicht aus für das, was man alles unterbringen will, und man zeichnet eine Bodenlinie zusätzlich darüber, stockt also auf, → häuft bis ins Unendliche, malt aufeinander, übereinander, hintereinan-

gleich diese Entsprechung häufig zu beobachten ist. Vermutlich spielen hier Aufgabenstellung und Realitätssinn wesentlich herein.
Die Zeichnung von Felix könnten wir ein Bodenbild nennen: es zeigt kriegerische Szenen, gemalt nach einer „Einweisung" ins Internat. Wurden vorher raumgreifende flächige Bilder gezeichnet, so zerfiel solche Verfügung plötzlich zu bedrückenden „Bildern". Erst nach Beendigung des Zwangsaufenthalts erhoben sich langsam wieder Ballons über einer friedlichen Landschaft.
Einfache Friesbilder könnten sicher altersspezifisch zugeordnet werden. Wir haben darüber aber so gut wie keine gesicherten Ergebnisse. – Werden mehrere Stufen übereinander gelegt, gar die Familienmitglieder auf verschiedenen Ebenen angeordnet, so kann man auf Spaltung der Gruppe, der Person, – oder aber auf analytische Einteilungsversuche spekulieren. Oft der, verbindet möglicherweise die Ebenen durch Wege miteinander, gibt ihnen Tiefe, ermöglicht Erwandern . . .
Die Raumvorstellung der graphologischen Seelenlandschaft setzt im Bild links unten den Ursprung und rechts oben Leistung und Erfolg. Die Diagonale ist so etwas wie die „Lebenslinie" als Leistungskurve. Klees Frage nach dem Woher und Wohin einer Linie beantwortet Koch für den Baumtest mit der graphologischen Grundannahme Pulvers und Grünwalds. Danach stehen links Vergangenheit, Introversion, Mutterbilder, rechts Zukunft, Extraversion und Vaterbilder. Unten links steht für Anfang, frühe Stufen, Rückschritt; oben links für Passivität und „Zuschauerraum des Lebens"; rechts unten dagegen Trieb, Konflikt, auch Erde. Rechts oben aktive Auseinandersetzung mit dem Leben. Auf doppelte Weise wohl auch taoistisch: unten materia, Unbewuß-

tes, oben Göttliches, Bewußtes, Geist. Wenn man die Geschlechtsprojektion als überholt herausnimmt, mag man der Vierteilung vielleicht noch etwas Geschmack abgewinnen, und sich von dem mehr empirischen Dorftest von Arthus zusätzlich überzeugen lassen, worin man ein Dorf oder eine Kleinstadt mittels Legefiguren beliebig arrangieren kann. Der Kunsthistoriker Grünwald hat anhand eines Legetests den Nachweis einer Raumsymbolik ermittelt, der in der Figur der Windrose sich zum Teil mit den Bedeutungsgesten des Menschen deckt. Versuchspersonen, aufgefordert, eine Scheibe als ihr Ich zu legen, beziehen links unten immer wieder als Ausgangspunkt, Ursprung und Anfang: „Dort war ich klein und ganz jung"; rechts oben dagegen „ist das Ziel, der Erfolg". Vom einmal begonnenen Leben aus ist das Linke dann zugleich das heruntergekommene Moment, also Rückschritt; rechts oben dagegen auch ein Verwegenes, unrechtmäßig Hochfliegendes und Hochgekommenes. Der Graphologe Pulver ergänzt

die Vorstellung mit der alten Dreiteilung Geist, Seele, Leib, bezogen auf Oberlänge, Kurzbuchstaben und Unterlänge der Schrift. Hertz differenziert die Windrose alsdann für die Schriftdeutung – (in der Abbildung seine Ausdrücke in Klammern).

Auf vier Felder reduziert, bedeuten oben: Geist, Entfaltung, Individualität; unten: Erotik, Biologie, Kollektivität; links: Vergangenheit, Introversion, infantile Fixierung; rechts: Extraversion, Zukunft, Autorität.

Höchst fragwürdig scheint hier zumindest die Assoziation von Biologie und Kollektivität; so als sei ein gut organisiertes Gemeinwesen immer auch ein Naturprodukt.

Zu den Problemen von oben und unten kann man einiges anhand der Erfahrungen mit REIHUNGEN sagen: für Schulkinder allerdings meist negativ zu werten, weil hier das einfache Wiederholungsprinzig bereits überwunden und komplexen Ordnungen gewichen ist.

Reihung in der Mitte wird allgemein als Störung der Latenzphase gedeutet.

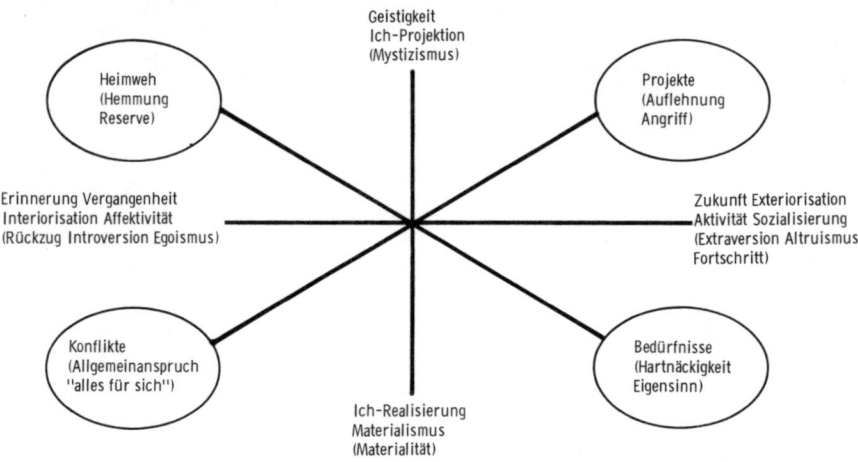

Geistigkeit
Ich-Projektion
(Mystizismus)

Heimweh
(Hemmung
Reserve)

Projekte
(Auflehnung
Angriff)

Erinnerung Vergangenheit
Interiorisation Affektivität
(Rückzug Introversion Egoismus)

Zukunft Exteriorisation
Aktivität Sozialisierung
(Extraversion Altruismus
Fortschritt)

Konflikte
(Allgemeinanspruch
"alles für sich")

Bedürfnisse
(Hartnäckigkeit
Eigensinn)

Ich-Realisierung
Materialismus
(Materialität)

Konzentration auf Mitte gilt der Ausbildung eigener Individualität, die aber formal eben gehemmt wird, obwohl sie als Bedürfnis unbewußt problematisiert ist.

In der Familie des zehnjährigen Elmar ist Leistung oberstes Gesetz. Zu früh eingeschult, protestiert er mit Clownerien, Schwindeleien, Stehlen und Schulschwänzen gegen Überforderung. Als jüngstes Kind wird er überdies zum Austragungsort ehelicher Spannungen der Eltern, womit er in eine ausweglose Bindungslosigkeit gerät, weil er diese Rolle nicht annehmen kann. Elmar zeichnet von links nach rechts – in der Mitte aufgereiht –

wie seine vierjährige Schwester, scheint kontaktgestört und motorisch umtriebig, gleichwohl die Eltern um ihre beiden Kinder bemüht sind. Er zeichnet von links nach rechts elf Autos hintereinander. Zuerst die Eltern; vor der Mutter er selbst als kleines Auto; noch kleiner, fast zerdrückt, die Schwester. Das letzte Auto rechts, nunmehr auch das erste, ist nochmals er selbst. Die anderen Auto-Geschwister sind „Angsthelfer". Eine Therapie muß hier wohl bei den Eltern ihren Anfang nehmen.

Eine Bevorzugung der oberen Bildhälfte setzt die jeweiligen Zeichenelemente gleichsam in die Luft. In der

Großeltern, dann Vater als Schreibhefte; die Mutter – ungeliebte Mahnerin täglicher Verpflichtungen – wird zum Taschenkalender; die Schwester – ihn rivalität von der Mutter trennend – ist ein Stift, – und er selbst ein Radiergummi: bereit, alles jederzeit auszulöschen.

„Normale" jüngere Kinder unter sieben, oder ältere, aber retardiert infantile, wie auch solche ohne Zeichenfähigkeit und -übung zeichnen häufig am unteren Blattrand; je nach Unterdrückungssituation bringen dies auch hochintelligente zustande, die sonst raumgreifender malen.

Der siebenjährige Horst, Bettnässer

Mehrzahl sind es schlechte Zeichner mit Störungen zur „Basis" ihrer Umwelt. Keinesfalls ist es eine Tendenz zur Sublimierung oder einem geistigen Nach-oben-Streben; vor allem dann nicht, wenn die untere Bildfläche leer bleibt. Dies widerspricht nicht unbedingt dem graphologischen Raumschema, wohl aber einer Auffassung, daß entmaterialisierte – bodenlose – Höhenflüge zuträglich wären: So ist die Dreiheit des Körpergefühls und seiner Logik auch für das Bild gefordert. – Koch argumentiert parallel, daß Überhöhung der Baumkrone Größenwahn und „maßloses" Geltungsverlangen ausdrückt: dies hat ein

135

Mißverhältnis von unten, Mitte, oben, von Stamm zur Kronenhöhe automatisch zur Folge. Schwindler und Betrüger bauschen auf und hoch.

Zusammenfassend ließe sich sagen, daß die isolierte Betonung einer bestimmten Höhenzone immer bedeutsam ist, sei's psychisch oder im Sinne einer zu gestaltenden Aufgabe; und daß die runde Persönlichkeit bei runden Aufgaben auch rund, d. h. blattfüllend malt und zeichnet. Die Aufgabe, ein geducktes Haus im Schneesturm zu malen, kann natürlich von solcher „Rundheit" bewußt abweichen.

Im Baumtest gilt eine Verlagerung nach rechts als Geltungsbedürfnis, Anmaßung, Träumerei, Ich-Schwäche und Unsicherheit. Was rechts zuviel ist, ist links zuwenig, schwächt also. Anneliese Ude spricht unter Berufung auf Symbolik von der linken, sinistren = unheilvollen Welt als Ich, und rechts – bewußte Welt – als Du. Die Bewegung aggressiver Tiere nach links bedeute Selbstzerstörung, Aggression gegen sich selbst.

Danach wäre der Rechtstendenz Progressivität und Wille zur aktiven Auseinandersetzung zuzusprechen, auch Lernen, intellektuelle Kontrolle, ja Zukunft; Linkstendenz bedeutet danach Vergangenheitsorientierung, ja neurotische Frühverwahrlosung, Regression und Entwicklungshemmung, Unterdrückung und zuviel Gefühl. Ausdifferenziert: obere linke Ecke im Dorftest meint Heimweh und Regression, untere linke Ecke Konflikte, Fixierung an frühere Stufen. Unten rechts: Bedürfnisse, auch Verfall und Nostalgie.

Zu diesem Befund konträr steht die angebliche Beobachtung der mehrheitlichen Profilwendung nach links; wobei man allerdings hinzufügen muß, daß Linkstendenz in Kinderzeichnungen generell häufiger ist als Rechtstendenz. Falls die obigen Raumthesen stimmen, hätten wir es also mit einer Kollektiv-Diagnose zu tun, wie immer man dies interpretieren mag. – Oder aber die Hand kreist ganz einfach gegen den Uhrzeigersinn und produziert den Augenkringel auf diese Weise als obere Endbewegung.

Die Bäume bei Koch haben mehrheitlich Rechtsbetonung. Er setzt dies in Parallele mit der rechtsläufigen Schrift des Europäers im Gegensatz zur linksläufigen der Semiten. Ob deren Bäume nach links überhängen, verschweigt er uns allerdings.

Kurzum: Die Links-Rechts-Vorstellungen bedürfen wohl universellen empirischen Gehalts, also weiterer und genauer Untersuchungen mit jenen, die davon betroffen sind, in diesem Fall Kinder; – oder aber genauer Einschränkung, *wo welche* Tendenzen und Bedeutungen vorgefunden wurden. Die statistischen Werte sind für den Einzelfall äußerst unbefriedigend; denn wie soll der einzelne entscheiden, ob dieses oder jenes nun zum Mittelwert gehört oder nicht, gehört doch zur Unbekümmertheit der Kinder auch, daß sie beliebige Verlagerungen vornehmen, rechts und links, vertikal und horizontal, wie auch oben und unten beliebig vertauschen, ohne daß sie dies störe, ja ohne daß sie es überhaupt wahrnehmen. Unbekümmert um „Aufrichtung" von Gegenständen oder Personen, um ein einheitliches Oben und Unten drehen und stellen vor allem Vorschulkinder Bilder auf den Kopf und „lesen" kreuz und quer, von links nach rechts, von oben nach unten und umgekehrt, sind also beweglicher und weniger festgelegt als wir. Diese Beweglichkeit und Freiheit der Zuordnung ist, was sie uns allen voraushaben.

Zu den Einwänden gegen psychische Raumkonstanten gehören auch die gegen die Diagonale. Auf ihr finden sich angeblich mit großer Regelmäßigkeit Konfliktfiguren: Kontrahenten, gegensätzliche Objekte. Die gegenüberliegenden Ecken scheinen so etwas wie Extreme zu sein, die äußerste Spannung möglich und darstellbar machen. Aber auch diese Beobachtung, die möglicherweise auch für Dreiecksanordnungen zu beobachten ist, wurde bislang nur mit wenigen Fallbeispielen belegt.

Wir haben schon mehrmals betont, daß eine Zeichnung ohne Protokollzusatz so gut wie wertlos ist, was ihren psychologischen Gehalt betrifft.

Viele Eltern haben eine berechtigte Scheu, über die Spekulationen der Psychologen informiert zu werden. Für sie ist das malende Kind eines, das man endlich an es selbst los ist, und dessen Eigenentwicklung und Selbst- „Therapie" über Farben und Formen man nicht mit ständigen Überlegungen verändern und beeinflussen will; also ein Akt der Anti-Pädagogik. Einen Schuß davon – und viel Mißtrauen – ist angezeigt in Sachen der Zuordnung von Raum und Psyche.

Ebensowenig wie Kunst auf *ein* Bedeutungssystem reduzierbar ist, ebensowenig Kinderkunst.

Keine Fallstudie aber kann uns der Aufgabe entheben, in den Dialog mit dem Kind erst einmal einzutreten, falls wir wirklich etwas von ihm erfahren wollen. Zeichnungen sind ein Anlaß für die unendliche Geduld des Zuhö-

renkönnens und des Gewährenlassens persönlicher Artikulation.

Die **Reihenfolge**, nach der ein Kind eine Gestalt zusammensetzt, ist immer bedeutsam.

Die achtjährige Shirley begann ihre Zeichnung mit den Beinen; dann kam

das Kleid, die Arme, und schließlich der Kopf. Diese Abfolge deutet meist auf zwischenmenschliche Schädigung und Depression, denn üblicherweise beginnt man mit dem Kopf, dem Zentrum sozialer Wahrnehmung und Verständigung. Die Zeichnung enthält überdies Integrationsmängel Kopf/Körper, kurze Arme, weggelassene Nase, Schattierungen des Körpers und fehlende Mittelhände. Das Mädchen, körperlich schmächtig und klein wie eine Sechsjährige, wurde in der Schule lediglich geduldet, oder auch einfach ignoriert, und konnte nur schlechte Leistungen vorweisen. Die Mutter überspielte ihre abweisende Einstellung durch äußerliche Verwöhnung

137

und machte die Schule für das Versagen verantwortlich. Nach einigen Gesprächen und den ersten Zeichnungen, die emotionale Hemmnis, Schüchternheit und Isolation abbauen halfen, zeichnete Shirley einen „graphischen Hilferuf": Zunächst verwies

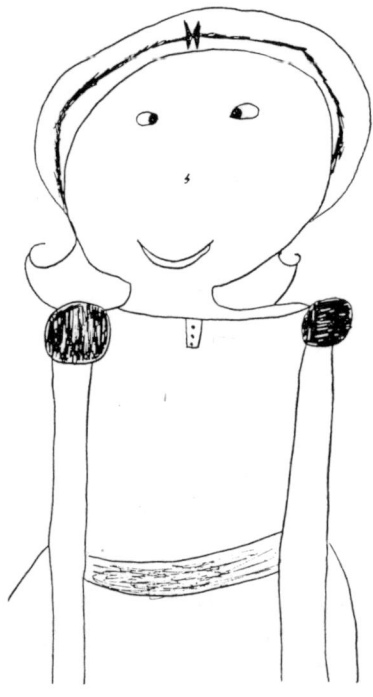

sie mit der überdimensionalen Gestalt, die das Blatt nicht faßte, auf ihre körperliche Kleinheit, ihr Hauptproblem. Die abgeschnittenen Hände und fehlenden Beine zeigen Bewegungsunfähigkeit; die schielenden Augen Zorn und Enttäuschung über die Tatsache, daß man sie übersah. Dabei stehen die überlangen Beine der ersten Zeichnung zu den fehlenden der zweiten in einem offenbarenden Kontrast.

„Reihenfolge" heißt zweierlei: Wie in der Abfolge *gezeichnet* wird, wer und was zuerst, was zuletzt; – und: wie die Gestalten auf dem Blatt nach der Fertigstellung der Reihe nach *erscheinen*. Dies gilt vor allem für → Gruppenbilder, die auf einer Grundlinie angeordnet sind.

Auf einem Spaziergangs-Bild gehen Bruder und Mutter voran, weit hinten der Zcichner Hans: „Die mögen den Walter viel lieber; mich mögen sie gar nicht."

In unserem Kulturkreis zeichnen Kinder unter acht Jahren meist sich zuerst, ja, setzen sich in die Bildmitte; später dann den dominierenden Elternteil. Dies ist der wohl symptomatische Gang einer Erziehung, die die „dominierende" Narrenfreiheit des Kleinkindes durch Autorität und Anpassung aufzuheben sucht. Die Despotie wird schließlich verinnerlicht und erscheint auf der Bildfläche. Ein realistisches, gleichwohl freieres Bewußtsein wählt zwischen diesen beiden Extremen, differenziert und paßt sich *kritisch* an.

Ältere, überlegene oder zögernde Kinder zeichnen mitunter zuerst, was unproblematisch ist; erst dann macht man sich an das, was schwierig und mit Skrupeln verbunden ist. Wie bei Reden ist dann wichtig, was zuletzt gesagt wird. Nur das Kleinkind ist von solchen Hemmnissen frei: es zeichnet in schöner Unschuld den eigenen liebenswürdigen Wahn als Welt – und jenes Elternteil, an das es zuerst gebunden und das von ihm abhängig ist.

Was **Riesen** wirklich bedeuten, habe ich bis heute nicht herausfinden können; ich fürchte, sie können alles mögliche für die Sphäre notwendiger *und* anderer Autorität symbolisieren. Wer sich groß sieht, so haben wir gesehen, überschätzt sich oder wünscht sich nur so. Vaterprojektionen werden in ihnen übermächtig gesehen, auch Mütter als „Riesenvögel mit sieben Zehen". – Riesen wie auch Zwerge sind möglicherweise in realer Angst vor Gewalt begründet, was die Unsicherheit der Raum- und Zeitvorstellungen erst auslöst: ohne historische Differenzierung erlebt man Gewalt als notwendig und immer so gewesen. Damit fehlt auch die Möglichkeit, sich zu wehren, den Riesen in sich selbst abzubauen. Dies gilt auch für den Mangel einer sinnvollen Autorität als Dialogpartner. Ist das Kind autoritären Verhältnissen ausgesetzt, baut es Vaterfiguren als Überriesen dagegen auf.

Der neunjährige Roger verlor plötz-

durch große Geschenke wettzumachen. Roger vereinsamt und bekommt Lernstörungen. Der Vater wird zum Riesen, die Mutter zum Zwerg, er selbst ein „gewöhnlicher Mensch".

Der autonome Erwachsene kann Bezugspersonen entbehren, wenn er sie in seiner Kindheit qualitativ erlebt hat. Andernfalls bleibt er, von Möglichkeiten der Aufarbeitung absehend, allzuoft seiner unausgelebten Kindheit verhaftet. Ein Erkenntnismodell, dessen Gültigkeit nicht selten überzogen wird.

Rivalität unter Geschwistern kann ebenso gewichtig erlebt werden wie das Verhältnis zu den Eltern, wobei solcher Konflikt natürlich abgeleitet ist: indem Eltern den Kindern Rollen zuweisen, wird die Ausgangslage des Konflikts geschaffen. Die elfjährige Ulla, in der Schule ohne Erfolge, sieht

lich seinen Vater, einen sechzigjährigen warmherzigen Mann. Die Mutter löst den Haushalt kurzerhand auf, gibt das Kind in ein Klosterkinderheim und besucht es zweimal im Monat. Das Manko realer Zuwendung versucht sie

sich als kleine Maus, ihre intelligente Schwester als Schwein: die eigene „Schlamperei" ist hier der älteren Schwester angedient. Der kleine vorlaute Stammhalter ist zur Ameise gemacht. Die Eltern thronen eine Ebene höher, schraffiert der Vater, mit aggressiven Schwärzungen die Mutter. Auffallend sind die schielenden Augen von Schwester und Mutter. Der Baum zeigt Äste wie Kanonenrohre, die Menschendarstellung einen uniformierten Turner mit Nagelschuhen. Sport ist in der Familie großgeschrieben. Die einzige Möglichkeit, sich Anerkennung zu verschaffen. Die pubertierende Schwester, von ihr stammt das andere Blatt, blickt als Katze kühl in die Zukunft, hat die Familie schon so gut wie verlassen. Der Bruder – extrem diagonal – ist ein lästiges Schneckenwesen am Anfang, und von der Mutter und ihren Fittichen in

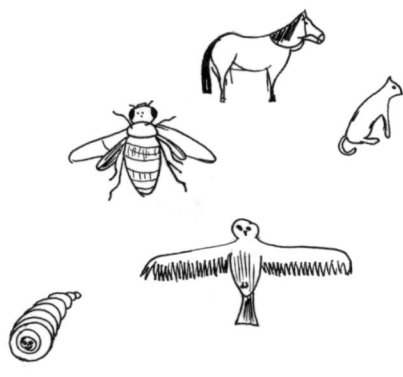

Schutz genommen. Die Schwester ist ein ziemlich großes Insekt, auf deren Zeichnung viel Sorgfalt verwendet wurde. Und in der Tat ist im Verhalten so etwas wie die Aussage: „Ihr seid mir ziemlich und allgemein lästig – allesamt".

Selbstredend gehören Rivalitäten und Spannungen zu unserem Alltag. Wo sie wie hier zu Lernschwierigkeiten werden, ist das Maß des Zuträglichen überschritten. Die Mutter war übrigens beim Psychologen, der ihr den Rat gab, die Tochter nicht mit ständigen Imperativen einzudecken. Ihre Reaktion war: „Ich mußte 90 Mark bezahlen, um gesagt zu bekommen, ich soll nicht soviel reden".

Auch andere Kinder machen ihre ungeliebten Geschwister zur Schnecke. Ob in der Familie der soziale Charakter so eingeschliffen wird, daß er später auf alle → Gruppenbeziehungen übertragen wird, hieße die soziale Lernfähigkeit des Erwachsenen in Frage stellen. Trotzdem werden einige alte Muster wohl immer wieder durchschlagen.

Die häufigste Darstellung der Geschwisterrivalität ist die Neuankunft eines Babys, was die Liebe vom schon vorhandenen Kind zum Teil abzieht und auf das neue verlagert. „Ich schreie, weil das Baby mir den Lutscher weggenommen hat"; das heißt symbolisch: die Brust und Zuwendung der Mutter ist entzogen. So oder ähnlich erscheinen auf Zeichnungen die – über die Mutter vermittelten – starken Babys als Bedrohung; – übrigens nicht nur den schon vorhandenen Kindern, sondern mitunter auch den Ehemännern. Vor der schreienden Anmeldung einfachster Bedürfnisse stehen Geschwister oft wie machtlos einer Naturgewalt gegenüber, auf die man sie wohl hätte besser vorbereiten sollen.

Schräg geneigte Gestalten und Figuren meint: die Vertikalachse des Gezeichneten weicht um 15 Grad oder mehr von der Senkrechten ab. Die frühesten Gestalten, etwa auf Kritzel- und Streubildern, liegen außerhalb dieser Kategorie, denn eine *mögliche* gleiche Schrägheit ist dort das zufällige Ergebnis des motorischen Vollzugs, der Blatthaltung o. ä.; und *nicht* das der optischen Orientierung. Erscheinen *alle* oder die Mehrzahl der Gestalten schräg, so scheint der Zeichner wie aus dem Gleichgewicht geraten, seiner selbst nicht sicher; und in der Tat kommen solche Figuren am häufigsten bei unsicheren und labilen Kindern vor.

Unklar ist man sich darüber, ob Schrägneigung das Ergebnis unzulänglicher Koordination oder vor allem einen Mangel an emotionalem Gleichgewicht verrät. Das Merkmal erscheint bei aggressiven *und* bei schüchternen, zu psychosomatischen Beschwerden neigenden Kindern; d. h. es ist kein Indiz für nur *ein* bestimmtes Verhalten oder *ein* Problem, läßt eher auf allgemeine Unbeständigkeit und Unausgeglichenheit, gestörtes Gleichgewicht, Unbeständigkeit und leichte Erregbarkeit schließen.

Ohne Indiz einer ernsthaften Störung ist es der Ruf, daß man keinen sicheren Halt hat; – und der ist durch → Bestätigung zu geben.

Schulreife. In einer Anfängerklasse findet man oft große Streuungen in der Menschendarstellung – vom Kopffüßler bis zu Profil- und Bewegungsdarstellung. In der ersten Klasse holen die Zurückgebliebenen meist ihre Defizite auf, falls ihnen im Elternhaus oder Kindergarten Bleistift und Pinsel vorenthalten blieben. Schulreife aufgrund einmaliger Zeichnungen zu reflektieren ist deshalb problematisch. Leistungsschwache Grundschüler haben in der Regel unreife oder gestörte visuell-motorische Wahrnehmung *und* emotionale Probleme.

Merkmale *dafür* sind

das Weglassen des Körpers und der Arme,

spontan gezeichnete drei oder mehrere Gestalten bei der Aufgabe, *einen* Menschen zu zeichnen.

Schräggeneigte Figuren sind ein Zeichen der Labilität und Unausgeglichenheit, was sich auch auf die Leistung niederschlägt; ebenso deutet unvollständige Integration der Teile auf unzulängliche Koordination; monströse oder groteske Gestalten werden nur von ihrer selbst unsicheren Kindern gezeichnet;

das Weglassen des Mundes betont die Unzulänglichkeit der Artikulation.

Wo eines oder gleich mehrere dieser Merkmale auftreten, bedarf ein Schulanfänger energischer Hilfe, und zwar weniger im kognitiven Leistungsbereich, als vielmehr im Seelischen. Man kann fast davon ausgehen, daß die Eltern eine notwendige Korrektur nicht von sich aus leisten können.

Präsentiert ein Kind dagegen *unter anderem* richtig angesetzte Arme, Ellbogen, vier oder mehr Kleidungsstücke, Knie, zwei Lippen, Nasenlöcher, gute Proportion und Profil, also eines oder mehrere dieser Merkmale, so muß man um Mißerfolge nicht bangen.

Intelligenz ist eingeschränkt, wenn eines der ersten *emotionalen* Merkmale auftritt, weil möglicherweise Teile der Wahrnehmung blockiert sind.

Dies als vage Andeutungen. Alle anderen Themenbereiche der Kinderzeichnung sind unerforscht oder empirisch ungenügend erhärtet, als daß Aussagen möglich wären. Mißerfolge in der Schule können tödlich sein. Man dilettiere also nicht, wo Probleme auftauchen.

Schwärzungen und **Schattierungen** verweisen auf Problemfelder. Je intensiver ein Motiv mit Schwarz eingedeckt wird, um so stärker sollten wir nach der zeichnerischen Anteilnahme – oft Ausdruck von Angst und Wut, wütend gegen *etwas* – fragen.

Max zeichnet gleich drei emotionale Merkmale: schattierter Mund, d. h. den ganzen Bereich des Sprachwerkzeugs; schräggeneigte Gestalt, fehlen-

de Hände. Der Siebenjährige stotterte, wenn er erregt war; die Aussprache war auch sonst infantil und fehlerhaft. Ursache: die ständige Nörgelei seiner Mutter. Kaum, daß er den Mund öffnete, korrigierte sie seine Aussprache – bis er zu stammeln anfing. Von anderen Leuten korrigiert zu werden, ärgerte ihn besonders. Kinder, die sich von ihren Sprachfehlern nicht belastet fühlen, problematisieren diese zeichnerisch nicht. Es kommt also auf die *subjektive* Befindlichkeit an. Das Merkmal meint *absichtliche* Schattierung, – *betonte* Sommersprossen oder

Masern eingeschlossen, *nicht* aber gleichmäßig leichte Strichelung, um Hautfarbe o. ä. darzustellen; ein dargestelltes negroides Mädchen bedarf wohl der Schraffierung, *weil* es schwarz ist.

Starke Schattierung des Gesichtes ist immer problematisch. Bei Zeichnern ohne Sprachdefekte bedeutet es u. a. Aggression, latenter Zugriff auf die Dinge anderer. Eine Schattierung, die alle Gesichtszüge verdeckt, ist Indiz für geringes Selbstbewußtsein und Angst. Das Kind versteckt sich hinter der auslöschenden Farbe, möchte sich selbst verschwinden machen. Die Schattierung von Mund, Nase, Augen problematisiert angstvoll die jeweiligen Organe und ihre Funktion.

Den Körper zu schattieren ist bis zum neunten Lebensjahr „normal", *weil* körperliche Angst für den Schulanfänger bei uns noch immer die Norm ist. Hier bereiten sich gleichsam unter einem schwarzen Deckmantel psychosomatische Beschwerden vor. Ab dem zehnten Lebensjahr ist intensive Schattierung des Körpers oft klinisch bedeutsam.

Schraffierte Arme signalisieren Schuldgefühle wegen aggressiver, kleptomanischer oder sexueller Tätigkeit, falls diese tabuisiert sind. Dasselbe gilt für die Beine (falls das Kind nicht Spastiker ist).

Wesentlich scheint: das *Indiz* der Angst als Folge einer tatsächlichen oder eingebildeten Tätigkeit, in der die jeweiligen Organe oder Gliedmaßen eine Rolle spielen, ist noch nicht die *Ursache* einer ja *nur auf dem Papier* manifest gewordenen Angst; Ursache und Art der Tätigkeit müssen durch Hinterfragen und Erspielen erst ermittelt werden. Schattierung der Hände oder des Halses ist bis zum achten Lebensjahr normal; danach deutet es auf Schüchternheit oder Aggressivität hin, mitunter auf Verwechslung von Mein und Dein: Zeichen der Angst vor entsprechenden Aktivitäten. Kinder, die den Hals schattieren, kämpfen mit sich selbst, – und schwanken zwischen krampfhafter Selbstkontrolle und Impulsivität, zwischen Verschlossenheit bzw. Wachträumen in der Schule und kompensatorischer Wut oder Sich-Abreagieren zu Hause, wobei solche Emotion selbstredend Intelligenz und Lernfähigkeit hemmen. Zuweilen ist die Schattierung des Halses auch auf andere Figuren – Eltern z. B. – „verschoben". – All dies gilt wesentlich für das Grundschulkind.

Schwärzungen deuten auch auf Aggression als Angstbewältigung. Der dreizehnjährige Ingo, jüngster von drei Brüdern und Sohn strenger Eltern, wird bei Vollmond in seinem nächtlichen Bewegungsdrang besonders beeinflußt und gestört, wogegen auch Zwangsmaßnahmen wie Anbin-

den oder auch Medikamente nicht halfen. – Die Familie besteht in der Zeichnung aus fünf Mondmenschen mit jeweils vier Beinen und Metallringen über den Augen: Das Symptom wird auf die ganze Familie übertragen.

Starke Schwärzung ist – etwa beim Vorschulkind – Ausdruck motorischer Beunruhigung und sinnlicher Erregung. Ein Dreijähriger nimmt – um ein Beispiel zu geben – das ihm vorgegebene Bild eines Wagens, zeichnet dick und schnell über die Räder, schreit: „fahren" – und zieht lange Linien über das Blatt: „Wagen, die auf der Straße fahren". Druckstärke und Verschmierungen werden hier zu Zeichen gestauter Triebregungen, die sich entladen.

In der Pubertät sind Helldunkel-Kontraste dann bereits Mittel bewußten Raummalens, vor allem kontrollierte Schraffur – im Gegensatz zur drängenden Schwärzung, die meist bedeutsam scheint: ein Ausfüllen des Gegenstandes, ein Totmachen von Dingen, oft mütterlich-ursprünglicher Symbolelemente wie Küche, Herd – oder männliche Attribute wie Bart; zum Teil erscheinen die Schwärzungen als massive Eingabe von Malmitteln.

Gegen Lüschers *Schwarz* als „bloße Passivität" und „unfähige starre Einheit" oder „Umnachtung" symbolisiert diese Un-farbe auch die Macht des Unbewußten; ein Schweigen, aus dem das Leben erst kommt: Spielfeld für vielerlei Regressionen, Rückbewegung, aber auch Rückgriff, damit „Brutstätte" für Hoffnung und neue Strategie; für Wut, die neue Möglichkeiten erst gebären muß, sie in sich aber als Widerspruch hat.

Der **Seiltänzer**, faszinierend und bewundert, verkörpert neben der Gefährlichkeit seines Berufes zugleich die Freiheit von bürgerlichen Lebensbedingungen. Außenseiterkinder sehen vermutlich die prekäre Situation auf dem Seil zuerst. Gleichgewicht wahren ist die Aufgabe, die sie in einer haltlos gewordenen Situation unbewußt in der Figur realisieren.

Sexualität. Zum Motiv der Geburt fand ich in einer literarischen Sammlung über „Perspektiven der Sexualität" – 1967 von J. L. Malfetti und E. M. Eidlitz in Chicago herausgegeben – eine Zeichenaufgabe mit der Fragestellung „Wo war ich vor meiner Geburt?". Die Kinder antworteten in Bild und Kommentar, und zwar ebenso biologisch exakt – Tuba und Uterus im mütterlichen Bauch, oder *Hospital Baby Section* – wie auch phantastisch – Flug im Ballon, im Ei, auf einem anderen Planeten, im Wetter; auch jener Vogel, der das Baby durch die Luft herführt, fehlt nicht. Unverlangte Darstellungen des Geburtsvorgangs sind im frühesten Zeichenalter bereits normal und im Sinne einer Abweichung keinesfalls bedeutsam; es sei denn, der Zusammenhang mit bestimmten Geschichten und Ge-

schehnissen innerhalb der familiären Intimsphäre wäre auffällig.

Ein fragwürdiges Bewußtsein von Sexualität, weil tabuisiert, erscheint dagegen in Form von Transparenzen und Schwärzungen der betreffenden Körperregionen.

Skelett, Totenkopf, zuweilen Gespenster symbolisieren einen dynamischen

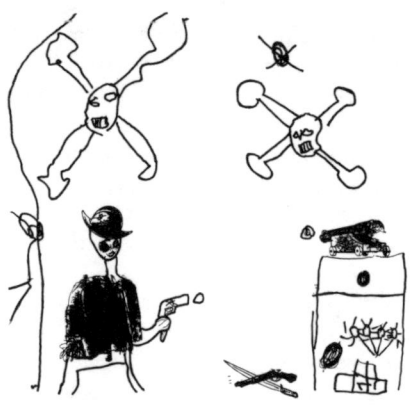

Todesvorgang „durch den Tod hindurch". Bei Kindern erscheint die Motivik zuweilen in der beziehungslosen Leere gelernter Aggression in Nachbarschaft zu Revolvern und barbarisch-sadistischen Geschichten der Massenmedien, die zu eigenen Montagen anregen.

Bekannt geworden ist „Betty, das Protokoll einer Kinderpsychotherapie" von Anneliese Ude 1973, worin ein sechsjähriges Kind, Tochter zweier Juristen – trotz Kleinfamilie massiv deprivationsgeschädigt – zahlreiche Skelette, abgehackte Gliedmaßen und Totenköpfe zeichnet. Der produzierte „Todestrieb" ist Ergebnis einer Summierung elterlicher Fehlleistungen: keine Bruststillung, zu frühe Sauberkeitsdressur, Vater mit Ordnungszwängen, Hochhauswohnung, ständig

wechselnde Kindermädchen. Ein gespenstisch aussehender, riesiger Kopf, an dessen beiden Ohren zwei schwarze Kinderskelette hängen. Aus dem Gesicht sehen zwei tiefschwarze, furchterregende Augen. Die Nase ist eher ein Knochen. Auf die Zähne des Riesenmauls sind Zahlen geschrieben: Hinweis auf autistisches Verhalten.

Sargträume haben öfters Frauen in Wechseljahren: man fühlt sich so gut wie begraben. Traumbücher deuten Todesmotive zuweilen auch „negativ" im Sinne von Aufarbeitung: „Wir begraben unsere Schwächen und Gebrechen und erstehen seelisch neu." Oder: eine Beziehung hat ihr definitives Ende im geträumten Todeswunsch gefunden.

Motive wie Totenköpfe finden sich bei Rockern, jugendlichen Abweichlern u. a. als Ausdruck einer bestimmten bindungslosen Asozialität, was nicht ausschließt, daß auch eine höhere Tochter gelegentlich solche Motive bevorzugt zeichnet.

Sonne und Mond bedeuten angeblich Liebe und Fürsorge der Eltern wie auch das Gefühl, von ihnen kontrolliert zu werden. Insofern ist das Symbol, will man es nicht einfach als Klischee der Anpassung werten, auch ein Zeichen der Ambivalenz: der von Haß *und* Liebe. Dabei werten wir Kontrolle nicht negativ. Desorganisierte oder abweichende Kinder werden überhaupt nicht oder zu sehr kontrolliert. Es zählt also das richtige Maß. Kurzum: Dem leistungsorientierten Kind scheint die Sonne und die Klarheit am Himmel des Erfolgs. Vermutlich zählt vor allem der qualitative Aspekt. Wenn ein Kind wie im Fall Betty (→S. 144) zu „seiner" Sonne sagt: „Die ist ganz heiß, und die Strahlen sind böse Finger, alles sind böse Finger", so ist dies anders zu beurteilen als der übliche gelbe Brei mit Strahlen.

Die Symbolbedeutung des Mondes – Abhängigkeit – steht in Bezug zu der der Sonne: Der Mond entleiht sich sein Licht; seine Gestalt wechselt, wächst und wandelt sich. Mitunter mag sein menstruierendes Moment assoziativ durchschlagen. Das Gestirn taucht in Kinderzeichnungen zwar auf, hat aber selten eine mehr als ornamentale Bedeutung.

Mechanische **Spielzeuge** repräsentieren das Kind selbst. Darauf verweist die Angstreaktion, wenn es kaputt geht. Gehen Kinder nicht ohne Spielzeug ins Bett, fühlen sie sich evtl. als nicht vollständig. Dabei ist die Art des Spielzeugs aufschlußreich für den assoziativen Gehalt seiner Bedeutung. Natürlich ist Ersatz dort legitim, wo das eigentliche Bedürfnis nicht befriedigt werden kann. Über den Anteil und die Wirkung der erwähnten Repräsentation wissen wir ziemlich wenig. Um mehr zu erfahren, könnte man also Illustrationen zu dem Thema als Aufgabe stellen und entsprechend bestätigen . . .

Streu- bzw. **Erzählbilder** heißt man Zeichnungen, auf denen Figuren und Gegenstände *scheinbar* wahllos angeordnet sind. Entwicklungsmäßig folgen die Streubilder der Drei- bis Fünfjährigen dem Kritzelstadium; d. h. sind Kritzeleien. Positiv deuten sie auf Lebendigkeit, negativ – als Entwicklungsrückstand – auf Labilität. Die mangelnde Koordination der Gegenstände kann Ausdruck jenes Vorsprungs kindlicher Phantasie sein, die grundsätzlich alles allem *zuordnen* kann.

Bei einem echten Streubild ist das Papier Bodenfläche; d. h. Bewegungs- und Lebensraum werden verteilt, die gezeichneten Gegenstände sind „wirklich" festgehalten, sind im ersten Stadium überhaupt erst einmal da, existieren. Erst dann werden sie „be-deutet", oder „geregelt" und geformt. Dabei ist das beziehungslose Nebeneinander nicht etwa mangelnder erlebnismäßiger Bezug, innere Beziehungslosigkeit oder Diffusität, als vielmehr Ausdruck jener Offenheit, die sich noch nicht festlegen will oder kann und um grammatische Regelhaftigkeit nicht weiß oder sie nicht umsetzen kann. Davon unterschieden ist das „streuende" *Erzählbild* dann, wenn der *Reihenfolge* der gezeichneten Figuren oder Gegenstände ein bestimmter Wert zukommt, was nur durch Beobachtung des Malvorgangs oder nachträgliche Dialoge zu ermitteln ist. Nicht selten also liegt im *Prozeß* die eigentliche Bedeutung und der Sinn des Bildes; d. h. ohne Protokoll ist es so gut wie bedeutungs- und „wert"-los.

Zu ihrem Streubild konnte mir die siebenjährige Autorin Marion Schaller nicht mehr sagen, als daß dies

Sterne, Augen, ein Ochse, ein Mond, ein Mädchen, eine Brille, ein Mund und eine Brille mit Nase sei. Ein leichter Entwicklungsrückstand ist auch in anderen Zeichnungen sichtbar. – Dagegen würde ich das surreale Streubild „Ein Mann trägt eine Uhr und ein Mädchen hat seine Spielsachen hinten

gelassen" aus dem Buch der Palästinenserkinder schon nicht mehr zu dieser Gattung rechnen. Wir haben leider keine weiteren Angaben als diesen „Erzähltitel". Es scheint indessen sinnvoll, die Ausdrücke *Fragment-*, *Streu-* und *Erzählbilder* zu trennen, was allerdings nur durch die Assoziationen des Kindes selbst geschehen kann, weil viele Bilder zunächst ähnlich aussehen. Wesentlich für ihre Beurteilung ist auch das Alter ihres Herstellers.

Transparenzen oder Röntgenbilder belegen ein konkretistisches *oder* analytisches Denken. Jüngere Kinder zeichnen Skelett oder Umriß und fügen dann Kleider hinzu. Ängstliche Kinder – mitunter auch detektivische – problematisieren bestimmte Gebiete, und nicht selten den Bereich der Genitalien. Es ist die Befangenheit vor dem durch Transparenz betonten Körperteil; das Tabuisierte wird unbewußt aufgedeckt, obgleich die Zeichner oft nur geschwächt urteilsfähig sind. Man will Auskunft und Beruhigung über Triebregung und Gefühl. Man muß das Merkmal also – vor allem bei Menschendarstellungen – als Hilferuf von Kindern interpretieren, die sich sonst nicht artikulieren können.

Die achtjährige Betty war ein halbseitig gelähmtes Kind. Rechte Hand und rechtes Bein konnte es kaum bewegen.

Gleichwohl war sie zu Hause und in der Schule recht aktiv. Die Eltern akzeptierten sie ohne jeden Vorbehalt wie ihre anderen Kinder auch, und die Mutter meinte: „Betty mag die Leute gern, und die Leute mögen sie!" – Betty zeichnete ihre ganze Familie, wie sie zur Kirche geht, sich selbst aber als kleinstes Kind, das Zuflucht unter der Mutter sucht, ihr aber doch auch vorausgeht. Dabei hat sie noch zwei jüngere Brüder. Das Symptom nun wird auf die Mutter übertragen, die mit einem flächigen Bein und einem Strich-Bein dargestellt ist: das eine

funktioniert richtig, das andere ist geschädigt. Die Untersuchung ergab dann eine zusätzliche Hirnschädigung. Bemerkenswert ist indes, wie das Mädchen dies verarbeitet. Sie braucht die Mutter zu ihrer Sicherheit und ihrem Schutz, weil sie unreif und unselbständig, ja tiefer geschädigt ist, als es äußerlich sichtbar wäre. Dieser umfassende Zustand wird auf alle Familienmitglieder übertragen.

Die Kunsterzieher nennen Zeichnungen, die z. B. das ganze Inventar eines Hauses, das Kalb im Bauch einer Kuh, Inneres und Äußeres eines Hauses zugleich darstellen, Röntgenbilder, auch Querschnittsbilder. Mit dem Zeichenverfahren drückt sich ein analytisches, zuweilen auch technologisches Interesse aus. Inwiefern es mit dem obigen Konkretismus verwandt ist, das Anwesendsein rücksichtslos durch Mauern hindurch dokumentieren möchte, ist bislang wenig im Vergleich gesehen worden. Eine Vereinheitlichung führt vermutlich zu der Aussage, daß Transparenzen oder Röntgendarstellungen zunächst Problematisierungen, Versuche einer Enttabuisierung im weitesten Sinne sind; daß ihre Interpretation – ob Menschen- oder Objektdarstellung – aber eine *qualitative* Frage ist, die meist nur individuell zu beantworten möglich ist.

Überzeichnen als Randüberschreitung kann man nur, wo ein Rahmen gegeben ist, also speziell bei Testaufgaben, Mitmach- und Mitmalbüchern und comicähnlichen Bildvorgaben. Zeichnet ein Kind über Vorgegebenes hinaus, so kann das vieles, vor allem Gegensätzliches bedeuten: nämlich Protest gegen Autorität und Reglement – „ich lasse mich nicht einka-

147

steln" – *oder* Mangel an Kontrolle und Selbstkritik, was so viel heißt wie Unbekümmertheit und Achtlosigkeit. Je nach Alter kann es einen Entwicklungsrückstand darstellen, oder aber eine besondere Form der Verneinung. Oft ist dies Symptom ein Ausgleich, ein Probieren der Grenze, ein Ausgleichsverhalten zur schulischen Disziplin.

Einem jüngeren Kind wird man ohne weiteres eine gewisse zügellose Impulsivität, damit auch unkontrollierte Schmierfreudigkeit zubilligen, ja Ursprünglichkeit und Freizügigkeit, *selbst* die Grenzen festzulegen, damit emotionale Aufgeschlossenheit und Anschauungsfreude gewährend. Im Gegensatz dazu kommt das Schulkind ohne kontrollierte Strichführung innerhalb von Rahmenbedingungen wohl kaum aus. Man hinterfrage also die Antriebsenergien, bevor man ein Urteil fälle.

Ungeheure und groteske Gestalten kann man solchen der →Phantasie zurechnen; sie bedeuten aber auch einiges darüber hinaus, weil in ihnen Rachegefühle, Wut, Allmacht, Mißhandlung oder ein körperliches Trauma – Unfall u. a. – zum Ausdruck kommen. Es handelt sich also um nur einen, den gleichsam finsteren Aspekt der Phantasie.

Der 13jährige Heiko kam als Frühgeburt zur Welt. Die Geburt der jüngeren Schwester beantwortet er mit Einkoten. Später wurden Schulängste von Migräne und Schwindelanfällen abgelöst. In die erste Oberschulklasse fällt die Scheidung seiner Eltern. Folge: neurotisches Schulversagen. – Er zeichnet von links nach rechts – im Verzauberungstest: den Vater mit großen Ohren, die Schwester als „Tier zwischen Vogel und Schwein", die Mutter als „Riesenvogel mit sieben Zehen", dann sich selbst „mit großen Ohren und dummem Gesicht". Die schulversagenden Mißbildungen tragen er und der von ihm am weitesten entfernte Vater, den er an sich braucht und doch zugleich entbehren muß. Was bei diesem zu lang ist – die Ohren als Organe des Dialogs – ist bei ihm real zu kurz gekommen. Mit dem geschiedenen Vater ist ihm vermutlich der letzte noch wichtige Partner genommen.

Ungeheure und groteske Gestalten sind ein Merkmal für Unzulänglichkeit und geringe Selbsteinschätzung; diese Kinder werden von der Umwelt nicht anerkannt und bestätigt, oder

aber mütterlich possessiv vereinnahmt, was dasselbe ist; dies wird verinnerlicht und kommt als masochistisches Verhalten dann auch in der Kindergarten- oder Schulgruppe zum tragen: es sind die geprügelten Kinder auf den Schulhöfen der Nation. Psychische Unterlegenheitsgefühle können natürlich auch altersbedingt gegenüber älteren Geschwistern entstehen, meist aber nicht ohne Mitwirkung der Eltern.

Zu situativen Einflüssen ist zu sagen, daß in der Massenkommunikation Helden und Bösewichte jeder Art und

148

Gattung zu finden sind. Daß ein Kind aus dem Angebot aber die karikiert grotesken Figuren zur Darstellung auswählt, ist ein Moment der Verachtung und Feindseligkeit gegen sich selbst. Übertrieben und entstellt wird, was besondere Bedeutung hat. Einen Rebellen gegen die Gesellschaft wählen heißt, daß man mächtig und unabhängig *gegen* Heim, Schule oder Elternhaus werden möchte, weil dort mögliche Kindheit verwehrt wird – momentan oder auf Dauer.

Vampire und **Vogelscheuchen**. Elterngewalt und Faustrecht des Vaters, von Beruf Polizeibeamter, sind alltägliche Institutionen in der Familie des achtjährigen Arno. Der ängstliche Junge versagt in der Schule jede Mitar-

beit. – Er verwandelt den Vater in einen ange→ schwärzten Baum, sich in einen Vampir, die Mutter in eine Blumenvase und die Schwester in ein Huhn. Im Satzergänzungstest identifiziert sich Arno bereits mit dem Vater. In der Zeichnung ist der Vampir Vater und Sohn in einem: Aggressor, blutsaugendes Ungeheuer mit scharfen Zähnen, das sein Opfer bereits vereinnahmt hat. Die Vogelscheuche wäre ein Endprodukt in solchem ungleichen Duell: Kümmerlicher Schreckersatz für einen Menschen, ohne Möglichkeit der Bewegung und des Sprechens.

Kinder, die solche Figuren zeichnen, schwanken mehr im Winde, als daß sie sich verständlich machen könnten. Nicht selten sind sprachliche Störungen die Ursache einer solchen Entwicklung und Selbsteinschätzung.

Wege und Straßen. Wenn man von labilen Kindern ein Dorf oder eine Landschaft zeichnen läßt, stellt man zuweilen eine übermäßige Anzahl von Wegen und Straßen fest, die überdies lang und kurvenreich gewunden erscheinen: Es sind die gezeichneten Fluchtwünsche psychomotorisch unsicherer Kinder und Jugendlicher, Ausdruck ihrer Sehnsucht nach Umherwandern und nicht selten auch Symbol latenter Verwahrlosung und fehlender Kontrolle. Da man keinen Widerpart hat, sucht man neue Horizonte. Bilder als „Ruf der Landstraße" und „Durst nach neuen Ländern" – Heimatländern! – Von langen Straßen auf Zeichnungen bis zum wirklichen Ausreißen ist dann oft nur ein kurzer Weg.

Weg- und **Auslassen** von (Familien-) Figuren, von Gliedmaßen und Körperteilen ist ein Symbol der Verdrängung. Ausgelassene Eltern sind für das Kind meist extreme Konfliktpotentiale; Respekt einflößende, herrschsüchtige bis brutale Personen, – oder auch solche, die mit ihrer alles umsorgenden Gluckenhaftigkeit den Atem abschnüren und den ruhigen Schlaf rauben. „Zu Mutter fällt mir nichts ein" – oder „hier ist kein Platz für sie" – oder – so „spricht" die Zeichnung: „Weil ich sie und sie mich nicht akzeptieren, kann ich sie auch nicht zeichnen!" In Geschichten gehen Kinder mitunter so weit, Vater, Mutter oder die ganze Familie als Verstorbene zu schildern, sie erst einmal zu begraben, damit Leben möglich wird. Ein Junge, des-

149

sen Mutter starb, ließ in seiner Geschichte den gehaßten Vater sterben. – Möglich ist auch, daß die Geschwisterrivalität so zentral empfunden wird, daß die Eltern kommentarlos vergessen werden. – Im Familienporträt sich selbst auszulassen heißt, daß man die angemessene Rolle noch nicht gefunden hat. Am häufigsten geschieht dies in der Pubertät. Das Weglassen von Armen, Augen, Beinen, Körper, Kopf ist je nach Alter verschieden – siehe Artikel zu den jeweiligen Körperteilen – zu werten.

Der rechte **Winkel** als Norm ist mit dem Kreuz identisch. Unterschiedliche Richtungen werden zunächst rechtwinkelig angesetzt. Man kann es noch nicht anders. Es ist die Form der reinen Wiederholung und des reinen Kontrasts in einem. – Nach dem fünften Lebensjahr ist das Festhalten an dieser Ansatzform – auch als Lot- und Senkrechte – als Verbleiben auf einer frühen Stufe zu werten.

Für Bäume spricht man von r-Winkelästen. In der Menschendarstellung stehen Arme zunächst rechtwinkelig ab; Finger und Arme erscheinen wie doppelte Rechen; ähnlich auch Vogelschwingen und -schwänze.

Schwarze **Wolken**, Regen, dichter Schnee, schwarze Vögel, schattierte Sonne, spontan bei *„Zeichne-einen-Menschen“*-Aufgaben hinzugefügt, scheinen Merkmale für ängstliche und unsichere Kinder, die sich unter Druck fühlen. Ständig wiederholte, gehäufte,

druckschwarze Wolken sind Anzeichen der Bedrohung durch Autoritätsfiguren, gegen die man sich nicht mehr wehren kann. Für freie Zeichnungen kann man diese Bedeutung nur übernehmen, wenn Wolken sehr oft und auf vielen Blättern und möglicherweise zuerst gezeichnet werden. Der Umgang mit Farbe, mit vorhandenen blauen Malmitteln verführen natürlich zu Wolkenschmieragen, die man nicht als drückende Sorgen interpretieren muß.

Der achtjährige Ronald war noch immer nicht trocken. Der Vater, Werkzeugmacher, beantwortete Schulschwierigkeiten mit Schimpfen und Schlägen, auf die der Junge wiederum mit Ausflüchten und „Lügen“ reagier-

te. Die Mutter hatte die Reinlichkeitserziehung wohl etwas zu früh bereits im ersten Lebensjahr versucht. Im Zaubertest zeichnete Ronald ein Haus mit schwarzem Dach, eine gemeinsame Vater-Sohn-Verwandlung in einen Hund, dann Himmel und Sonne: beide tiefschwarz. Vergessen ist die Mutter: für sie steht evtl. das Haus, zugleich auch als Bedürfnis nach Geborgenheit. Insgesamt ein „belastetes“ Milieu. In den Zusatzfragen wird der Hund abgewertet: „er findet nichts zu essen“. Identisch mit dem sadisti-

150

schen Vater, drückt die Assoziation die Versagung in der oralen Phase – den Mangel jeder Zärtlichkeit – aus.

Zahlen in Kinderzeichnungen sind zunächst ein Leistungsbeleg dessen, was man schon alles kann. Die sakrale Zahlensymbolik, besonders die „Trunkenheit der Zahlen" in der gotischen Baugeschichte bis hin zur hohen Literatur, hat Reste in Hexenmärchen, ist aber für Kinderzeichnungen kaum relevant; auch, weil diese Symbolik – *Eins* für ungeteilte Einheit, *Zwei* für Gut und Böse, *Drei* für Vollendung – im öffentlichen Bewußtsein so gut wie ausgelöscht scheint. Was das Kind möglicherweise mit Zahlen ausdrücken will, ist also individuell zu werten und zu ergründen.

Zähne werden von schüchternen, verschlossen in sich gekehrten Kindern so gut wie nie gemalt, von normalen oft, von aggressiven sehr häufig. Bei Erwachsenen *können* sie auf sadistische Neigungen und infantil verbale Aggressionen verweisen. Der Motorik und Aggression lassen sie sich nur in Kombination mit anderen Merkmalen zuordnen. Die Traumdeutung unterstellt sexuellen Ursprung, Mangel an Zuwendung bzw. Liebes„objekt", oral-aggressive Symbolik.

Die fünfjährige Doris fiel durch übergroße Selbstbeschäftigung und Manipulation mit ihrem Körper auf. Zu ihrer Zeichnung, die eine neutrale Person darstellen soll, sagte sie spontan: „Meine Schwester, hier sind ihre Zähne . . . neben ihr ist ein Fenster, wenn sie Lust hat, zieht sie es hoch". Erst diese Worte machen die Zeichnung deutbar: Die Schwester ist Objekt ihres Kummers und ihrer Eifersucht. In der Figur zeichnet sie sich jedoch selbst: Zähne = Grollgefühle und Zorn. Der Körper erscheint als schwere, formlose Schraffur: Angst – worauf auch das Fehlen der Nase und die Kleinheit der Figur hinweist. Das Fenster steht für Körperöffnungen, an der sie „zieht, wenn sie Lust hat".

Zu „reparieren" ist das Hauptproblem, die Geschwisterrivalität; das Symptom ist nur sekundär als Trost.

Zauberer und Zauberdarstellungen bzw. Verwandlungen.

Die Aufgabe, das Kind möge die Familienmitglieder in andere Menschen, Tiere, Gegenstände oder was immer verwandeln, scheint eine offene Projektion zu ermöglichen; auch, daß verbal Geschichten hinzugefügt werden, die Handlungsabsichten, Entschlüsse, Motive, Erlebnisse, Wünsche durchschaubar machen, womit der Gang der bildnerischen Träumerei eine zusätzliche Dimension erfährt. Überdies ist die Ausweitung über das Tier hinaus ein Gewinn für die *historische* Dimension: wie weit die Figuren zurückverwandelt werden – bis zum prähistorischen Tier, bis zur Pflanze, bis zum Ding – sagt einiges aus.

Die Anweisung dagegen, ein Zauberer erschiene auf der Bildfläche und verwandle – ähnlich wie in manchen Märchen – die Familie in Tiere, scheint auf zweifache Weise fragwürdig zu sein, weil sie unbefragt kinderliterarische Voraussetzungen hat. Zauber und

Märchen koppelnd, unterstellt dieser „Test", daß Märchen auch Zaubermärchen seien, worin bereits sprachlich ein patriarchales Moment mitschwingt. Warum nicht auch Hexen oder Feen als Verwandlungsakteure?

Die andere Fragwürdigkeit liegt in der gegenseitigen Spiegelung volksliterarischer und psychoanalytischer Aspekte. Ist schon das Konstrukt und die Dreifaltigkeit von Über-Ich, Ich und Es theoretisch umstritten, ihr Wert für die mehrheitliche Praxis keineswegs nachgewiesen, so bleibt dies Modell vollends diffus, wenn in die Figur des Zauberers „nicht nur Über-Ich-Elemente, sondern auch Es-Elemente projiziert" werden; das unterschlagene weibliche Pendant – ob nun Hexe oder Fee oder Nixe – macht die Verwirrung in Sachen Geschlechtsrollen dann vollständig, zumal diese Figuren allesamt nicht phantastischer Natur sind, sondern ganz unterschiedliche historische Konkretionen haben. Natürlich steht nichts dagegen, Märchen als Illustrationsvorgaben anzubieten. Man gebe mit Figuren wie Zauberer u. a. aber nicht schon *unsere* Interpretationen mit ein.

Ähnlich Gespenstern sind auch Zauberer möglicherweise „Abbilder" innerer Ängste des Kindes; insofern z. T. Angst*helfer*. Je nach Zuordnung und Bewertung stehen sie Zwergen, Nixen, Geistern, auch Teufeln nahe. Nicht vorhandene *oder* übergewaltige Personen erscheinen als Ersatz. Oft zeigen Kinder in grotesken, monströsen

Zauberern (zeitweilige) Minderwertigkeitsgefühle. Es gibt in der Galerie der Figuren eine Steigerung bis zu Frankenstein, zusätzlich durch Requisiten und Attribute wie Waffen, Narben, Phantasie-Fahrzeuge modifiziert, wobei wesentlich scheint, mit wem sich das Kind in Bild und Erzählung solidarisiert und warum.

Die Umwandlung realer Probleme und Abläufe in symbolische, supranaturale, surreale usw. ist sicher ein legitimer Vorgang aller Traum- und Phantasietätigkeit, insofern ein Moment von Kunst und Literatur. Übernatürlichkeit – Drachentöter, „dankbare Tote", magische Vaterfiguren – hat in der Bilderwelt aber auch die *historischen* Züge der Schwarzkünstler, Wetterpropheten, Astronomen und Alchemisten – bis hin zu Aberglauben und Exorzismus magischer Hausväterliteratur.

Gegen dies von außen und innen Aufgebaute scheint *das Kind selbst* jener kleine Tausendfüßler in unserer Zeichnung, der – kaum sichtbar unter dem Fuß der Autoritätsfigur – fröhlich, behend und ohne sich irritieren zu lassen – seiner Wege geht.

NACHWORT

Zur Theorie der Kinderzeichnung, zu den Quellen und zur weiteren Lektüre

Da ein handliches Buch keinen Ort läßt, die bisherige Literatur über Theorien zur Kinderzeichnung kritisch aufzuarbeiten, verweise ich auf fachspezifische Einzelabhandlungen; dasselbe gilt für eine Bibliographie: eine sorgfältige Geschichte der Kinderzeichnung innerhalb Psychologie und Kunsterziehung wäre bändefüllend. Man ist ja oft in der Versuchung, die Arbeit seiner Vorgänger herunterzuspielen, um die eigene Leistung in desto schönerem Licht erscheinen zu lassen. Trotzdem muß gesagt werden, daß 90 Prozent aller bisherigen Untersuchungen überholt sind, weniger weil wir erkenntnis- und zeichentheoretisch klüger wären – wir sind das sicher auch; aber nicht immer haben Kinder gemalt und gezeichnet; und ob es eine „natürliche" Produktion ist, ist eine müßige, weil unhistorische Frage –: mit der Frühförderung der Kinder, und das ist das Entscheidende, sind alle bisherigen Entwicklungsschemata weitgehend aufgehoben.

Um 1882 erschien das Buch „L'arte dei Bambini" des Italieners Corrado Ricci mit Grundlagen für die Auswertung von Kinderzeichnungen in diagnostischer und therapeutischer Sicht. Wenig später erschienen E. Cooke und E. Pérez, schließlich um die Jahrhundertwende J. Sully und der Münchner Psychologe G. Kerschensteiner. Am Institut für Kinderpsychologie Leipzig entstand eine Forschungsstelle für Kinderzeichnungen; S. Levinstein startete einen großen Versuch; im Schatten romantischer Genietheorien sprach man von einer Entwicklung der Rasse, die das Kind kulturanthropologisch noch einmal durchlaufe. In dieser ersten Zeit ist die *naturalistische* Kunstvorstellung, später dann der *Expressionismus* die Zielvorstellung, – und die spezielle Kinderzeichnung oder -malerei ein Moment davon. Der Widerstand gegen eigenständige Betrachtungsweisen war groß. Noch Maria Montessori meinte: „Diese von modernen Psychologen als ‚Zeugnisse des kindlichen Geistes' so sorgfältig gesammelten, studierten und katalogisierten scheußlichen Klecksereien sind nichts als der monströse Ausdruck geistiger Gesetzlosigkeit; sie zeigen nur, daß das Auge des Kindes noch nicht erzogen, seine Hand steif und der Geist gleichermaßen unempfänglich für das Schöne und das Häßliche, blind für das Wahre wie das Falsche ist . . ., Verirrungen der Seele . . ., ungeheuerliche Deformierungen: der unerzogene Mensch." Entwicklungstheoretisch zählen für die damalige Entwicklung, die der Reform der Kunsterziehung (A. Lichtwark, 1901) in etwa parallel ging, W. Krötzsch, Ch. und K. Bühler, V. Löwenfeld, H. Volkelt, dann Piaget und Luquet; für die Kinderzeichnung darüber hinaus F. Kainz, W. Metzger und H. Hetzer, um nur einige zu nennen. – Renée Stora stellte eine Bibliographie mit 600 Titeln zusammen.

Am hartnäckigsten hielt sich in all diesen Diskussionen – dies auch in G. Britschs einflußreicher „Theorie der bildenden Kunst" – eine Art Rekapitulationsthese, die eine Wiederholung der menschheitsgeschichtlichen Phasen für die Individualentwicklung behauptet. Diese Vorstellung einer Parallele von Onto- und Phylogenese, also von Individual- und Gattungsentwicklung, vertreten manche Richtungen der bürgerlichen Anthropologie und der Psychoanalyse. Die Idee ist für die Kinderzeichnung zwar aufgegeben, was ihr Überleben in anderen Bereichen aber scheinbar eher garantiert: abstrakt lassen sich Irrtümer besser verteidigen. Überholt ist zugleich auch die Meinung einer universalen Entwicklung der Kinderzeichnung. Inzwischen scheint erwiesen: „Das" Kind gibt es nicht. Es auf einen altersbedingt eingeschränkten Formenkanon festzulegen, war lediglich Vermeidungsstrategie, das Kind als Individuum anzuerkennen. Generell fehlt ein für den Leser greifbarer *historisch* zusammenfassender Überblick. Einen Versuch habe ich in K. Doderer „Lexikon der Kinder- und Jugendliteratur" Bd. II unter *Kinderkunst* – die *literarischen* Versuche der Kinder eingeschlossen – begonnen.

Eine „Gegenüberstellung der Theorien über den Ursprung und Verlauf der bildhaft-symbolischen Aktivitäten im Kinder- und Jugendalter" versucht Hans Günther Richter in „Anfang und Entwicklung der zeichnerischen Symbolik" (1976). Richter plädiert für Kooperation zwischen Psychologie und Kunstpädagogik, nimmt zeichentheoretische Überlegungen auf, kritisiert logische Zirkelschlüsse bei Piaget, und läßt in seinem ebenfalls 1976 erschienenen Buch „Lehrziele in der ästhetischen Erziehung" den Weg ahnen, den er als Sonderschulpädagoge gehen möchte. Im ganzen eine theoretische Fachdiskussion. Noch ist der Dialog mit der Zeichnung, mit dem Kind selbst, nicht aufgenommen.

Einen Überblick gibt Günter Mühle „Entwicklungspsychologie des zeichnerischen Gestaltens" 1955, das überdies eine ausführliche Bibliographie enthält. Sie basiert auf lebensphilosophischen Anschauungen, Autoren wie Klages, Spranger u. a., und stellt eine summierende Integration traditioneller Richtungen dar. Piaget und Freud werden nicht behandelt. – Mühle verzichtet auf eigene Erhebungen und Ermittlung des sozialen, familiären, schulischen Hintergrunds, zu dem die Kinderzeichnungen in Beziehung stehen. Dementsprechend folgen Motivkapitel wie *Menschenform, Profilform, Bewegungsform, Bäume, Straßen und Häuser, Reigen, Landschaften* – in *ganzheitliche* Ausdruckstheorie ausmündend. (Zu den einzelnen Themen haben wir einige Zeichnungen in unsere Artikel aufgenommen.) – In ähnlicher Tradition stehen auch Andreas Iten „Die Sonne in der Kinderzeichnung und ihre psychologische Bedeutung" 1969, und Herbert Read „Erziehung durch Kunst" 1958/dt. 1968, worin sich unser Montessorizitat findet.

Edmund Westrich „Die Entwicklung des Zeichnens während der Pubertät" 1968 fußt, wie sein Autor meint, „auf alter und sogar sehr alter Literatur". Er will dem Kunsterzieher eine neue

Chance für dieses Lebensalter geben. Die Benutzung des Wartegg-Zeichentests (ein Ergänzungs-„Spiel" mit abstrakten „Comic"-Vorgaben), wie auch der inhaltliche Mangel sozialpsychologischer Bezüge machen das ganze qualvoll: *Selbstbildnis, Porträt, Aktdarstellung* usw. werden als unbefragte Gattungen präsentiert: Akademismus. Ähnlich Wilhelm Ebert. „Zum bildnerischen Verhalten des Kindes im Vor- und Grundschulalter" schreibt er 1967: „Die eigentliche kunstdidaktische Betrachtung richtet sich ... auf Formanalyse, Forminterpretation, auf eine Morphologie der kindlichen Formbestände" (S. 9). Für Hans Meyers, Ordinarius an Frankfurts angeblich roter Goethe-Universität, ist Ästhetik grundsätzlich unpolitisch. Daß so wenig über Kinderzeichnung gearbeitet wird, liegt seiner Ansicht nach an der Tatsache, daß die politischen Wortführer, allen voran der durch zahlreiche Publikationen bekannte Kunstpädagoge Gunter Otto, derzeit Vizepräsident der Universität Hamburg, Kunst mit Politik verwechseln, so mündlich. Meyers in „Die Welt der kindlichen Bildnerei" 1957: „Nur eine Sprache, die unangetastet läßt, was zur ‚Erde' im Sinne Heideggers gehört, ist hier zureichend." Vielversprechend ist D. Widlöcher „Was eine Kinderzeichnung verrät" 1973. Das Buch enthält 11 Zeichnungen als Anhang und kann so bereits vom Material her den Anspruch nicht einlösen. Widlöcher setzt sich mit verschiedenen Theorien *über* Kinderzeichnungen auseinander und präsentiert – Luquet und de Saussure als Gewährsmänner zitierend – den Diskussionsstand in Frankreich. Dagegen gibt die englische Schulpsychologin

Hedy Porteous in ihrem Buch „Erziehung zum Neutrum – das Märchen von der Asexualität des Kindes", dt. 1973, Interpretationen zu Bildern „ihrer" Kinder, und damit Einblick in den Alltag einer Heilpädagogin. Konservativ ist ihre Zuordnung Urform Kreis = weiblich, Kreuz = männlich-phallisch; unbefragt setzt sie auf „Selbstvertrauen, Kampfgeist und Durchsetzungsvermögen" des Knaben im Gegensatz zu den „nährenden, warmen" Identitätsfindungen des Mädchens. Den Fachbüchern Luitgard Brem-Gräser „Familie in Tieren. Die Familiensituation im Spiegel der Kinderzeichnung. Entwicklung eines Testverfahrens" (d. h. Prognose eines familienspezifischen Heilungsplanes) 1970 und M. Kos/G. Biermann „Die verzauberte Familie" 1973 sind die anonymen Fallstudien/Beispiele in unserem Bestiarium entnommen, ohne daß wir sie *im einzelnen* – einen umfangreichen Hinweis-Apparat vermeidend – belegt hätten: Sie sind dort leicht auffindbar. Selbstredend bin ich diesen Autoren verpflichtet, auch wo ich ihre theoretische Basis nicht teile; – die Artikel aus Traum-, Kirchensymbolik- und Tierbüchern jeweils auffüllend. Für die Übernahme der Bildzitate wurde die Umwandlung in Strichvorlagen notwendig; das gilt für alle Zeichnungen. Die Beispiele sollen Exemplarisches belegen. Als Fallstudien ist ihr empirisch-statistischer Gehalt immer gering. Baumtest, Familie-als-Tiere- und Wartegg-Test sind als *wissenschaftliche* Analyse-Verfahren wenig anerkannt, weil nach *Objektivität, Auswertung, Zuverlässigkeit* und *Gültigkeit* umstritten. Ihr subjektiv-interpretierender und ausdruckspsychologischer Gehalt ist zu hoch, als daß er den metrischen Genauigkeitsvorstellungen unserer Psychologen noch genügen könnte. Wieviel die neuen Methoden bringen, mag dahingestellt sein. Unsere Absichten gehen auf den *Dialog* zwischen Kind und Erwachsenen. Als Eltern haben wir die Erfahrung gemacht, daß alle Lernkybernetik *eine* Sache nicht überflüssig machen kann: Das Gespräch als die unaufhebbare Zelle allen menschlichen Zusammenlebens – *und die Kinderzeichnung als vorbereitendes und es begleitendes Medium.*

Elisabeth M. Koppitz „Menschendarstellung in Kinderzeichnungen und ihre psychologische Auswertung" 1972, ein testpsychologisch-empirisches Lehrbuch, dem die Fallbeispiele des zweiten Lexikonteils großenteils entnommen sind, ist einschränkungslos zu empfehlen. Daß ihr Material vorwiegend pathologische Fälle präsentiert, mag manchem als Manko erscheinen. Den schulpsychologischen Begriff von „Angst und Aggression" – mal „treibende Kräfte für gute Leistungen", mal „lähmend und störend auf den schulischen Erfolg" d. h. Wolken, Schattierungen, Zäune usw. bei guten *und* schlechten Schülern – hat sie mit der Psychoanalyse gemeinsam. Die Differenzierung des erkenntniskritischen Instrumentariums – in „Anti-Freud" 1975 referiert – führt zu einem Modell, wie es im Artikel → *Protokoll* S. 121 umgesetzt ist: *Intelligenz* als abhängig begriffen in den fünf Dimensionen von *Form* (auch soweit sie politisch Institutionelles umgreift), innerpsychischer *Bedeutung* (Inhalte), äußerem Bezug zur *Wirklichkeit*, Geschichts- bzw. *Zeitdimension*, und *Tätigkeit* (Handeln). Dementsprechend gehört ein ganzes Spektrum von Daten zu einer Zeichnung; sie zu „lesen" muß die Komplexheit im Auge behalten, darf einzelne Merkmale nicht getrennt bewerten. Eine isolierte Intelligenz kann unsozial sein, eine formal-organisatorische nur anpaßlerisch, eine raffende historisch kurzsichtig, eine Durchsetzintelligenz unglücklich.

„Kinderkunst ist das Bedürfnis nach Selbstbestimmung und Identität, ist ein spontanes Mitteilungsbedürfnis, eine Welt an Fantasie, Kreativität, spontanem Gefühlsausdruck und menschlicher Identität" (Hussels). Für die Frage der Intelligenz aber wäre noch einmal Christian Kerckhoff zu zitieren, nach dem Kinder nicht intelligent sein *müssen*, wohl aber *dürfen*.

Die Anregung summierend, mag man Zeichenprozesse auslösen, indem man die Zeugenschaft der Kinder ihnen selbst vermittelt und produktiv werden läßt. Mona Saud gab 1970 das Buch „In Time of War: Children Testify" heraus, dem wir neben S. 103 unten das Streubild der Seite 146 entnommen haben.

Die Themen *Sancho Pansa* und *Trommler* S. 28 f. fanden wir in „Zeichnen und Malen mit Kindern" 1968 von R. Seitz.

Märchen, Geschichten mitzugeben, ist eine Möglichkeit, Kinder bereits vor einem Maltermin zu motivieren. Eine Kombination von Illustrations-, Spiel- und Zeichenvorschlägen habe ich in dem Buch „Märchen für tapfere Mädchen" 1978 – zus. mit Doris Lerche gegeben: Wort-, Bild- und Handlungsaktivität als Ziel. – Letztlich bleibt als Hoffnung das offene Selbstporträt, Kinder und Erwachsene, die sich auf der Ebene der Zeichnung aufeinander einlassen, einander Raum geben, zärtlichen Umgang und Interesse füreinander kultivierend.

Personen-, Tier-, Sach- und Merkmalregister

(Seitenzahlen von Hauptartikeln bzw. Hauptartikelhinweise stehen kursiv. Seitenzahlen in Klammern besagen: inhaltliche Behandlung ohne Erscheinen des Registerwortes im Text selbst. Die Pfeilauszeichnungen einzelner Worte in den Texten bedeuten 1. *s. Hauptartikel bzw. Register* oder 2. *Merkmal ohne Artikel, s. Register.*)

Aal 46
Aberglaube 152
Abgeschnitten *85*, 117
Achtjährig *35*
Adler *46*, 81
Adoptiert 51
Affe *47f.*, 50
Aggression 69
Akrobat 85
Ameise 17, *47*, 139
Analyse 130
Angst 8, 142, 145, 152, 156
Angsthelfer 102
Antilope *47*
Anti-Pädagogik 137 (156)
Archetyp 26, 93
Archivierung 129
Arm 15ff., 19, *85ff.*
Arthus 134
Asozial 131
Ast *94*
Asymmetrie *87*
Auge 15, *87ff.*, 127
Auslassen s. Weglassen
Außenseiter 85, *89f.*
Ausradieren 8, 62 135
Ausschmückung *89*
Autistisches Verhalten 102
Autorität 152
Auto 18, *90f.*

Baby 140
Bakterie 47f.
Bär 42, *48*
Bauer, Heinz und Ulla 17, 139
Baum 18, *91ff.*, 103, 136

Becker, Jörg 96
Becker, Minna 111
Bedeutung 130, (137), (146), 152
Begabung 19
Beine 15, *96*
Bergsteiger 97
Bestätigung *97f.*, 141
Bettler *98*
Bettnässer 123
Bewegung 18, 32f., 35, 40f., *98ff.*
Bewertung 45, 130
Biene *49*
Bild im Bild *100*
Blattrand 135
Blau *106*
Blume 49, *100f.*, 126f.
Blut *101*
Bock 59
Bodenlinie 31f., 114f., 131, 133
Braun *106*
Brem-Gräser, L. 155
Brille *101*
Brücke *101*
Büffel 42
Burg *101*

Clown 76, 85, *101f.*
Cooke, E. 153

Dackel *49*
Detailgenauigkeit 132
Diagonale (48), 133, *137*
Dialog *6*, (12), *19*, *137*, 146

Ding 24, (96), *102*, 130
Doppelgänger 33, *102*
Drache *49f.*
Drachentöter 152
Drehbild 24, 29, *103*, (125)
Dreijährige *26*
Dromedar 81

Ecke *137*
Ei *51*
Eichhörnchen 28, 51f.
Einhorn *52f.*
Einjährige *22*
Elefant 27, 48f., *53ff.*, 69, 81
Ellbogen 15, 36
Elster *56*
Elterngewalt (8f., 10, 20)
Ente *56*, 65
Erwachsenenbildung 37
Erzählbilder (114), 146
Esel 56
Essen 69, 104
Eule *56*
Entwicklung 21ff.
Expressionismus 153

Fabeln 44
Falke *56*
Falkenberg, Danni 43
Familie 7, *104*, 147, 149
Familie in Tieren *9*, *43ff.*
Farben *105*
Faulheit 12, *20*, 61
Feen *108*
Fenster *108*
Finger 15, *108f.*

Fisch 46, 54, *57*, 78
Flächenausnutzung (38, 131 f., *136 f.*)
Fledermaus *57*
Fliege *57 f.*
Fliegen, Flugzeug 109
Flugbild 131
Floh *58*
Flußpferd 77
Formal 130, 156
Fragmentbild 131, *146*
Frankenstein 152
Freies Zeichnen 109 f.
Freud, S. (152), 154
Fries 31, 131, 133
Frosch *58*
Frühförderung *20*, 153
Fuchs *58*, 80
Fülle 132
Fünfjährige *30*
Fuß *15, 110*

Galerie der Kinderz. 98
Gans *58*
Geier *59*
Geister 152
Gelb *106*
Gemse 59
Geschichte der Kinderz. 153
Geschlechtsrolle *109*, 144
Gespenster 152
Giraffe 48, 50, *59*, 67, 77 f.
Gitter *121*
Glötzner, Fabian 12, 17, 57
Gmelin, J. F. 24 f., 35 ff., 102, 118 f., 132 f., 144
Gmelin, Ralf 16, 105
Graphologie 22 f., 110 f.
Grau 106
Groß/Klein 30, 45, *111 ff.*
Groteske Gestalt 33, *148 f.*, (152)
Grün 107
Grünwald 133
Grundkategorien 105, (129 ff.)
Grundlinie *114 f.*
Gruppen... 45, *115 f.*, 138, 140

Haar *15, 116*
Hahn *59*

Hai *60*
Hals *15, 117*
Hase 13, *60 f.*, 68, 73, 78
Hamstern 118
Hände 15, 117 f.
Handeln *130*, (132)
Häufen 27 f., *118*
Haus 33, 125 f.
Hering, Elke 58
Hexe 119
Hinzufügen *120*
Hirsch 50, 55, *61*
Höhle *120 f.*
Höhenzone 133 ff., 136
Horizontbild *(114 f.)*, 131
Huhn 59, *61*
Hund 44, 52, *62 f.*, 68
Hussels, Helga 156

Igel 27, *63 ff.*, 67
Indianer 60 f., *121*
Insekten 64
Integration *121*, 137, 141
Intelligenz *12 ff.*, *15 f.*, 18 f., 32 f., 141, 156
Internat 73, 133
Institutionelles 130, 156

Jongleur 85, *121*

Käfer *64 f.*
Käfig 80, *121*
Kaktus 126
Kainz, F. 154
Kalb 68
Kamel *65*, 77 f.
Kaninchen 60, 78
Kaspar 61
Katze 53, 63, *66*, 68, 78, 80, 127, 140
Kerschensteiner, G. 153
Kind 8, 152, 156
Kinderbuchillustration 31
Kirchensymbolik 43, 155
Klappbild 104, 125
Klee, P. 9, 133
Kleidung 33, *121*
Klein 8, 40 f., *111 ff.*, 138
Knie *15*
Koch, K. 133, 136, 155, s. a. Baum

Kombination 92
Kommune 10
Konflikt 130, 137
König 44, *122*
Konkretismus 146 f.
Kontrast 29, (132), 143
Kontur *122*
Koordination 141
Kopf *15, 122 f.*
Kopffüßler 26 f.
Kopieren 123
Koppitz, E. 13 f., 15, 156
Körper 19, *123*
Kos, M. 155
Krake 63 f., 67, s. a. Polyp
Krankenhaus 23, 89
Kreisbild 104
Kritzeln 21 ff., 24, 40 f., 111, 146
Krokodil 68 f.
Krone 93 f., 136
Kuh 65, *69*
Küken 59, 61
Kunst 30, 130, 137, 154
Kunsterziehung 9, 24, 84, 147, 153 f.

Lama *70*
Lamm *70*
Landkartenbild 131
Landschaft 26, *123*
Latenzphase 14, *35, 37*, 134
Laus *70*
Leerheit 132, 135
Leistung 18, *20*, 141, 145
Leopard *70*
Libelle *70*
Linie (110 f.), *123*, 133
Links 61, 99, 128, *129*, 131, *133 f., 136*
Linkshänder 123 f.
Lippen *15*, 36
Löwe *70*
Luquet 24, 153, 155
Lüscher 108, 143

Maikäfer *70*
Malmittel 22, (110)
Märchen 43, 122, 151 f.
Marienkäfer 58
Marionette 90, 124, (130 f.)
Maschine 31, 34, 131

Matriarchat 44
Maulwurf 70
Maus 13, 68, *71*, 78, 139
Meerschweinchen 43, 60, *71 f.*
Menschendarstellung 13 ff.,
85, 156
Meyers, H. 128 f., 155
Mischbild 32, (127 f.), 131 f.
Möbel *124*
Möller, Marc 26 f.
Möller, Reinhild 121
Mond *145*
Mondmensch 143
Monströse Gestalt 19, 141,
(138, 148 f.), 152
Montessori, M. 153 f.
Möwe *72*
Mücke s. Fliege
Mühle, G. 154
Mund *15*, 19, *124 f.*, 127 f.
Mutter 6, 54, 147

Nase, *15*, 36, 127
Nashorn *72*
Negation 22, 27, (132, 147), s.
a. Kontrast
Nemec, Andrej 125
Nest 45, (51), 83, 95
Neunjährige *36 f.*
Nilpferd *72*
Nixe (108), 152
Notengebung 20

Oben 133 ff.
Ochse 35, *72*
Ohr *15*, 17, 128, 148
Ontogenese 154
Oral 104, s. a. Essen
Orange 107
Ostermayer, Fam. 67 f.,
Otto, G. 155

Papagei 68, *72*
Perspektive 18, 32 f., 35, 37,
125 f.
Pfau 73
Pferd 29, 46, *74*, 80
Pflanze 126 f.
Phantasie *127*, 152
Phasen 35 s. a. Entwicklung
Phylogenese 154
Piaget, J. 153 f.

Polyp *67*
Politik 85, 130, 155
Polizist 152
Pony 75
Porteous, H. 93, 155
Präsent, Angela 35
Prinzessin 60 f., (122)
Profil 15, 18, 32, 36 f., 99,
127 f., 136
Projektion 45, 120
Proportion *15*, 112, (121)
Protokoll *129 ff.*, 146
Prügel/Faustrecht 20, 69, 122
Psychoanalyse 152, 156
Psychologen 155 f.
Psychosomatisch 18
Pubertät 35, 154
Pudel *75*, 77
Pulver, M. 93, (110 f.), 133 f.
Pupillen 15
Puppen *130*

Qualle *75*
Querschnittsbild 147

Rabe *75*
Rahmen (100), 121
Randflucht 132
Ratte 76
Raumfahrer 7 f., 125, *130 f.*
Raumordnung 18, 33, 93, 129,
131 ff., 135
Raupe 58, *76*
Rechts 99, 131, 133 f.
Reh 53, 55, 68, *76*
Reihenfolge 105, *137 f.*
Reihungen 134
Requisiten 152
Richter, H. G. 154
Richter, Gebr. 47 f., 90
Riese *138 f.* (141, 152), s. a.
Monströse Gestalt
Rivalität 139 f.
Roboter 90, *130 f.*
Röntgenbilder 147
Rot 107

Sägefisch 57, 78
Salamander *76*
Sallway, Geschw. 31, 47
Sammeln 118
Sancho Pansa 29

Sarg 145
Sauberkeit 123 f., 126, 144
Schaf *76*
Schaller, Geschw. 56, 146
Schattierung *141 f.*
Schaubild 131
Scheel, W. 101
Schenda, Kati 42, 72
Schildkröte 77
Schlange 50, 57, 65, 69, 73,
77 f.
Schließungstendenz 27
Schlotmann, Lorenza 67, 127
Schmetterling 61, 76, *79*, 81
100
Schnecke 73, *79*, 140
Schrägbild 131
Schrägneigung 19, 33, *140 f.*
Schulreife *141*
Schwalbe *79*
Schwan *79*
Schwarz *107*, 141 ff.
Schwärzung 32, *141 ff.*
Schwein 48, 68, *79*, 80, 139
Sechsjährige 32
Seiltänzer 85, *143*
Selbstporträt 38, 100, 156
Sexuelles 96 f., 121, *144*
Siebenjährige *33*
Skelett *144*
Solidarisch 129
Soziales Lernen 129 f.
Spatz *80*
Spielzeug 129, *145*
Spinne 58, *81*
Sprachdefekt 142
Sprache 24, s. a. Dialog
Stachelschwein 64
Stamm 92 ff., 136
Stehlen 86 f., 132
Stier/Ochse 35, 53 f., *72*, *81*
Storch 63 f., *82*
Stora, Renée 93, 154
Strategische Raumordnung
132
Streifenbild 131
Streu-/Erzählbild 30, 131,
146
Subproletarisch (18), 19, 40 f.
Superman 8
Surreal 146, 152
Symbol 84, 152

Tätigkeit s. Handeln
Taube 82
Tausendfüßler 152
Testspiele 10, 156
Testverfahren 19, 155
Teufel 90, 152
Tier 43 f.
Tierfamilie 10
Tiger/Panther 55, 57, *82*
Tote... 144 f., 152
Transparenzen 31, 146 f.
Traum 127, 152
Turner 140

Übertragung (67)
Überzeichnen 147 f.
Ude, A. 136, 144 f.
Ungeheure Gestalten 148 f.
Unten 133 ff.

Vampire 149
Vater 6, 7, 86, 120, 122
Verbergen 118

Verneinung s. Negation
Vierjährige 28
Violett 107
Vogel 28, 45, 51, *82*
Vogelhaus 95
Vogelscheuche 90, *149*

Wahrnehmung 130 f., 141
Wal 47
Wege 149
Weglassen 33, 40 f., 86, 89,
128 f., 141, *149 f.*
Weiß 107
Weltraumfahrer 125, *130 f.*
Wespe *83*
Widerspruch 132, s. a.
Negation
Wiederholung 28, 125
Widlöcher, D. 155
Wilder Westen 112
Winkel 29, 92, *150*
Wirklichkeit 130
Wolf 9, 43, 71 f., *83*

Wolke 150
Wurm 83
Wurzel 91, 93

Zahlen 145, *151*
Zähne *151*
Zauberer 124, *151*
Zebra 78
Zehnjährige 37
Zeichenfähigkeit 133
Zeichenspiele 43, 104, *156*
Zeichentheorie 25 f., 153 f.
Zeitdimension 130, 132
ZEM 13 f., 156
Zentripetal 116
Ziege 83
Zirkus 85
Zoo 43
Zuhörer 137
Zuordnung 137, 146
Zweijährige 22 f.
Zyklopenauge 128